钱建康的
乡村振兴奋斗之路

沈华坤 编著

中国农业出版社

北 京

　　钱建康为谢家路村的发展倾注了大量心血，千方百计让村民增收入，千言万语帮群众解忧难，千辛万苦为百姓办实事，使一个村级经济弱、农民增收慢、村庄形象差、社会矛盾多的落后村，一跃发展成为远近闻名的先进村、美丽乡村建设的样板村；带领谢家路村及其党组织先后获得全国文明村、全国先进基层党组织、全国民主法治示范村、全国优秀小康村等16项国家级荣誉，浙江省首批全面小康建设示范村等100多项荣誉。

谢家路精神

富而思进求发展

永不满足创新业

书赠河家路村党委

甲申年六月 薛驹

中央党校原常务副校长、浙江省委原书记薛驹给谢家路村的题词

浙江《共产党员》杂志2005年第12期封面人物

目　录

► 引　子

► 足迹一：千方百计带领群众过上好日子

► 足迹二：千辛万苦一心为民办好实事

► 足迹三：千言万语突出党建工作业绩

► 足迹四：千锤百炼注重自身树好形象

► 足迹五：千山万水成就"头雁"领航之路

► 附 录

钱建康："三牛精神"的忠实代表

农业农村部软科学委员会专家、浙江省文史馆员、
"三农"问题专家　顾益康

在全国政协新年茶话会上，习近平总书记着眼全面建设社会主义现代化国家新征程，对全党同志和全国人民寄予殷殷期望。他号召党员干部要"发扬为民服务孺子牛、创新发展拓荒牛、艰苦奋斗老黄牛"的"三牛精神"，不畏艰难险阻，开拓进取，奋发有为开启新征程。钱建康同志就是"三牛精神"的忠实代表。

钱建康同志担任乡村干部38年来，团结带领全村干部群众，把余姚市泗门镇谢家路村从一个远近闻名的贫困村、落后村一跃变成拥有全国文明村、全国民主法治示范村、全国先进基层党组织等数十项荣誉的先进村。他本人先后荣获全国劳动模范、全国优秀党务工作者、首届浙江省十佳"为民好书记"、浙江省"最美公务员"等荣誉，是全省基层干部的楷模。

今年是牛年，又适逢钱建康同志60周岁，回顾总结钱建康同志的奋斗历程，对激发基层干部大力弘扬"三牛精神"、开启全面建设社会主义现代化国家新征程具有重要意义。

深耕细作，争做为民服务的"孺子牛"

习近平总书记指出"人民对美好生活的向往，就是我们奋斗的目标"。各级党员干部要始终牢记"人民利益高于一切"，把人民群众的利益放在第一位，不断造福人民。新时代的党员干部肩负着实现中华民族伟大复兴的历史重任，要发扬"孺子牛"精神，时时把群众冷暖放在心上，用行动践行党的初心使命，切实帮助群众解决实际困难，为群众办实事、办好

事。像钱建康同志那样任劳任怨，无私奉献，以实际行动"为人民服务"。

我多次到谢家路村调研，了解到钱建康当村干部是从挨骂开始的。过去，谢家路村前不靠山，后不着海，又远离集镇，没有什么发展优势。可钱建康却看准了本村地处镇中心"战略要地"的优势，提出了市场兴村的新思路。

一开始，村民不理解、不支持。钱建康认为，村民的不理解是暂时的，只要出于公心，大家以后自然会支持的。

在集体资金筹措不足的情况下，钱建康横下一条心，以个人名义从银行贷款5万元，建了一个小型的农贸市场，生意很红火。不久，村集体又陆续投入400多万元，建起了综合性市场和商贸一条街，挖到了发展村级集体经济的"第一桶金"。

村民的腰包鼓了，可钱建康并未就此满足，他谋划着"筑巢引凤"的事情。

听说附近有一家企业想投资2 000万元扩产，钱建康便赶去联系，却吃了"闭门羹"。一天晚上9点多，下着大雨，钱建康第六次来到这家公司，人淋得像个"落汤鸡"。那位老板终于被感动了，说："有你这样办事认真的村干部，我还有什么不放心的！"当即拍板，项目就放在谢家路村。

一家家规模企业像一只只金凤凰飞进了村里。2020年，全村已有企业100多家，其中年产值1 000万元以上规模企业32家，5亿元以上的2家，30亿元以上的1家，使1 200多名农民变成了工人，带动了家庭配件加工和种植业，还带出了一批"小老板"。2020年，全村工农业总产值达到53亿元，是38年前的100多倍。

敢为人先，争做创新发展的"拓荒牛"

各级党员干部要在干事创业中拿出无所畏惧、勇往直前的冲劲和闯劲，面对危机敢于挺身而出，面对矛盾敢于迎难而上，面对大是大非敢于"亮剑"，以不达目的绝不罢休的精神创造无愧时代的光辉业绩。站在新征程新起点上，更要大力弘扬"拓荒牛"精神，保持"敢为人先"的凌云壮志、"精雕细刻"的绣花精神，坚持摸着石头过河，逢山开路、遇水架桥，敢为人先，将未开发的"荒地"开垦成"良田"。

征地拆迁，被不少村干部戏称为"新天下第一难"。然而，在谢家路村，600多户村民自觉自愿配合拆迁工作，不但没有多要一分钱补偿款，有的村民甚至还主动放弃应得的补偿。邻村上门讨教经验，钱建康说，诀窍就是四个字——将心比心。

在钱建康看来，群众工作难做，难就难在利益调整。"如果在决策前听取了村民的意见，村民自己做了主，工作有什么难呢？"

在村"两委"班子会议上，他提出"阳光村务八步法"，村里的重大事务，从决策到执行要经过8个步骤：收集民意、提交提案、方案论证、党员讨论、形成决议、作出决定、监督实施、结果公开。一环扣一环，环环都有党员、群众参与。

2002年以来，村"两委"共收到意见建议1 338件，都已办结。

在钱建康带领下，谢家路村坚持"党建引领，幸福群众"的总基调，积极探索以党内民主带动村内民主，以党内和谐促进社会和谐的新路子，取得了显著成效，其中创新实施的"小板凳工作法"和"党支部建在村民小组"等做法成为全国基层社会管理创新的可喜亮点，先后获得中组部、中共浙江省委和宁波市委的肯定。这种以"党内民主示范工程"与完善村民民主制度相结合的"双层民主"的创新做法，有力地提升了村党组织的战斗力、凝聚力和服务力，使服务型基层党组织建设落到了实处。自2007年以来，村民对班子成员的民主测评满意度每年都在98%以上。村里还两次出现了村民代表主动要求为村干部"加薪"的新鲜事。

勇毅笃行，争做艰苦奋斗的"老黄牛"

吃苦在前、享受在后是共产党员的优良传统，我们要像"老黄牛"那样吃苦耐劳、埋头苦干、勤勤恳恳。未来，在实现人民对美好生活向往的路上，面临的困难更多、风险挑战更大，要保证人民群众共享发展成果，新时代的党员干部更要发扬"老黄牛"精神，艰苦奋斗，在新征程上砥砺前行。

钱建康从20岁起就做榨菜生意，还办了一家加工厂。后来，他又投资组建了一家建筑工程队，效益很好。但自从忙活起村里的发展，他没时间和精力去打理企业事务，自家的企业竟倒闭了。当年在他工程队打工的人，已有不少成了百万富翁。每当聊起这些，钱建康总是坦然一笑："看到更多的村民富起来了，我感到很自豪。"

一年夏天，因疲劳过度，钱建康突然晕倒在地。医生要他立即住院，他就在办公室一边输液，一边处理手头工作。村民们知道后无不心疼地说："你可是村里的主心骨，要爱惜自己的身体！"

为集体、为村民，钱建康可谓呕心沥血，但对家庭、对妻子，却欠下了一份份亲情。2001年8月，妻子患阑尾炎在医院动手术。看着瘦弱的妻子躺在病床上，钱建康心里就像打翻了五味瓶。他妻子至今清楚地记得丈夫说的那番话："我也有血有肉，有情有义，但一个人的时间精力就那么多，顾了大家，就顾不上小家了。"

"一个支部一盏灯，一个党员一面旗"，这是钱建康经常挂在嘴边的一句话。成为旗帜和明灯，靠的就是党员以服务作表率。

谢家路村在10个村民小组的基础上建立了10个党支部，每个村民小组就是党支部的服务责任区，负责宣讲村里大事小事，了解村民困难需求和他们的意见建议。村党支部还为农村无职党员设计了干部工作协助岗、环境卫生岗、治安巡逻岗、爱心帮扶岗等岗位，让每名党员根据自己的特长能力选择相应的岗位，发挥服务作用。这或许就是谢家路村之所以能够发生脱胎换骨的巨变的"奥秘"。

钱建康

二〇二一年润三月春

党建引领：幸福群众的源头

——谢家路村基层党建创新的启示

浙江日报社副总编辑　周咏南

今年2月，中共中央办公厅印发了《关于做好"七一勋章"提名和全国"两优一先"推荐工作的通知》。《通知》指出，党中央决定，在中国共产党成立100周年之际，以中共中央名义首次颁授"七一勋章"，表彰全国优秀共产党员、全国优秀党务工作者和全国先进基层党组织。

通过颁授和表彰，充分展示功勋模范和先进典型的精神风范，充分展示广大党组织和党员在各条战线、各个领域、各项工作中取得的丰硕成果；大力弘扬信念坚定、对党忠诚、勇于担当、无私奉献的崇高品格，推动全党形成见贤思齐、争做先锋的良好氛围，进一步统一思想、振奋人心、鼓舞士气；激励各级党组织和广大党员增强"四个意识"、坚定"四个自信"、做到"两个维护"，不忘初心、牢记使命，为全面建设社会主义现代化国家、夺取新时代中国特色社会主义伟大胜利、实现中华民族伟大复兴的中国梦不懈奋斗。

余姚市泗门镇谢家路村党委在原党委书记钱建康的带领下，坚持党建引领、幸福群众，积极创新农村基层党建工作，荣获"全国先进基层党组织"称号，钱建康个人荣获"全国优秀党务工作者"称号，其创新实施的"小板凳工作法""阳光村务八步法""支部建在村民小组"等先进经验先后受到中组部、中共浙江省委和宁波市委的肯定。笔者多次到谢家路村采访，认为钱建康和谢家路村党委取得的荣誉是实至名归。

谢家路村取得的成绩可归纳出以下的经验。

第一，要把思想建设摆在农村基层党建工作的突出位置。

一是创新学习观念。当下，信息化和全球经济一体化，国内外市场风云的瞬息万变，高科技带来的产业革命和经济社会发展的日新月异，都要求我们要静下心来扎扎实实地学习，精确把握理论，及时更新理念。否则，就很难跟上时代的步伐、创造出色的业绩，也就不具备担任领路人的资格。谢家路村依托党员家庭教育活动点，以组级党支部为基础，建立了"党员联系户"制度，并安排村班子成员每人联系一个小组，以此形成了"村党委—党支部—党员代表—党员—普通村民"的严密组织网络，党员在联户过程中要做到向群众传达重大事项、宣传惠农政策、收集反馈群众意见，使农村基层思想政治工作落到实处。

二是创新培训方式。要积极运用信息化、全方位和开放式的培训方式方法，广开渠道，大力培养提高农村基层干部的思想理论素养和岗位专业技能。

三是创新学习方法。提倡集中培训与个人自学相结合，鼓励农村干部带着问题学，为了解决问题学，做到思想理论学习与解决实际问题紧密结合、相互促进，把基层党组织思想理论建设的成果转化为新农村建设的强劲动力。要建立健全和严格遵守学习制度，落实检查监督措施，杜绝形式主义和教条主义。谢家路村党委规定，每名党员每年至少要在活动点参加15次活动，每次活动时间不少于2小时。

第二，要调整农村基层党建工作布局。

一是农村基层党组织要管党员，要真正担负起组织党员、教育党员、管理党员和关怀党员的功能，建立健全教育、管理、服务党员长效机制，激发党员增强光荣感和责任感、保持先进性等内在动力，从而保证农村基层党组织的生机与活力。谢家路村通过创新建立组级党支部，实行重大事项党员提案制，使无职党员也充分发挥作用。

二是农村基层党组织要改革领导和管理方式，把属于村民自治范围内的事务交给村委会和村民会议决定与管理，而基层党组织则应发挥政治核心和监督、保证村民自治制度落实的作用，提高农村基层党组织的战斗力、影响力。谢家路村创新监督机制，建立"阳光村务八步法"，让村民对全体党员和干部进行民主测评，将评议结果向全体村民公开，充分发挥了村民的主人翁作用。

三是农村基层党组织要发挥整合作用，使农村基层党组织真正担负起关怀农村社会、服务农村社会和保障农村社会的功能。支持共青团、妇联以及近年来兴起的各种农民协会的发展，充分发挥它们联系群众、服务群众和化解矛盾的功能。谢家路村通过实施"小板凳工作法"，创新群众工作机制，并实行村干部夜间办公制和包片走访制，将"为民服务"落到实处。近年来，村集体投入近2亿元，实施了100多件民生实事，没有引发一起村民上访事件；村干部群众民主测评满意度连续10年达到98%以上。

第三，要推动农村基层党组织制度创新。

一是创新农村基层党组织的机构设置。计划经济时代，农村基层党组织是以行政村为单位设置的，随着农村经济成分和经济组织的多元化，以及人才、资金、技术和信息等生产要素跨地区、跨行业、跨所有制流动，使得传统的基层党组织设置模式难以适应形势发展的需要。这就要求在农村基层党组织设置的形式上与时俱进，大胆创新，谢家路村在全省率先建立村民小组党支部，完善"支部+协会"运作机制，适应现代化、产业化和城镇化的发展需要，积极探索，把"支部建在产业链上"，努力寻找农村基层组织建设与农村经济发展的有效联结点，真正发挥了基层组织的堡垒作用和党员的先锋模范作用，保障了全村的持续稳定发展。目前，该村有各类企业100多家，其中年产值在1 000万元以上的30多家，亿元以上的3家，去年全村国民生产总值约60亿元。

二是创新干部的选拔、任用和管理机制。要进一步加强党支部班子建设，树立全新的用人观念，坚持选拔那些认真贯彻执行党的路线方针政策、群众威信高、作风正派、公正廉洁、具有较高科学文化知识水平和开拓创新能力、热心为广大群众服务的优秀党员担任支部书记。推行"能人治村"，扩大选人、用人渠道，落实党员的知情权、参与权、选举权和监督权，围绕思想品质好、创新水平高、致富能力强等基本条件，重点从致富带头人、回乡大学生、退伍军人和企业骨干中选拔领路人，使农村基层党组织成为凝聚优秀人才的基地。同时，要建立合理的干部运行机制、完善的监督约束机制和科学的干部考评与奖励机制。钱建康曾经办过企业、经过商，是村里的能人。当村干部38年来，他不顾小家为大家，把一个贫困落后的谢家路建设成为全国文明村、中国名村、全国优秀小康村，他先后荣获浙江省首届"为民好书记"、浙江省"最美公务员"、全国劳动模范等荣誉，正是因为有他这样的"领头雁"，谢家路村才能一跃从贫困村变成富裕村。

三是积极推行党务公开和民主管理。对村级重大决策、重大事项等应当向群众公开的必须公开，维护群众知情权，对重点工程建设资金、群众

"一事一议"自筹资金、国家项目投入资金等使用情况必须全面公开，落实群众的监督权。要进一步建立健全村民代表议事会、村民监督小组和村民理财小组等群众性监督机构，继续推行村账乡管制度，强化财务管理，充分发挥村民理财小组和村务监督小组的监督作用。谢家路村创新实施"阳光村务八步法"，重大事项党员首议制、提案制，使党委的民主决策成为村民的自觉行动。近年来，该村先后完成拆迁1万余平方米，在没有一分钱补偿的情况下没有一户村民上访，使"天下第一难"变成了"天下第一顺"，该村成为全国民主法治示范村。

2021年4月2日

我和钱建康的 20 年

余姚日报社原记者部主任　沈华坤

2021 年，我和建康兄都进入了花甲之年，一晃，我们从相识、相知到建立兄弟般的情谊已有 23 年。这 23 年，在历史的长河中也许只是一瞬间，但在人生的经历中却弥足珍贵。回忆起与建康兄相识和交往的过程，我感慨万千。

1998 年 10 月，我从乡镇党委领导岗位调动到余姚日报社工作，联系农业农村线，就这样与谢家路村和钱建康结下了不解之缘。20 多年来，我几乎跑遍了余姚市所有的行政村，而谢家路村，则成了我的长期蹲点村。我见证了该村的发展，感受了该村干部群众的喜和忧，更从中学习到了艰苦奋斗、勤奋创业的谢家路精神。我采写的有关谢家路村的新闻作品先后荣获中国县（市）报，浙江省县（市）报和宁波新闻奖一等奖、二等奖，谢家路村也先后成为全国、省、宁波市先进典型，钱建康个人先后荣获全国优秀党务工作者、全国劳动模范、浙江省首届为民好书记和优秀共产党员等荣誉，并被破格录用为公务员，担任了乡镇党委领导职务。可以说，我与谢家路村同成长，谢家路村是我重要的新闻源泉。

1998 年秋，我第一次到谢家路村采访时，谢家路村还是一个经济贫困、村容村貌差、村内矛盾多的落后村。为了发展村级集体经济，新上任的村党支部书记钱建康提出了拆除村里的砖瓦窑，通过土地整理增加集体收入的思路，我感觉到这是一个好思路，一方面当时上级鼓励土地整理，出台了相关政策；另一方面，小砖瓦窑的存在，不但浪费土地而且易造成污染。于是我采写了谢家路村拆除砖瓦窑建设新农村的消息，很快在《余姚日报》头版刊发。同时，我又从谢家路村的做法中得到启发，采访了市土管部门，了解了全市砖瓦窑及闲置土地数量，以及整理后对发展村级集体经济促进新农村建设的好处，在此基础上写成内参供市委、市政府领导参考，引起了市领导的重视，并在谢家路村召开现场会。全市掀起了土地整理的热潮，也鼓励了谢家路村干部。

　　第二次到谢家路村采访时，我了解到钱建康原来是村民委员会主任，现任村民委员会主任杨晓芳原来则是村党支部书记，两人一个具有较强的开拓创新精神，一个办事比较稳妥，职务对调后对村级发展十分有利，而且两人相互配合比较默契。我从中采访到不少事例后写成通讯《谢家路村的好搭档》，在《余姚日报》发表后又被浙江《共产党员》杂志采用。这则报道被时任余姚市委常委、组织部长批示后，余姚市首次启动了村级"好搭档"评选活动，钱建康和杨晓芳被评为首届"十佳好搭档"。

　　在多次赴谢家路村采访中，我与钱建康等村干部成了朋友，他们有什么苦闷、烦恼也愿意和我交心。如，钱建康为了发展村级集体经济，提出利用地处其村中心的地理优势兴办市场，却不被村民们理解，认为他办市场是为了自己发财，个别村民甚至还写信向检察院告状；谢家路村富起来、钱建康红起来后，一些人嫉妒了，因为钱建康办事公道，自身清正廉洁，个别别有用心的人便从他的家人着手，借机给钱建康找麻烦。钱建康苦恼地对我说，要办点好事咋会这么难？我从自己多年的乡镇工作经验考量，认识到要当好一个村党组织书记非常难。因为村干部每天都要面对群众，一举一动群众都看在眼里，又没有基本的待遇保障，许多事力不从心，但在群众心目中又是有权力的。我一方面肯定钱建康的思路是对的，另一方面又建议他办事不要性急，要发扬民主，市场究竟要不要办，先交给村民商量，结果大部分村民代表支持办市场。因为村集体没有钱，钱建康便个人出面向银行贷款办起了一期市场。如今该市场年交易额达到数亿元，200多名村民依托市场富起来了，村干部的做法得到了村民拥护。1999年底和2002年底，谢家路村村民两次要求为村干部加薪，连原来写信告状的村民也向上级写信要求为钱建康请功。我敏锐地感到这是一条好新闻线索，马上写成了《谢家路村新鲜事：村民主动要求为"村官"加薪》的新闻稿件，在《余姚日报》发表后又很快被《宁波日报》《浙江日报》等新闻媒体采用。当年，《谢家路村新鲜事：村民主动要求为"村官"加薪》一稿荣获中国县（市）报好新闻和宁波新闻奖一等奖。而谢家路村也从这件事中得到启示，出台了"阳光村务八步法"，把村级"三务"以制度的形式进行公开，很快被宁波市委在全市推广，全省村级"三务"公开现场会也在谢家路村召开。2004年，谢家路村被评为全国民主法治示范村，首次获得了全国性荣誉。

钱建康是一位创新意识很强的基层干部。从2001年开始，谢家路村就针对行政村扩大、党员不同行业集中活动难等特点，建立了党员家庭教育活动点，以后又逐步升格为村民小组级党支部和"前哨支部"，我对这一创新基层党建的经验和做法进行了多次跟踪报道，浙江省委、宁波市委也很快推广了谢家路村加强基层党建的经验和做法。该村因此被评为全国先进基层党组织，村党委书记钱建康也因此荣获"全国优秀党务工作者"荣誉称号。《为民好书记钱建康》《谢家路村：一个支部一个堡垒、一名党员一面旗帜》等报道也先后被《浙江日报》《宁波日报》采用。

在党的群众路线教育活动中，谢家路村首创的"小板凳工作法"引起了我的注意，但这一做法谢家路村已坚持多年，之前本人和其他媒体记者也作过采访报道，如果"炒冷饭"，不仅是对典型和读者不负责，也难以出亮点、出闪光点。

因此，在接到深入挖掘谢家路村"小板凳工作法"这一重大典型报道的任务后，我不是坐在村办公室里看材料、听介绍，而是把重点放在群众身上。由于当时正是榨菜收割的大忙季节，到村民家里去采访往往找不到人。我一方面顶着烈日深入到田间地头，在农民收割榨菜的间歇抓住机会采访；另一方面利用晚上休息时间走访村民，与村民同坐一条板凳，通过拉家常的形式获得第一手新鲜素材。终于在平凡的事迹中我找到了闪光点，然后经过梳理，写成了通讯《小板凳：架起干群连心桥》，很快被本报和浙江省、宁波市新闻单位采用。余姚日报社领导十分重视这一典型，在报纸重点推出的同时，利用新闻网、手机报等新媒体制作了专题，滚动报道，做到了传播手段的多样性。报道发表后引发了巨大的反响，不少读者来信、来电称赞《余姚日报》为党的群众路线教育实践活动提供了一个好典型，该通讯还被评为宁波新闻奖重大典型一等奖。谢家路村"小板凳群众工作法"也被省委在全省推广，并受到中组部领导的高度肯定。

钱建康是一位有奉献精神的基层干部。在多次深入谢家路村采访过程中，我了解到钱建康很早就做过榨菜生意，办过建筑队，好几位在他建筑队干过的手下后来都成了百万富翁。自从担任村干部后，他一心扑在集体事业上，自己的生意和企业无暇顾及，最终企业倒闭，生意中断。对此，他毫不后悔，他总是说，只有谢家路村村民都富裕起来了，自己的人生才有价值。从谢家路村党委书记岗位退下来后，他从不在意个人得失，只是担心谢家路村这面先进旗帜能否长期鲜艳。在《为民好书记钱建康》一文的采访过程中，我用了钱建康一连几天顶着烈日在村民家门口等村民做工作、连续6次吃"闭门羹"仍不放弃目标终于引进一家规模企业、为了村集体发展导致自家企业倒闭、患病输液拔掉吊针检查"五水共治"现场等一系列生动的小故事，使一个一心为民的村干部形象活生生地展现在群众面前，起到了良好的宣传、教育作用。因此当刊有《为民好书记钱建康》的报纸在谢家路村各组级党支部学习讨论时，大家一致认为阿康书记这个人写得很真实、很鲜活。

从钱建康身上，我还学到了不少群众工作的好方法、好经验。在谢家路村采访期间，我自觉向钱建康等村干部学习，以早饭、中饭、晚饭三个时段采访为主，既不影响群众的工作和生活，又找到了大量鲜活的素材。如2013年10月，余姚市遭遇了百年一遇的特大洪涝灾害，谢家路村受灾也比较严重，但当市政府灾后要给受灾村民补助时，谢家路村村民纷纷表示，我们要自力更生重建家园、恢复生产，补助要让给受灾更严重的群众。我深为感动，当即采写了《谢家路村千余村民自愿放弃灾后补助》一稿，很快被《余姚日报》《宁波日报》《浙江日报》刊发，并荣获宁波县（市）报短新闻竞赛一等奖。

当前，已进入融媒体时代，在新媒体兴起的语境下，新技术、新传播环境使媒体格局、舆论生态、受众对象等也都在发生深刻变化。同时，回顾20多年来的历程，我深刻地感受到，一个党的新闻工作者，尤其是基层的新闻工作者，应深刻认识到，无论技术、环境如何变化，马克思主义新闻观、新闻真实性仍然是媒体应该遵循的基本原则。新闻工作者只有把根牢牢地扎在基层，上接党的路线、方针、政策这根"天线"，下接农村基层的"地气"，新闻作品才会有源头活水，才会有生命力。

我和建康兄虽都即将退休，但我想，我俩兄弟般的情谊不会因年龄、身份、地位的变化而淡薄，也不会随着岁月的流逝而消退。"行色秋将晚，交情老更亲"。与建康兄的情谊，是我人生的宝贵财富，我将倍加珍惜，永远珍藏。祝愿建康兄壮心不已，祝愿谢家路村的明天更美好！

2021年4月8日

足迹一： >>>>>>>
千方百计带领群众过上好日子

　　思进思变思发展、创业创新创一流。钱建康自1981年担任村干部以来，不仅努力当好"家长"，也尽力做好"班长"，始终围绕经济抓发展，带领群众共同致富，勇做群众的"领头雁"，进一步明确工作目标，进一步凝聚人心，进一步发挥党建特色优势、品牌影响力优势和可持续发展优势，不断培育新的经济增长点，在推动科学发展、和谐发展、创新发展的道路上取得了新业绩，为建设美丽村庄、创造美好生活以及打造全国有影响力的名村做出积极努力。

　　钱建康当村干部是从挨骂开始的。过去，谢家路村前不靠山，后不着海，又远离集镇，在一般人眼里没有什么发展优势。当时，钱建康结合地处周边村中心的实际，因地制宜地提出了以市场兴村的发展思路。

　　一开始，村民不理解、不支持。钱建康认为，村民的不理解是暂时的，只要出于公心，大家以后自然会支持的。在集体资金筹措不足的情况下，他以个人名义从银行贷款5万元，建起了一个小型的商贸市场。后来村集体又陆续投入400多万元，建起了综合性市场和商贸一条街，挖到了发展村级集体经济的"第一桶金"。

　　在村级集体经济有了一定基础后，钱建康利用政策支持优势，又提出通过土地整理、零星村整治等途径来增强村级经济发展后劲的想法。在村民的支持下，谢家路村第一期40户村民很快搬迁到新村；接着村里又抓住行政村扩并的机遇，分两期对全村3 300多亩*土地实施整治，净增有效耕地面积400多亩，率先成为宁波市第一个标准农田建设村。为加快工业经济发展，钱建康紧紧抓住滨海产业带和杭州湾跨海大桥的优势，筑巢引凤、招商引资，建立了谢家路村工业安置点，改变了村级工业基础薄弱的现状，使全村三分之二的农户可以从事二三产业。当时，听说附近有一家企业想投资2 000万元扩产，钱建康赶去联系却吃了"闭门羹"。钱建康不灰心，不放弃，当他在一个下着大雨的晚上第六次来到该公司时，人淋得像个"落汤鸡"。那位老板终于被感动了："有你这样办事认真的村干部，我还有什么不放心的！"当即拍板，项目就放在谢家路村。

　　一家家规模企业像一只只金凤凰飞进了村里。全村已有企业100多家，其中年产值1 000万元以上规模企业24家、1亿元以上的5家，1 200多名农民变成了工人，带动了家庭配件加工业和种植业的发展，还带出了一批"小老板"。

---

　　* 亩为非法定计量单位，1亩＝1/15公顷。——编者注

图片展示 ▶▶▶

2014年2月28日，滕头村、谢家路村合作发展签约仪式

2014年11月18日，谢家路村召开股份经济合作社第一届股东代表大会第一次会议式

2014年9月19日，谢家路村举行学习会，认真学习市委专题座谈会和市委书记毛宏芳讲话精神

2014年7月29日，谢家路村环境整治、"五水共治"总结表彰大会

2014年7月14日，"高举团旗跟党走、文明崇德我先行"暨争创省"五四"红旗团委推进会

2013年3月3日，"学好十八大精神，建设美丽幸福的谢家路"专题党课

谢家路村举行2012年
"文明美丽、清洁家园"
整治工作总结会议

2013年4月26日，谢家
路村开展"弘扬诚善礼
争做三个好"主题活动暨
精品村建设动员会

浙江省社会主义学院
2011年余姚市谢家路村
党员代表、村民代表培训
班开学式

谢家路村2014年半年度工作汇报暨民主理财测评会

2009年7月6日，浙江省余姚市谢家路村、奉化市滕头村和南川区南平镇景秀村友好交流座谈会

2014年5月23日，宁波市委组织部领导来谢家路村调研基层党建工作

2012年7月4日，钱建康带领党员骨干赴杭州市淳安县高庄村学习考察

2014年5月26日，谢家路村在广场举行弘扬焦裕禄精神，学习身边典型暨"五水共治"环境整治推进会

2013年12月，钱建康在全省"规范宅基地管理 破解农民建房难"工作现场会上发言

2013年5月27日，钱建康带领党员骨干赴福建省龙岩市西安社区学习

2012年7月11日，钱建康到山东省寿光三元朱村学习

2014年11月28日，钱建康带领班子成员赴辽宁省丹东大梨树村学习

2014年7月15日，钱建康与农民日报社社长唐园结一起考察谢家路村新大陆园区

2011年1月9日，钱建康与班子成员商议村庄发展规划建设宏伟蓝图

2019年2月10日，钱建康走访十组党员家庭户

2018年6月30日，钱建康走访村民听取意见

2014年10月31日，钱建康参加河南干陈河村全国"村长"论坛会议，与全国知名村干部一起合影

2009年10月3日，钱建康参加谢家路村第九党教点学习

2014年5月28日，钱建康组织村民小组长以上干部赴台州市方林村学习

2014年5月30日，钱建康赴舟山市新建社区学习

2012年7月6日，钱建康组织代表赴安吉县余村学习生态环境整治

2014年4月3日，时任宁波市检察院检察长戎雪海专程来谢家路村参观，镇党委书记谢勇毅、谢家路村党委书记钱建康陪同

2012年7月11日，钱建康赴山东寿光三元朱村学习，王乐义陪同

2013年5月26日，钱建康带领党员骨干赴红色教育基地学习

2009年3月27日，钱建康赴四川省青川学习抗震救灾精神

2012年3月13日，钱建康与湖北省八仙观村班子一起合影

2009年5月9日，谢家路村与四川省青川枣树村开展灾后结对帮扶活动

2013年5月26日，钱建康赴福建省五龙村学习交流

2009年7月6日，钱建康赴重庆南川区金龙村开展结对帮扶工作

媒体相关系列报道 ▶▶▶

余姚市谢家路村党委发挥"领头雁"作用

服务经济发展　推动共同致富

《浙江在线》2011年7月26日　麻雪莲

　　近年来，余姚市泗门镇谢家路村党委始终以"强村富民、共同富裕"为目标，发扬"富而思进求发展，永不满足创新业"的谢家路精神，形成了能人创大业、村民创家业、干部创事业的良好氛围，将一个经济薄弱村打造成为远近闻名的富裕村。

一、党委谋划发展思路，引领村民致富

　　始终坚持以发展农村经济、加快村民共同致富为目标，按照"政策活村、产业强村、商贸兴村"的工作思路，着力在事关村级经济发展的关键性问题上求突破。2010年村集体经济可用收入超过1 300万元，农民人均纯收入达到23 000多元。一是实施"政策活村"战略。利用政策支持，通过土地整理、土地出让、土地上市挂牌拍卖等形式，提高土地利用率，实现工业发展、农业生态、商业贸易等区块的合理分布，全方位提高土地的使用率，通过两期土地整理总面积达2 800亩，净增耕地550亩，积累村级集体资金4 000余万元，大大增强了村级经济发展后劲。二是实施"产业强村"战略。打破传统农业产业格局，大力发展生态农业经济，围绕生态观光、生态养殖、生态品牌、生态环境等方面打造特色生态产业链，依托新大陆农业科技园区，规划实施了休闲垂钓中心、西红柿基地、百果园、特色养殖等生态经济发展项目，有效提升了生态建设档次和规模；同时，依托姚北工业园区建立全市首个村级工业园区，加大招商引资力度，重点发展特色支柱产业。目前，全村已有企业90多家，其中年销售1 000万元以上规模企业32家，亿元企业3家，并逐步形成金属冶炼、电子电器、塑料

模具、锁具制品等六大支柱产业。三是实施"商贸兴村"战略。依托交通区位优势，因地制宜发展村级商贸经济，精心培育农产品综合性市场和商贸一条街，服务业产值达到3亿元，初步形成了一二三产业协调发展的良好格局。

二、支部发挥特色效应，带领村民致富

以村级特色产业为纽带，积极构建"支部建在产业链上"的新模式，通过组建特色产业支部，实现党组织带领群众致富效应在产业链条上的不断延伸。一是发挥农业龙头支部"规模效应"。以农产品加工龙头企业和农业种养大户为依托，组建农业龙头特色支部，全面推广"农业特色支部+农业龙头企业+农户"的农业发展模式，并充分发挥农业特色支部在推动农业经济产业化、规模化发展中的示范引领作用。如利用富贵菜业这一农业龙头企业以及绿色蔬菜示范基地的规模优势，大力发展长豇豆、蒿菜等新品示范种植，鼓励农民实施"订单"农业，加快村民作物增收和经济收入增长。二是发挥专业合作社支部"集聚效应"。充分发挥专业合作社支部桥梁纽带作用，积极为村内生产经营户提供产前、产中、产后"一条龙"服务，通过将党的组织领导、政策引导、发动群众等方面的优势，同专业合作社在技术、信息、市场、资金上的优势有机结合，逐步改善了以往村民分散经营、单打独斗、自我摸索的固有模式，实现联户经营，集体管理，集聚了产业发展整体优势，提高了产业整体素质和效益。三是发挥工业联合支部"协作效应"。依托村工业园区，因企制宜建立工业联合支部，针对企业实际需求及发展特点，充分发挥联合党支部服务与协调作用，通过积极搭建资源对接、业务沟通、技术交流等互动协作平台，促进企业改进生产工艺、提高生产效率，进一步增强企业市场竞争力，加快推动村级工业经济发展。如该村一方面重视村企协作，实施村企结对共建，工业联合支部和部分骨干企业严格遵循"政府倡导、企业自愿、村企互动、互惠互利、实效长效"的原则，积极参与和支持新农村建设，主动为谢家路村经济发展出谋划策，还出资100万元，帮助村里解决了路灯照明、绿化管护等问题。另一方面派驻企业党建工作指导员互动对接，10名村干部联系10家企业，帮助企业健全

组织、完善制度以及职工的素质教育培训。同时村党委积极争取用地指标，帮助有关企业扩大生产规模，积极营造良好的治安状况、发展环境，为企业创造了发展的外部条件。据统计，2010年实现工业产值28亿元。

三、党员争当帮扶主体，带动村民致富

大力实施"党员创业帮带工程"，有效提高广大农村党员服务经济发展的"酵母"作用，加快了村民齐头致富奔小康的步伐。一是敢创业，党员领村民"先"富。通过开办创业培训班、交流会，为党员搭建创业平台，越来越多的党员勇立潮头，成为创业能手。20世纪八九十年代，趁着改革的春风，宋长洪、宣志良等一批农村党员抢抓机遇，勇立潮头，开始了创业之路，目前有的发展成亿元产值的大型企业，有的发展成了行业的龙头企业，还使1 500多名农民变成了工人。特别是一些党员企业主，积极为村里的经济发展作贡献，如长振铜业公司每年赞助村公益事业资金20万元，村民沈志祥连续三年向村爱心基金捐款10万元。还有许多先富起来的党员，带领更多的村民投入创业的队伍中。二是钻技术，党员携村民"共"富。把农村党员的能力提升摆上重要位置，利用镇技术学校、远程教育等阵地，通过科技讲座、技术培训，不断提高农村党员的技术能力，逐步将其应用到榨菜种植、水产养殖等领域，涌现出一批农业种植大户、水产养殖大户。村党委还建立了农村党员创业孵化基地，组建"党群致富联合体"，要求每名技术党员联系帮扶10户群众，党员帮助群众寻找一条致富门路、发展一项富民产业或传授一门致富技术。三是送信息，党员带村民"齐"富。农村党员利用前期创业基础、榨菜发展等产业优势，把市场信息介绍、推广给村民和企业职工，在产业龙头的带动下，村里发展了榨菜产销一体化、商贸市场一条街，形成了专业技术合作社，带领村民共同富裕。如村民任金苗原来只是长振铜业有限公司的一名职工，在公司董事长、党总支书记宋长洪的信息引导下，自主创业办起了五金厂，并通过产业发展的信息帮助，企业目前已发展到一定规模。

把党的主张化为群众自觉行动的生动实践

——浙江省余姚市谢家路"党建强村、民主立村"的特色之路

《农民日报》2016年7月20日　黄文芳　彭　瑶

　　谢家路村，顾名思义，是一个村，也是一条路。它地处浙江省余姚市泗门镇北部海滨，像一颗闪亮的明珠镶嵌在海天一色的杭州湾南岸。因旧时有路自泗门镇明代状元谢迁的"谢氏宗祠"直通海滨，故称谢家路。

　　这里村容整洁、风景如画，公共场所不见半张废纸，家家户户门前绿树成荫；

　　这里干群关系如鱼水，街坊邻里似兄弟，宛如一个相亲相爱的大家庭；

　　这里人均年收入近4万元，人人心齐劲足勤劳致富，却又尚礼崇德乐于奉献；

　　……

　　短短15年的时间，谢家路村从一个经济基础薄弱、社会矛盾突出、干群关系紧张的落后村，昂首迈进了中国名村的行列，收获了全国先进基层党组织、全国文明村、全国优秀小康村、全国民主法治示范村等数十项国家级荣誉，更涌现出全国优秀党务工作者、全国劳动模范、全国十大杰出村官、全国优秀农民工等大批先进典型。

　　谢家路村化茧成蝶的秘诀在哪里？是什么把谢家路人带向通往富饶美丽、和谐幸福的康庄大路？带着这样的疑问，记者走进这个南方海滨村庄探求答案。

　　加强组织建设出真招：农家小院里的党建阵地——通过支部进组、干部进片、党员进户，将党建工作重心前移，扩大党组织的有形覆盖和有效覆盖，解决了党组织软弱涣散、党员党的意识淡化的问题，增强了党组织的凝聚力和感召力，夯实了党在农村的执政根基。

　　夏日的一个夜晚，谢家路村第二支部书记阮水土家一楼的客厅里灯火通明，16名党员和5名村民代表正围坐在一张张长条凳上热烈地参与学习

讨论。

阮水土领着大家学习了党章党规后，妇女组长阮兰英汇报了近期的计生摸底、卫生整治和新一期即将开班的暑期学生"假日学校"的筹备情况。村党委副书记、第二支部的联组干部陈新尧对支部近期的工作表示了肯定，要求各位党员接下来一定要加紧推进落实创建无新违建户、创建无新特困户、创建无新违法违纪户、创建星级文明标兵户、创建最美人物的"五创"工作。

"每家每户的庭院垃圾集中清理必须在本月内完成，这事请阮支书牵头。对王建刚反映的魏家小儿子沉溺于赌博不务正业的事，请阮兰英来负责教育规劝工作。另外暑假要到了，各位党员记得要通知各自的联系户千万注意家里小孩的安全问题，防止溺水等意外事故发生。"陈新尧说。

今年以来，这已是第二支部第六次召开这样的学习讨论会了。在谢家路村，这可是有明确规定的：各支部每个月必须开会学习 1～2 次，全年不少于 15 次，每次活动不少于 2 小时，全年不少于 30 小时；每个党员每年参加会议不少于 12 次。所以，每次开会的时候，党员们来到活动点的第一件事就是在客厅墙上的"签到栏"里自己的名字旁认真地画上一个勾。在今天会议的签到表上，16 个勾都画齐了。

一个坐在小板凳上认真旁听会议的小姑娘吸引了记者的注意。经与她攀谈，我们得知这个 14 岁的小姑娘名叫应佳沁，在镇上读初中，经常来旁听支部会议，还多次跟着党员们一起参加义务劳动，是第二支部的"小明星"。"谢家路是我们每一个村民的家，我也要发挥主人翁精神。"

陈新尧说，只要不是涉及党内机密事项，支部会议都欢迎村民来旁听，"这对普通群众尤其是孩子有很好的教育引导作用。"

把党员教育活动点建在村民家里，方便党员群众就近参加活动，谢家路村是浙江省的首创。这可不是村干部拍脑门想出来的主意，而是面对复杂形势迎难而上的创举。2001 年，原来的老丘、戚家路、隆昌、谢家路四村合并后的新谢家路村成为有着 1 600 多户人家、常住人口 4 700 多人和外来人口 1 700 多人的大村。并村之初，由于发展水平参差不齐，干部群众相互缺乏信任，邻里纠纷、治安案件、上访信访……各种社会矛盾十分尖锐。而村"两委"满打满算 10 个人，村干部与群众 1∶650 的比例使得很多问题很难及时被发现，发现了也难以及时处理。

　　"村干部人数少，可是全村党员有200来个啊！"如何才能增强党组织的凝聚力、充分发挥每个党员的先锋模范作用，引领群众共同解决发展中的困难，就成为摆在村党委书记钱建康面前的首要问题。由于并村后的谢家路村境域面积超5平方公里，村民居住分散，再加上人心不齐，村党委想召集党员开一次会议十分不易，有的党员甚至提出要村里给交通补助和务工补贴才肯参会。

　　"那就把党员教育活动点建在村民家里，方便大家参会！"钱建康跟村委班子商议决定后，于2002年8月着手建立"家庭式"党员教育活动点，把组织活动从村委搬到"农家小院"，从而极大地方便了党员就近参与学习讨论，党员参会积极性显著提高。

　　"学习地点从村委搬到农户自己家里，路途近多了。年老体弱的党员拄着拐杖走几步也能来参会了。

　　而且在家庭的环境里开会，大家觉得比在会议室里亲切自在，没那么拘束，更容易讲真心话。"二支部年近八旬的老党员严柏千的家距离这个活动点步行几分钟就到，支部会议几乎没有缺席过。

　　"家庭式"党员教育活动点的顺利推行让钱建康切身感受到，要增强农村基层组织建设的活力必须从实际出发，不断创新。为更好地实现并加强党组织对村级各项事务的领导，村党委班子反复研讨后，决定借鉴党史上"支部建在连上"的经验，撤销了原有的按合并前的4个村为片组设立的4个党支部，在10个村民小组上分别建立了第一至第十共10个党支部，以村民小组分属情况为依据，将全村党员编入相应的党支部。并在此基础上建立了"党员联系户"制度，即10个村干部每人联系一个支部，各支部里的每个党员代表分别联系5～8名党员，每个党员又联系8～9户农户，由此形成了"村党委—党支部—党员代表—党员—普通村民"的严密组织网络，在这个有着近6 500人的大村里，实现了党员联系群众全覆盖，既为村"两委"及时发现并反馈问题延伸了"触角"，又为村"两委"推动工作层层落实明确了责任点。

　　"党支部就好比'责任田'一样。"第十支部书记宣光潮说，"为了做好包收集反馈群众意见、包矛盾纠纷化解、包重大事项传达、包违规事项劝阻、包结对帮扶共建、包惠农政策宣传的'六包'工作，每个支部成员每月至少要走访组内所有农户1次以上，记录走访情况和村民需求的'民情日记'从不离身，组里家家户户啥情况，我们都知道得清清楚楚。"

为了调动无职党员的积极性，各支部还专门设立了干部工作协助岗、环境卫生岗、治安巡逻岗、计生信息岗、爱心帮扶岗5个岗位，使每一个党员都能根据自己的特长选择合适的岗位为村民服务。

第三支部的章茶英目前还是名预备党员，却已主动认领了环境卫生岗、计生服务岗和爱心帮扶岗3个岗位，每天忙得脚不沾地，却精神头十足："当上共产党员就得为老百姓做事，看着家家户户庭院整理得清清爽爽，我心里觉得高兴！"

十组村民周雅风今年77岁，家里主屋的墙上挂着习近平总书记的大幅照片。"我是享了共产党的福，享了村干部的福。"老人乐呵呵地说，"养老保险、医疗保险都有了，逢年过节村干部都来看我，给我送钱送水果。"老人指指宣光潮说，"宣书记经常领着年轻人来帮我清扫院子里的垃圾，前一段时间刮台风，他第一个跑来通知我快离开有隐患的老房子，是个好干部啊！"

余姚谢家路村科学发展的十条"真经"

《余姚日报》2012年3月15日　赵永焕

十年前，这个村容村貌落后、集体经济薄弱的贫困村，一跃成为富裕村、文明村，先后获得全国先进基层党组织、全国文明村、全国优秀小康村、全国民主法治示范村等14项国家级荣誉称号。

发展是第一要务。如今的谢家路村，不仅党群、干群关系十分和谐，而且广大干部、党员和村民建设社会主义新农村的热情非常高涨，呈现出生产发展、生活宽裕、乡风文明、村容整洁、管理民主的喜人局面。谢家路村的奥秘在于：从本地实际出发，走出了适合本地特点的发展之路，创设了科学发展的十条"真经"。

党员人人学理论

在谢家路村党委，只要聊起科学理论、党建心得，无论是班子成员，还是党员，个个都能如数家珍。十多年来，通过开展"三个代表"重要思想、党的先进性建设、实践科学发展观和创先争优等主题学习实践活动，形成了一套适合农村基层的理论学习、理论教育、理论培训、理论实践的体系和机制。村党委书记钱建康说，科学理论、党的建设指引了我们当前及今后农村建设的方向，指导了谢家路村农业发展的实践，凝聚了农民创业的力量。

实践每前进一步，理论武装就跟进一步。谢家路村坚持科学理论统领社会主义新农村建设，走过了用科学理论凝聚人心的"三部曲"：一是十四届六中全会作出《关于加强社会主义精神文明建设若干重要问题的决议》后，村党组织也作出了教育领先、精神立村的重大决策，广泛开展精神文明创建活动，兴起了科学理论学习的高潮；二是2005年党中央发出建设社会主义新农村的号召后，村党委坚持用新农村建设的宏伟蓝图凝聚人心，开展了"富而思进求发展，永不满足创新业"的谢家路精神大讨论活动；三是十七届三中全会作出《关于推进农村改革发展若干重大问题的决定》后，村党委坚持用科学发展观指导农村实践，以城乡统筹理念推进农村建设，全村上下形成了"自加压力、负重奋进、敢作敢为、敢为人先、领头领跑"的精神风貌。

发展才是硬道理

发展的最终目的是让群众得到实惠。这一点，在谢家路村得到了很好的印证。十多年前，谢家路村还是一个村容村貌落后、集体经济薄弱、农民收入低下的贫困村。一心想着让老百姓过上好日子的村党委一班人，没有条件自己创造条件，硬是凭着一股子闯劲，实现了经济发展三次大的跨越，谢家路村已成为经济发达、生活富裕、环境优美、社会和谐的全国优秀小康村。

第一次跨越，实现了从无到有的转变。2001年并村后成立的新一届党组织班子成员，以村干部个人名义从银行贷款5万元建起一个小型农贸市场，到如今发展形成容纳200多摊位的综合性市场和商贸一条街，让村里得到了壮大村级集体经济的"第一桶金"。

第二次跨越，实现了由少到多的转变。2000年开始，村党委通过土地整理、零星村整治等途径，将40多户零星居住的村民搬迁到新村，一期土地整理总面积500多亩，净增耕地150亩，积累村级集体资金4 000余万元，大大增强了村级经济发展后劲。同时，依托姚北工业园区设立谢家路安置点，积极开展招商引资，走上了工业强村之路。农民人均收入也由1999年的5 203元增加到现在的25 000元。

第三次跨越，实现了由弱到强的转变。2009年，村党委启动实施浙江省重点工程A类项目——谢家路新大陆农业科技园区建设项目。该项目总投资2.85亿元，占地5 100余亩。该项目的实施进一步壮大了村级集体经济，预计2011年村集体经济可用收入超过2 500万元。

拜百姓群众为师

尊重群众的首创精神，拜群众为师，才能汲取执政的智慧和力量。这是谢家路村党委在实践群众路线中的一条最深切的体会。谢家路村党委始终认为群众中蕴藏着无穷的智慧和力量，群众是新农村建设的主人，把群众当老师，没有克服不了的困难和解决不了的矛盾。十多年来，每当遇到发展的重要时期和关键时刻，每当遇到重大问题和难点工作，每当面临重大规划的拟定和重大决策的实施，村党委总是在第一时间向群众请教，问计于民，问需于民，问政于民，真正把群众当老师、当主人。

在谢家路村流传最广的就是村党委三拜群众为师的事例。一是在新农村建设中制定发展规划和开发"新大陆科技园"过程中，村党委一连十多个晚上三番五次征询群众意见，拜百姓为师，最终使规划赢得了群众的交口赞誉。二是为了建设一支群众满意、开拓创新的干部队伍，党委把对村干部的考核和评价工作交由群众做主，村干部的工资由群众确定、好坏由群众评判、业绩由群众考核。现在已经形成了一套由群众评价村干部的体系。三是村党委就当前农村最棘手的如"三资"等管理工作中的实事、难事问计于民，全面推行以民意收集、民事反映、民情分析、民声回应为主要内容的"四民"工作制度，真正做到村里的大事村民说了算！

拜群众为师，就能赢得群众的信任和支持。2002年村民再次联名写信要求为村干部加薪，各类媒体纷纷报道。原因是村民理财小组在对村财务进行监督时，发现村干部每月所领工资只有400元，比镇里建议的还少300元，20多名村民联名写信给镇里，要求给村干部加薪。自2000年至今，村里每年都要组织村民对村级班子成员进行民主测评，满意度每年达到98%以上。在谢家路村，最宝贵的是和谐的干群关系，最令人感动也是亲密的干群关系。一些专家学者考察后动情地说，在利益格局激烈调整的农村，有如此好的干群关系，不失为一个奇迹。

板凳课堂面对面

队伍是关键，素质是根本，教育是基础。近十年来，谢家路村党委坚持实施全民素质工程，最大限度地提高党员、干部和群众的整体素质。村党委认为，建设社会主义新农村关键在人，在于提高村民的素质。提高村民的素质，要加强教育，教育的突破口就是要创新方法。

十多年来，谢家路村党委用最大的决心、最硬的措施、最强的合力来实施全民素质工程。从2001年开始提出"学习在一线、调研在一线、问题解决在一线"，实施"手把手"教、"面对面"讲、"心贴心"议的"板凳课堂"，做到了教育全覆盖。一是建立教育活动点。于2002年8月创办了以"八有"为基本要求的"家庭式"教育活动点，即有专人管理、有学习名册、有学习设施、有学习计划、有学习教材、有制度上墙、有活动记录、有经费保障等。2010年，全村教育点共组织党员、村民学习135次，参与率达到91.2%。教育点不仅是党员村民学习的平台，也是民主建设的窗口，受到广大党员村民的一致欢迎。二是创办特色课堂。在村露天广场建立了广场远程教育课堂，受教育人数达到7 000人次，党员群众参与率达到92%。三是实施高密度培训。每年一次对全体党员、户主进行系列大培训，对村民进行一次大轮训，多次组织党员代表赴浙江省社会主义学院进行专题培训，组织三套班子开展理论学习培训35次。如2011年，组织全体党员代表、村干部、村民代表于年底在市委党校进行两天封闭式培训，全面提升党员干部的素质。

民生实事放首位

党员干部是百姓群众的勤务员。只有充分发挥党员干部为民服务的作用，才能把密切群众关系落到实处，才能真正推动新农村建设，才能破解当前农村的各类难题。在谢家路村，服务理念早已深深扎根于党员干部心中。正是因为党员干部的无私服务奉献，才赢得了新农村建设的最可靠最牢固的群众基础和力量源泉。

近年来，谢家路村不断加大为民服务的力度，实施了光明公路改造、数字电视安装、农民公园建设、四塘江生态景观改造、环村主干道拓宽、雨污分流治理工程、自来水二次改造等一系列惠民实事工程，极大地改善了群众的生产生活条件。看着村里天天变样，许多村民连说"做梦也想不到"。村干部做任何工作时都把"服务"放在首要地位，这是谢家路村党委的一条规矩。针对村民白天较忙、晚上才有时间的实际，从2002年以来，谢家路村就以村民为本，坚持夜间工作制度，坚持晚上由5名村干部为村民提供各类服务，平均每个夜间工作时间为民办事4件，受到村民广泛欢迎。在谢家路村，200多名党员已经成为全体村民最贴心的服务员。

党员干部的服务行动比什么都重要。"一个党员一面旗，一个岗位一盏灯"。近年来，围绕永葆先进性和创先争优，谢家路村党委开展了以"党在我心中，我在村民中"为主题的系列为民服务活动，举行了大型广场党员承诺服务签字仪式，开展了亮出党员身份、亮出党员思想、亮出党员岗位的活动，对党员的岗位建立设岗、定岗、上岗、用岗的"四岗制"，针对非干部党员设计了干部工作协助岗、环境卫生岗、治安巡逻岗、计生信息岗、爱心帮扶岗等服务项目，使每一名党员都能按照自己的特长能力选择合适的党员岗位为百姓群众服务，使每一名党员都成为服务群众的贴心人。

文化乐园农家乐

文化是新农村的血脉和灵魂，是经济社会发展的重要标志，也是密切党群关系的重要途径和手段。先进文化有利于凝聚民心、鼓舞斗志、陶冶情操、繁荣生活。为此，谢家路村党委认为抓文化就是抓民生、抓发展、抓未来、抓合力，把文化繁荣工作具体落实到满足群众需求、活跃村民生活，提升村民素质、展示文明形象，凝聚发展合力、密切党群关系，推进管理创新、促进社会和谐等工作上，并切实做到组织到位、经费到位、人才到位、措施到位、机制到位，真正把村庄建设成文化的乐园。

谢家路村在2007年就投入800多万元重新建设了社区活动中心和村落文化宫，开设了图书室、电子阅览室、健身房、排练室、老年大学、职工学校等，将党员服务同村民服务场地合二为一，加强了党群之间的联系纽带。目前，图书室已有藏书5 000多册，各类报刊30余种。姑嫂舞龙队、秧歌队、健美操队等文化团体10余支，村里今年举办了并村十周年庆典、"唱响红歌、凝聚人心、科学发展、惠及民生"的文艺演出、庆祝建党

90周年广场活动等文化活动，不仅有200多名党员参加，更是吸引了数百名群众一起参与。部分文艺演出在宁波电视台、余姚电视台播出后，在全村群众中引起反响，凝聚了合力，大大增强了党群之间的血肉关系。同时，村里依托农村党员干部进行现代远程教育，让党员经常能受教育、群众长期得实惠，每月4次开展党员教育、文化娱乐、法治宣传等不同类型的文化教育活动，为党群关系的进一步密切创造了良好平台。

口袋、脑袋一起富

以整洁的环境影响人，以淳朴的民风感染人。作为一个荣获全国文明村镇创建工作先进单位、全国民主法治示范村、省全面小康建设示范村、省文明村等诸多荣誉的先进村，谢家路村始终把村庄环境和文明创建作为新农村建设的重中之重，坚持不懈地做到口袋、脑袋一起富。

十多年来，谢家路村坚持物质文明和精神文明一起抓，着力打造硬化、净化、亮化、绿化、美化的居住环境，先后邀请华东设计院、浙江大学的专家编制了农村新社区发展规划，制定了村庄近期和中长期发展目标。在此基础上，谢家路村通过零星村整治，高标准建设新村住宅区，提升农村新社区建设品位。目前，230套新村住宅已经建成。同时，村里先后投入资金1 000万元，开展了村庄整治、庭院整治等农村环境集中整治活动，使村庄环境实现硬化、净化、亮化、绿化、美化目标，打造出宜居宜业的新家园。为保持村容整洁，谢家路村实施了类似门前"三包"的庭院整治制度，每名党员联系五六户邻居，进行督促。通过和谐家庭、平安示范家庭、五十佳、五好文明家庭、十佳村民的评比活动，谢家路村涌现出五好文明家庭417户、十星级文明户128户、十佳村民69名，和谐家庭50户、平安示范家庭30户。如今，一个欣欣向荣的社会主义新农村呈现在姚北大地。

在谢家路村，凡涉及土地征用、拆迁等难事，只要村民组长上门就能够解决。整个农村风正气顺，营造了一个非常好的发展环境。在矛盾的凸现期和多发期，这不能不说是一个奇迹。精神文明创建带来了喜人环境，群众的气更顺，心更齐，劲更足，发展的信心更大。

阳光村务八步法

在如何更好地发挥村民自治上，谢家路村探索出"发展党内民主，带动村民自治"的新路子，对"阳光村务八步法"等方法进行了实践总结，并得到了中组部领导的肯定。"阳光村务八步法"，就是村里的重大事务，从决策到执行要经过八个步骤。

第一步，先由村党委研究出初步方案；第二步，提交村三套班子集体讨论；第三步，广泛征求党员和群众代表的意见；第四步，通过党员代表大会讨论修改，形成决定；第五步，提交村民代表大会民主决定，并以无记名投票方式进行表决，根据得票情况当场确定该事项是否实施；第六步，在村民代表和群众的监督下实施；第七步，由民主监督小组对决策事项进行检查验收；第八步，向广大村民公开决策执行情况。按照"阳光村务八步工作法"，近年来，村里顺利通过了光明公路拓宽改造、新村住宅区建设、农民公园改造等70多项村级重大事项决策。阳光是最好的"防腐剂"，村民自治是推动新农村建设的"金钥匙"。通过村务自治，谢家路村的百姓群众真正成为重大决策的参与者、基层自治的主导者、美好家园的建设者和社会管理的创造者。谢家路村务自治的最大特色，就是百姓事，百姓管，公开公正透明，包括在探索农村"三资"管理公开的实验上，不仅公开支出，还公开收入；不仅公开资金明细，还公开资产资源等。

新老村民是一家

农村是社会管理创新的活水源头。密切党群关系、做好群众工作是社会管理的基础性、经常性、根本性工作。随着经济建设的快速发展给社会建设带来的新问题，谢家路村党委敏锐地意识到在新的发展阶段要再上新台阶、开拓新局面，就要分析新情况、解决新问题，大力创新和推进社会化管理。为此，村党委把加强社会管理创新摆上十分重要的位置，并把对外来务工人员的服务和管理作为工作的重点。

为加强对外来务工人员的服务与管理，村里成立了新老居民和谐联谊会，并以此为平台，充分发挥村民小组长、党员教育活动点负责人、中心户长的"小三级网络"作用，当好服务员、宣传员、调解员、协管员，促进新老村民的和谐相处。现在，谢家路村已经成了外来务工人员的温馨家园。安徽农民工王敏说，几年前，人生地不熟的她初来村里，村干部既帮她找工作，又帮忙联系房子。如今，她勤奋致富后，主动要求村里在她家设立外来务工人员普法教育点。几年来，她已为数百位外来务工人员提供了找工作、租房等服务,她本人还获得了"全国优秀农民工"称号。为了构建和谐劳动关系,村党委与企业紧密协作建立了全村90多家企业与村里相互支持、相互促进、相互发展、共生共荣,形成了良好的互动发展机制。去年,村里6家规模企业,不仅主动为村级经济发展出谋划策,还出资100万元帮助村里解决了路灯照明、绿化管护等问题。

正如省著名"三农"问题专家、省政府咨询委"三农"组组长顾益康所说,谢家路村的华丽转身,源于谢家路村以党建促发展,以党建创新促进社会管理创新,建立了充满活力的新型农村社区基层组织和科学的社会管理运行机制。

面向未来绘蓝图

密切党群关系,做好新形势下的群众工作,就是要为实现"十二五"规划、建设社会主义新农村助力扬帆。现阶段,是社会主义新农村建设的大好时期。打造最美丽乡村,让老百姓过得更加美好,这是谢家路村的美丽愿景。如何以美丽愿景来团结群众,凝聚民心,要紧紧依靠群众的支持,汲取群众的智慧和力量,战胜前进道路上的困难,实现美好宏伟蓝图的伟大目标,这是谢家路村党委实践党的群众路线、密切党群关系的出发点和落脚点。

2009年,村党委为了在更高起点上实现科学发展,打造最美丽乡村,计划在海涂边上建一个集生态种养、休闲娱乐、展示教育等功能于一体的新大陆农业科技园。有的村民认为这是异想天开、天方夜谭。为了统一村民的思想,村党委通过多种形式用远景规划来激励村民。当年,村里按照"阳光村务八步工作法"程序广泛征求村民意见,获得村民代表大会一致表决通过。在实施过程中,涉及近2 000亩农户承包地的征收工作,没有一户农户进行阻拦。目前,总投资2.85亿元、占地5 100亩的新大陆农业科技园正在顺利建设中。全村百姓在这个远景的激励下正在意气风发掀起建设的高潮。

宏伟蓝图催人奋进,重点工程日新月异。"谢家路的发展步伐会迈得更大,前景会更加美好。"谢家路村党委书记钱建康的话掷地有声。谢家路村人们坚信:站在新的起点上,只要心有大目标,脚踏实地地干,就能在社会主义新农村建设的大潮中挺立潮头。

建设社会主义新农村仍然是我国农村的重大任务。科学发展的实践使谢家路村形成党员干部关爱村民、村民尊重党员干部的常态。村民的事最小，也是大事；干部的事比起村民的事，是大事也是小事。在谢家路村，党员干部的名言是：有老百姓的支持和拥护，天下无难事；百姓群众的名言是：村干部办事，我们一百个放心。全村上下呈现出党的建设推动新农村建设、党内民主带动村级民主、党内和谐促进村民和谐、党内团结促动全村大团结的喜人景象。新的时期，如何建设社会主义新农村？谢家路村科学发展的"十条真经"或许会给人们一个正确的答案。

发展为先　让农民得到更大实惠

——浅谈学习"三个代表"重要思想的体会

《余姚日报》2002年1月16日　钱建康

"三个代表"重要思想是新时期加强党的建设的行动纲领。认真学习、贯彻"三个代表"重要思想，是农村基层干部搞好一切工作的前提。谢家路村从几年前的相对薄弱村变成宁波市新农村建设示范村的实践也充分证明，只有坚持"三个代表"重要思想，社会才能前进，百姓才能富起来，农村基层党组织的威信也才能提高。

把经济搞上去，使老百姓富起来，是我们追求的目标。

中国共产党始终代表先进生产力的发展要求是我们党建党80多年来的一条基本经验，搞好经济建设是党的中心工作，村级党组织是否在广大群众中有号召力、凝聚力，最关键的一条就是能否把经济建设搞上去，使老百姓富起来。

谢家路村位于杭州湾南岸，前不靠山，后不着海，又远离集镇，缺乏经济发展的优势，因此前些年经济一直处于全镇中下水平。1992年新一届党支部、村委会领导班子成员经过到周边村、镇考察，结合谢家路村地处周边村中心的实际，提出了以市场兴村的发展思路。但干部的良好愿望并未赢得广大群众的理解和支持，一时间村民议论纷纷，部分不明真相的村民还联名上书、上访。面对困难，党支部、村委会一班人在讨论时认为，只要我们是出于公心，看准了的事就一定要坚决办好，只要党支部的思路变成了群众眼里的"实货"，群众就一定会理解我们、支持我们。于是，党支部主要负责人以个人名义担保在银行贷到了5万元钱，建起了一个小型商贸市场。由于地理位置优越，经营管理得法，生意十分红火。事实胜于雄辩，群众慢慢地由怀疑变成了理解，这更坚定了党支部、村委会以商贸兴村的决心。从1995年以来，村里采用集体投一点、个人筹一点和摊位招租的办法，陆续投入了400多万元，使市场面积不断扩大，现已发展到占地20多亩，涉及农副产品、五金交电、农资等多种门类的综合性市场，年成交额达到6 000多万元。村里的三成农民也走出田塍，从事第三产业，不少过去靠单一农业生产收入微薄的农民靠市场已腰缠万贯，盖起了别墅，买起了汽车。

无农不稳，无工不富，无商不活。要使一个村的经济全面发展，光靠商贸一条路是远远不够的，必须大力发展工业经济，必须引进企业，但要引进企业，除了基础设施外，首先要解决的就是用地问题。党支部、村委会一班人经过研究，决定把零星村整治、土地整理作为启动壮村富民工程的基础。这一设想得到了镇党委、镇政府和市、镇土管部门的大力支持。不少党员干部带头拆除了零星村的房子，迁移了祖坟，广大群众也纷纷行动起来，短短几个月时间，全村40户零星户很快搬迁到新村，平毁土窑4座，127穴坟墓也全部被平坟还耕，土地整理总面积达到500多亩，净增耕地150亩。

土地有了，基础设施配套搞好了，也不一定能引进企业，"凤凰"究竟栖在哪棵梧桐树上，还要栽树人的辛勤努力。为了引进像样的企业，村三套班子成员都落实了责任。2001年9月，钱建康偶然间听说附近一家企业想投资2 000万元扩产的消息，比捡着了金元宝还高兴，当即兴冲冲地去联系，结果却吃了"闭门羹"。他觉得是自己的工作还没有做到家，决定再试试看。就这样，他发扬蚂蟥精神——叮牢不放，在一天晚上9点多钟冒着大雨第六次来到该公司总经理办公室，总经理终于被感动了：有你们这样有事业心的干部，去你们村里办企业我还有什么不放心的呢？当即表示把该项目放到谢家路村工业园区。村干部们随即迅速、及时地为企业办好了用地审批、项目立项、贷款等手续。精诚所至，金石为开。在村干部的努力下，镇内外企业纷纷落户谢家路工业园区。如今，全村企业总数已达到81家，其中年产值在500万元以上的规模企业24家，工业总产值由5年前的几百万元预计可增加到2001年的5.68亿元，外贸出口交货值由零增加到2500万元。同时，还解决了村里700多名劳动力的就业问题，为农民增收提供了重要渠道。农业是国民经济的基础。但近年来，随着国家粮油体制改革的不断深入，传统农业的效益越来越低，要提高农业效益，必须大力调整农业产业结构。我们首先在强化农田基础设施上下功夫，2000年按照宁波市级农业示范园区标准，投资238万元，对558亩农田进行了全面改造建设，形成田成方、路成行、清清沟渠绕四方的综合经济型高效农田。2001年，我们又按照行政村规模扩大的实际，加大了对农业基础设施的投入，共投入580多万元，对主要河道砌石2100米，完成三面光渠道改造6000米，新建沟集1100米，新增机埠两只和125KV农用专业变压器一台，主要村道硬化15268.5平方米，并于2003年开始积极实施第二期土地整理工程，整理土地2800亩，净增土地340.65亩，进一步增强了农业抗御自然灾害的能力，改善了农业生产条件，为实现农业增效、农民增收，加快农业产业化进程打下了扎实基础。

农业产业结构调整，事关农民切身利益，靠一般号召难以引导农民。同时，新的农产品生产出来以后，如果销售环节脱节，又会引发增产不增收的问题。怎样解决这一矛盾，是摆在我们村干部面前的一个现实问题。我们走了三步棋：第一步，结合高标准农业园区建设，与有关科研单位联合，建立了面积32.7亩，集新品种、新技术示范推广于一体的高效农业示范园区，引进了日本锦藏葱、韩国新红奇辣椒等名特优产品，为农民作示范；第二步，村干部带头试种，为农民规避市场风险，村三套班子成员，人人都有自己的试验田，农民看到村干部都种了，纷纷效仿；第三步，与镇内外农业龙头企业挂钩，发展"订单农业"，由龙头企业提供种子种苗，科研单位提供技术辅导，农产品由企业按保护价收购，解除了农民的后顾之忧。三步棋一下，农民调整产业结构的积极性空前提高，全村2002年产业结构调整面积达到2000多亩，占大田总面积的85%以上。

由于我们坚持了先进生产力的发展要求，全村经济年年上一个新台阶。2001年，全村工农业总产值达到6亿元，村级集体年可用资金达到600万元，村民人均年收入达到8200元，一跃由几年前的相对薄弱村成为全镇先进村。

提高群众生活质量，增强村民文明素养是我们努力的方向。

提高最广大人民的生活质量、增强广大村民的文明素养既是富起来后群众的迫切愿望，也是我们农村基层干部实践"三个代表"的着力点。如不少村民提出，并村后作为宁波和余姚两级农业、农村现代化建设示范村，谢家路村应该统一规划，提高中心村、示范村的品位。村里采纳这一建议后，按照高标准、高起点的要求，投入25万元，委托华东设计院专家进行了总体规划详细设计，按照"因地制宜、合理布局、立足长远、适度超前、一次规划、分年实施"的原则，在原行政村合理分布了农业示范区、工业发展区、新村住宅区、商贸服务区、文化娱乐区五大主要功能区块，由于建议来自群众，因此在初步实施过程中也得到了群众的支持。新村住宅区2001年又新增了15幢住宅。

改变村内环境"脏、乱、差"现象，既是村民反映的热点问题，也是改善农村形象、提高农民素质的着力点。2001年开始，村里投资200多万元，确定了泗门—夹塘公路、湖北—夹塘公路谢家路段为形象路，实现了道路硬化。同时，在村口道路建造了代表谢家路形象的龙门架。形象路两旁设置了13只永久性灯箱，安装了35盏路灯，并在路灯杆上设置了彩色条幅，既美化了环境，又潜移默化地教育了村民。河道整治是环境整治的重点，2001年我们重点对老丘、谢家路江进行了清理，河道两岸驳砌石坎2 000多米。村里还建立了一支13人的卫生保洁员队伍，每天清扫主干道路、河道，清运各种垃圾，同时，出台了门前保洁责任制、门前"三包"责任制等一系列长效管理制度，用制度来规范和约束村民的行为。帮助弱势群体既是广大党员干部应尽的义务，也是实践"三个代表"、转变干部作风的切入点。针对富裕村里的贫困现象，我们积极探索新型社会保障机制，采用村财务支一点，企业单位、党员、干部、村民代表和普通村民自愿捐一点的方法，成立了社会帮困互助会。自2001年8月成立以来，互助会共筹集到资金76 398元，为村里的困难家庭解了燃眉之急。如困难户王娟莉因病住院，交不起药费，村互助会马上把600元药费送到她病床上，激动得她热泪盈眶："谢谢共产党，谢谢乡亲们！"

天地之间有杆秤，那秤砣就是老百姓。正是因为我们脚踏实地地工作，赢得了广大群众的信任，村干部的威信也越来越高，村级领导班子的凝聚力、战斗力也越来越强。去年，我村原先对村干部工作不理解的20多位村民联名给镇里写信，要求给村干部加薪，一时传为美谈。最近，在村级

"三个代表"学习教育活动中，村集体和每个村干部向村民代表进行了述职，在民主测评中，对村班子成员很满意的占76%，较满意的占24%，没有出现一名村民不满意的干部。党和人民也给了我们很高的荣誉，我村先后被评为宁波、余姚两级先进党组织，被确定为宁波、余姚两级农业农村现代化建设示范村，我本人还被评为浙江省优秀共产党员。我们要以荣誉为新的起点，进一步学习、贯彻"三个代表"重要思想，踏踏实实为老百姓办事，早日实现农业农村现代化目标。

富民书记钱建康

《余姚日报》2004年6月27日 沈华坤

"七一"前夕，中共浙江省委隆重表彰了在全省各条战线涌现出来的先进党组织和优秀党员，余姚市泗门镇谢家路村党委书记钱建康被评为省富民书记，并作为全省4万多名村级党组织书记的唯一代表，在建党83周年纪念大会主会场发言。消息传到谢家路村，全村党员干部和群众像过节一样高兴。60岁的老党员姚水初激动地说，谢家路村从过去的落后村变成如今全省有名的先进村，全靠建康书记和村一班人苦干实干。建康书记被评上全省富民书记，老百姓从内心里信服。

姚水初的话，说出了谢家路村广大群众的心声。这几年来，钱建康和村领导班子一心为民，为群众办了许多好事、实事，一桩桩、一件件，全在老百姓的心坎上。

千方百计，让老百姓过上好日子是头等大计

谢家路村前不靠山，后不着海，又远离集镇，在一般人眼里没有什么发展优势。1988年，刚担任村主任的钱建康结合本村地处周边村中心的实际，因地制宜地提出了市场兴村的发展思路。但一开始，这一良好的愿望并未得到群众的理解和支持，一些不明真相的村民还联名上访。亲朋好友也劝他多一事不如少一事，得过且过算了。钱建康内心很矛盾，但转念一想，群众的不理解是暂时的，只要出于公心，看准了的事一定要坚决办好，

等到思路变成了老百姓眼里的"实货"，老百姓自然会支持。于是，在集体资金筹措不足的情况下，他以个人名义从银行贷款5万元，建了一个小型的农贸市场。由于经营管理得法，生意十分红火。这更坚定了钱建康和村班子成员的决心，也因此得到了群众的理解和支持。后来村集体又陆续投入400多万元，建起了综合性市场和商贸一条街，挖到了发展村级集体经济的"第一桶金"。现在，全村有三分之二的农户从事二三产业。一位当初反对办市场并参与上访的村民，见到他感激地说："建康书记，要是没有这个市场，我到现在也盖不起楼房，当初真是错怪你了！"

村级集体经济有了一定基础后，钱建康和村班子又提出通过土地整理、零星村整治等途径，增强村级发展后劲。在村民的支持下，短短半年时间，全村40多户零星村民很快搬迁到新村，一期土地整理总面积达到500多亩，净增耕地150亩。2003年，谢家路村又抓住行政村撤并的机遇，对全村2 800亩土地进行整治改造，率先成为余姚市第一个市级标准农田建设村。同时，钱建康又提出了依托姚北工业园区设立谢家路安置点、改变村级工业基础薄弱现状的思路。村领导班子成员都落实了招商引资任务。听说附近有一家企业想投资2 000万元扩产，钱建康马上兴冲冲赶去联系，一连吃了几次"闭门羹"。妻子见他三番五次地跑，就笑话他：家里再大的事也从没见你这样低声下气过！记不清是第几次了，当他夜里冒着大雨又来到这家公司时，老总终于感动了："就冲你这股韧劲，我也要把厂子放到你们村里！"在村班子的共同努力下，一家家规模企业像一只只金凤凰飞进了村里。目前，全村已有企业80多家，其中年销售500万元以上规模企业32家，亿元企业3家。通过发展工业，村里为村民提供了多种就业机会，使700多名农民变成了工人，带动了家庭配件加工业和种植业，还带出了一批"小老板"。1998—2003年，全村社会总产值由1.2亿元增加到10亿元，村级集体可支配收入由不足9万元猛增到853万元，农民年人均收入从6 000元提高到10 058元。2004年，在严重的瓶颈制约面前，全村工农业总产值仍达到13.2亿元，村级集体可支配收入900多万元，农民人均收入11 000多元。

千辛万苦，真心为老百姓办实事一点也不苦

钱建康常说，当村干部要受千辛万苦，但只要真心为老百姓办事，即使苦一点心里也甜。随着村级集体经济的不断壮大，村里为民办事的实力

也强了。村里建起了余姚市首个村级农民文化公园，成立了首支村容村貌管理大队，实施了路灯延伸、道路硬化、绿化配套、户厕改造、河道砌石等实事工程，使村民的居住环境和生活质量有了明显改善。针对外来员工增加的实际，2004年，村里还投资500多万元建造了占地20多亩的外来员工新村。第十村民小组73岁的杨彩珠老大妈一边在宽敞整洁的村道上散步一边高兴地说，过去屋里穿皮鞋，外头穿套鞋，如今马路天天平，路灯煞煞亮，跟城里头一模一样。

为提高村民总体素质，谢家路村每年分18批对3 600多名村民上素质教育课，同时评选"十佳村民"。村里成立了余姚市首支农民铜管乐队、女子腰鼓队。2003年"七一"时，该村还举行了"万众一心奔小康"广场文艺演出，吸引了3 000多村民和2 000多外来员工及邻村村民前来观看。

钱建康在实践中体会到，即使为群众办实事、做好事，也要尊重群众、相信群众、依靠群众，这样群众才会从内心信服你、支持你。从担任村干部的第一天起，他就把"公开、民主"这四个字体现在各项工作的全过程中，改过去"为民作主"为"由民作主"。2003年底，因光明公路拓宽，沿途70多户人家的房屋需要拆迁，村里的党员干部首先统一了思想，并把有关政策向群众进行了宣传，大多数村民都很拥护，还帮助村干部做好个别人的思想工作，不到一个月就顺利完成了拆迁任务。村党委通过实施村民联系卡制度，广泛征求村民意见，并一一进行办理和答复，村民对反馈的满意率达90%以上。如有的村民提出，村富不能忘了困难户，于是村党委及时采纳意见，实施了村干部结对帮扶制度，建立了村"帮困扶贫基金"，并开设了"爱心超市"，为特困户和外来务工人员雪中送炭。目前，已筹资25万元，受益群众达200多人次。50多岁的村民蒋来潮因脑震荡双眼模糊，妻子也因此离开了他，儿子生活也较困难。钱建康在走访时了解到这一情况后，主动与他结对帮扶，给他垫付医药费，经常找他谈心，帮助他鼓起生活的勇气。蒋来潮身体有好转后，钱建康又帮他引进适宜的农产品品种，发展效益农业，并帮他联系了收购厂家。如今，蒋来潮已丢掉拐杖，忙碌在田间地头，生活有了很大改善，他逢人便说，没有建康书记，我早就在黄土底下了。村民奕佳敖因病长期贫困，村爱心基金帮他治好病后，这个聋哑人虽然不会说话，却一笔一画地用笔写下了"谢谢共产党"五个大字，送到了钱建康的办公室。一些邻村村民羡慕地说："谢家路人真有福气！"

如今，全村党员群众心齐气顺，党群干群关系融洽，党组织的凝聚力、战斗力不断增强。近几年，村民对村干部的民主测评满意率都达到了100%。20多位村民代表还联名要求给"村官""加薪"，此事被评为余姚市精神文明建设"十件新事"之一。

千言万语一句话，做一个农村基层干部就要无怨无悔

这些年，钱建康为村里付出了许多，也放弃了不少，但他始终无怨无悔。他的身体一直不大好，2002年夏天，由于过度劳累，他突然晕倒在地头。医生要他立即住院，但土地整理、村庄整治、道路硬化等工作一个接一个，在这个节骨眼上他怎么躺得下来？于是，他就在办公室吃药、输液。村民看到后心疼地说：建康书记，你是我们的主心骨呀！就是为了我们，你也要爱惜自己的身体呀！

为集体、为群众，他呕心沥血，但对家庭、对妻儿，他却欠下了份份亲情。2001年8月，妻子因患阑尾炎做手术，满心希望他陪在身边，可村农业园区建设正在要紧关头，他实在分不开身，妻子住院期间只去看过一次。望着病床上瘦弱的妻子，钱建康心里像打翻了五味瓶。由于工作忙，他平时很少关心儿子的学习，妻子又体弱多病、文化程度不高。儿子中考前，想请个家教补补功课，但他却每天忙碌在村里的工业安置点，把儿子的事给忘了。儿子后来没考上高中，在钱建康送他到职校报到那天，儿子分别时一句话都没说，眼泪汪汪地扭头就走了。看着儿子很不高兴的样子，钱建康愣在那里，久久挪不动双脚。他也有血有肉、有情有义呀，但一个人的时间精力就那么多，顾了大家，就顾不上小家了。

钱建康说，要当好一名村干部，一要干事，二要干净。在谢家路村，所有的大事都由村民代表大会集体表决，工程实施过程实行全程监督。几年来，村里共投入1 200多万元资金，实施了46个工程项目，都实行了严格的招投标和审计制度。2003年该村进行大规模的绿化工程，一位老朋友得知消息后，找上门来推销花木，临走时给他塞了一个红包，要钱建康无论如何关照关照。他当时就拉下脸来正告那位朋友："再搞歪门邪道，你就是中了标也要退掉。"由于各方面过硬，谢家路村已被推荐为全国村级财务规范化管理试点村。2002年4月，宁波市委还在该村召开了农村基层党风廉政建设现场会。

作为一名共产党员，奋发进取是一种精神，有时乐于放弃也是一种境界。泗门镇是全国榨菜主产区，钱建康从20岁起就做起了榨菜生意，还办了一家加工厂。后来，他又投资组建了一家建筑工程队，当时正值城乡建设红红火火，效益很好。但自从走上村书记岗位后，他没有时间和精力去经营，自家的企业一年不如一年，最后倒闭了。以前在他工程队打工的人，如今已有不少成了百万富翁。钱建康坦言，有时候我也觉得自己挺亏的，但看到更多的群众富起来了，又感到非常欣慰。

钱建康用自己的实际行动，实践了"三个代表"重要思想，赢得了广大群众的真心拥护，多次被评为省、市优秀共产党员。谢家路村也先后被评为全国优秀小康村、全国民主法治示范村、全国村级财务规范化管理试点村、全国美德进家门示范点、浙江省文明村、省党建工作示范点等。泗门镇党委书记马建利在接受记者采访时认为，在新时期、新形势下，钱建康身上所体现出来的敢为人先、争创一流的敬业精神，永不满足、与时俱进的创新精神，一心为民、服务群众的奉献精神，值得广大基层党员干部学习。

把富民强村当作天大的责任

——记余姚市泗门镇谢家路村党委书记钱建康

《时代先锋》2004年第14期　沈　祖

余姚市泗门镇谢家路村拥有4 543名村民、186名党员，原是一个村容村貌落后、集体经济薄弱的后进村。1998年钱建康当选为村党组织书记后，和村党组织一班人真心诚意为村民谋福利，赢得了广大村民群众的信任和支持，村庄面貌迅速改变，先后被评为省全面小康建设示范村、省文明村、宁波市基层党建工作示范点，他本人也被评为省、市优秀共产党员。

"村书记虽然只是巴掌大的官，但也必须把富民强村当作天大的责任。"

谢家路村前不靠山，后不着海，中不连市，在一般人眼里没有什么区位发展优势，长期以来在余姚处于后进状态。走上村书记岗位后，钱建康深知自己肩上的担子不轻。钱建康说，老百姓有句俗话：养鸡要下蛋，养狗为看门。老百姓选我们当村干部，还不是为了能帮他们过上好日子！于是，他和村"两委"一班人走村、串户、访农家，反复琢磨、商量、分析后，发现谢家路村地处周边村中心就是很好的优势。这时，他们突然感到，只要点子准，好主意就能变成好生意，好资源就能生出好资本，于是，大胆提出了市场兴村的发展思路。在集体资金筹措不足的情况下，钱建康以个人名义在银行贷款5万元，建了一个小型的农贸市场，由于经营管理得法，生意十分红火。后来村集体又多方筹资，陆续投入400多万元，建起了综合性市场和商贸一条街。现在，全村有三分之二的农户从事二三产业。一位当初反对办市场并参与上访的村民，现在见到他感激地说："建康书记，要是没有这个市场，我现在也盖不起楼房，当初真是错怪你了！"

有了村级集体经济的"第一桶金"打基础，钱建康和村班子马上提出了新的目标：通过土地整理、零星村整治等途径，增强村级发展后劲。在村民的支持下，短短半年时间，全村40多户零星村民很快搬迁到新村，一期土地整理总面积达到500多亩，净增耕地150亩。2001年，该村抓住行政村撤并的机遇，对全村2 800亩土地进行整治改造，率先成为余姚市第一个市级标准农田建设村。随后，这个村又迈出了第三步：依托姚北工业园区设立谢家路安置点，改变村级工业基础薄弱现状。2001年9月，钱建康听说附近一家企业想投资2 000万元扩产，马上兴冲冲赶去联系，一连吃了几次"闭门羹"。记不清是第几次了，一天夜里，当他冒着大雨再次来到这家公司，老总终于被感动了："就冲你这股韧劲，我也要把厂子放到你们村里！"在村班子的共同努力下，一家家规模企业像一只只金凤凰飞进了谢家路村。目前，全村已有企业80多家，其中年销售500万元以上规模企业32家，亿元企业3家。通过发展工业，村里为村民提供了多种就业机会，使700多位农民变成了工人，带动了家庭配件加工业和种植业，还带出了一批"小老板"。

"农村的事千难万难，只要基层干部身正心正，就没有走不过的坎。"

这几年，村级集体经济壮大了，老百姓富裕了，民主意识增强了，钱建康提出村干部再也不能守着老套路、老框框去干工作了。于是，村班子给自己定了三条规矩：一要民主理事，二要公正处事，三要干净干事。

2002年，村党委实施了"党内民主示范工程"，通过建立党员首议制、党员提案制、党员代表表决制、党务公开制和无职党员设岗定职5项制度，落实党员的优先知情权、合理建议权、决策参与权和民主监督权。2004年上半年，村党委收到党员提案57件，内容涉及农业生产、环境保护、村庄整治、帮困扶贫等多个方面，极大地提高了村党委科学决策的水平，对所有提案，村党委都一一作了答复和办理，党员对反馈的满意率达90%以上。如有的党员提出，村富不能忘了困难户，于是村党委及时采纳意见，实施了村干部结对帮扶制度，建立了村"帮困扶贫基金"，并开设了"爱心超市"，为特困户和外来务工人员雪中送炭，目前已筹集25万元资金和一批生产生活用品，受益群众达200多人次。一些邻村村民羡慕地说："谢家路人真有福气！"

村里的重大事项都由村民代表大会集体表决。几年来，谢家路村共投入1 200多万元，实施了46个工程项目，都实行了严格的招投标和审计制度。2002年4月，宁波市在该村召开了农村基层党风廉政建设现场会。2002年12月，全省农村基层普法教育现场会又在该村召开。谢家路村还被推荐为全国民主法制示范村和全国村级财务规范化管理试点村。

如今，谢家路村干部群众心齐气顺，党群干群关系融洽，党组织的创造力、凝聚力和战斗力不断增强。2003年底，因光明公路拓宽，沿途70多户住宅需要拆迁，村党员干部首先统一了思想，并向群众耐心宣传有关政策，大多数村民都很拥护，还帮助村干部做好个别人的思想工作，结果不到一个月就顺利完成了拆迁任务。近几年，村民对村干部的民主测评满意率都达到了100%，有20多位村民代表联名要求给村干部加薪，此事还被评为余姚市精神文明建设"十件新事"之一。

"小家虽然温馨，但只有大家天天殷实起来、村民一天天富裕起来，那才是真正的幸福温馨。"

这些年，钱建康为谢家路这个"大家"付出了许多，也放弃了不少，但他无怨无悔。钱建康身体一直不大好，前年夏天，由于过度劳累，他突然晕倒在田头。医生要他立即住院，但土地整理、村庄整治、道路硬化等工作一个接一个，在这个节骨眼上他怎么躺得下来？钱建康就在办公室吃药、输液。村民看到后心疼地说："建康书记，你是我们的主心骨呀！就是为了我们，你也要爱惜自己的身体呀！"

对家庭、对妻儿，钱建康也觉得心存歉疚。2001年8月，妻子因患阑尾炎开刀，满心希望丈夫陪在她身边，可村农业园区建设正在紧要关头，钱建康恨不得一天掰成两天用，哪里分得开身？他只去医院看望过妻子一次。望着病床上瘦弱的她，钱建康心里就像打翻了五味瓶。对儿子的学习，钱建康平时也关心得很少。儿子中考前，要他请个家教补补功课，他却每天忙碌在村里的工业安置点，把这件事给忘了。儿子后来没考上普高。他去送儿子到职校报到，分别时儿子一句话都没说，眼泪汪汪，拿过行李，扭头就走。望着儿子的背影，钱建康愣在那里，久久挪不动双脚。

泗门镇是全国榨菜主产区，钱建康从20岁起就做榨菜生意，还办了一家加工厂。后来，他又投资组建了一家建筑工程队，当时城乡建设红红火火，效益很好。但自从走上村书记岗位后，他没有时间和精力去打理，企业一年不如一年，最后倒闭了。以前在他的工程队打工的，如今已有不少是百万富翁了。很多人都说他傻，觉得他太亏了，但钱建康说：对共产党员来说，乐于放弃是一种境界！

现在，谢家路村的老百姓都过上了比较富裕的小康生活。1998—2003年，全村社会总产值由1.2亿元增加到10亿元，村级集体可支配收入由不足9万元猛增到854万元，农民年人均收入从6 000元提高到10 058元。村里建起了余姚市首个村级农民文化公园，成立了首支村容村貌管理大队和农民铜管乐队，实施了路灯延伸、道路硬化、绿化配套、户厕改造、河道砌石等实事工程，村民的居住环境和生活质量有了明显改善。2004年，村里还计划投资建造占地20多亩的外来员工新村。村民们自豪地说，现在的谢家路村和城里没啥两样！

但钱建康并没有因此止步。他说，作为一名村支书，我的任务只有一个：奋发进取，让老百姓过上更加美好的生活。

共产党员户，响当当的牌子

——余姚市泗门镇谢家路村见闻之一

《宁波日报》2006年1月16日　徐叶青

下午，冬天的太阳照在谢家路村的田野上。宽阔而洁净的乡村道路，连片的别墅式的农民新居，这个"全国优秀小康村"的富裕让我们振奋不已。

走进村子，村口矗立着"提高党员素质，加强基层组织，服务人民群众，促进各项工作"的巨大红色标语牌；宣传窗里开辟了先进性教育专栏。而引起我们强烈兴趣的是，一些农民房子的门楣上挂着"共产党员户"的牌子。

路边一家小吃店内也挂着这样一块红色的牌子，主人叫俞连尧，一位憨厚的中年汉子。他告诉我们，"共产党员户"是村里先进性教育活动中党员"亮身份、亮岗位、亮思想、强素质"主题活动的内容之一。自从20多天前这块牌子挂在了店里，老主顾一看牌子就问："阿尧，什么时候入党啦？"俞连尧感到自己的腰杆更直了。他说，村里去年社会经济总产值达到16亿元，村民人均年收入超过1.1万元，大家都说村"两委"的干部们有本事。"每次听到这样的话，作为党员，我都感到特别有面子，可不能给这块牌子抹黑。我开小店，店堂要更干净，说话要更文明，价格要更公道。你说是不是？"

1966年入党的陈顺炎老人住在儿子崭新的楼房里，一点也不掩饰对幸福生活的满足。但他最得意的，还是大门上"共产党员户"的牌子。"这是多少钱也换不来的。"老人掏出党章说，"这是一面镜子。以前我觉得自己老了，什么事也干不了，现在再学学党章，觉得很惭愧。人老了，为人民服务的心不能老。"老人前几天认了"党员环境监督岗"，每天风风火火地在村里监督环境卫生，他当党员的自豪感又回来了。

新党员奕菊英坐在家门口，帮助婆婆严调仙记录学习笔记。严调仙是一位有着近40年党龄的老党员，她很自豪自己的媳妇也成了一名光荣的共产党员。奕菊英告诉记者，她的丈夫和女儿也写了入党申请书，一定要帮助他们积极向党组织靠拢："有一天，他们都入了党，我们家就是真正的'共产党员户'了。"

新党员老党员齐心奔小康

——余姚市泗门镇谢家路村见闻之二

《宁波日报》2006年1月17日　王定焕

听说第一党员教育活动点下午有活动，我们闻讯前往。这是一间普通的农民住宅。党员们围着桌子坐成一圈，不时有党员带着椅子赶来。主人陶耀忠是活动点的召集人。他清清嗓门，向党员们通报了民主评议党员优秀票数：杜海军，30票；陶耀忠，22票……

在谢家路村，除涉及党内机密外，党内重大决定、村里主要工作都事先在活动点向党员们通报。谢家路村是农村党内民主管理重要载体——党员教育点的首创地之一，全村198名党员在10个党员教育活动点议村务、写提案，行使民主管理的职责。

"民主评议党员优秀票数是村党委评选去年优秀党员的依据之一，我们当然要向全体党员公开。党员们听听自己的优秀得票数，也能衡量自己在大家心中的分量。"村干部小周告诉我们。

"今天还有一个特别的议程，就是新老党员交流谈心。"陶耀忠话音一落，刚刚入党的奕菊英红着脸站起来："我是一名新党员，很多方面还有欠缺。今后在工作生活中，前辈们一定要多指点我。"预备党员章礼焕也接过话题："通过先进性教育，我在理论上提高不少，但在为党工作的实践中还需要向老党员们学习，为村里的发展多做些事。"

老党员们坐不住了。1974年入党的张小明说，老党员组织性纪律性、群众观念比新党员强；但说起带领群众致富，比新党员差多了。有着53年党龄的老党员施水炎指着墙上的"入党誓言"说："入党时我们说，要为共产主义奉献终身。共产党员，不讲年纪大小，不管职务高低，都要力所能及地为群众服务。我们新老党员要同心合力奔小康。"

大家的话题自然转向了村里的事。新老党员们你一言我一语地议论开了：两段河岸要砌石；村民电费收取方式要改改；公共厕所也该重新修一下……

陶耀忠说，要好好理一下大家的意见，有关村里发展方向的就写成提案，交给村提案委员会。去年，全村党员们共提交了22项提案，办结率100%。难怪村民们都说，党员说话有分量。

特殊的组织生活会

——余姚市泗门镇谢家路村见闻之三

《宁波日报》2006年1月19日　王　巍

外面下着雨，天还没有全亮。因为中风已经卧床的宋镇小老人急着叫醒老伴帮他穿好衣服，还特意刮了脸，然后又催着烧开水。

上午8时不到，家里陆续来了15个人，也没有太多的寒暄，大家自己搬条凳子，来到老人的家中。他们全部是谢家路村第三支部第七活动点的党员，今天专门到老宋家里开组织生活会。"老宋，先进性教育活动第二阶段的民主评议结果和总结都出来了，我给你通报一下……"活动点召集人王木根开门见山。他说，这已经是大家第二次到老宋家开会了。

老人认真听着，不断地点着头。他说，前段时间，活动点每次开完会后，就有党员到他家里来，把会议和文件内容读给他听，还帮着把他的党性分析材料记录下来。"我身体不好，但脑子却很清楚，老是不能参加集体活动，心里蛮难过，没想到，他们把会开到我床前来了！"

村干部周莉敏也参加了会议。她介绍，去年年初村党委实施了党内关怀制度，做到党员困难有人帮，生病有人探，生日有人贺，问题有人谈，突发事件有人访……

老党员倪元根说起了自己的故事。他老伴长年卧病在床，不巧去年他又生了病。村党委和活动点隔三岔五派人到家里探望，聊聊天，打扫打扫卫生，拎点小菜。身体好了以后，倪老伯就和几个老党员商量，大家分成几个小组，在农忙季节当起了义务巡逻员，还帮着附近村民看看孩子、下雨天收收衣服，邻里有矛盾时去说和说和，平时还合计着给村里多提点建议。

听大家谈得高兴，宋镇小憋了好久才插了一句话："我现在别的做不了什么，还是给村里的帮困基金捐点钱吧。30元，就算是一点心意。"他的话似乎给大家提了醒，一会儿就捐了1 000多元。大家说，年关近了，应该去看望一些困难群众，还得把周边的环境整治整治，晚上也要加强义务巡逻。"要让每一个到谢家路村来的人都有一个好心情！"他们说。

共 同 的 心 愿

——余姚市泗门镇谢家路村见闻之四

《宁波日报》2006年1月20日　罗涟浩

雨一直没停。一早，谢家路村的几个村干部碰了一下头，就分四组到田头、企业和村民家中。他们想去听听大家对现代化新农村建设有啥建议。记者也随同村主任陈新尧前往。

我们刚到村口，就看到老党员宣光潮披着雨衣在田头给榨菜施肥。听了我们的来意，老宣也快人快语："大家说，现在村庄大，村民居住分散，交通、水、电建设成本太高。"他说，谢家路村这几年村容村貌变化挺大，而且刚被评为全国文明村创建先进村，但与滕头、小路下等村相比，差距还有不少。过去一些党员干部担心，村庄整治中会遇到村民拆迁问题，其实只要对老百姓有好处，大家都打心眼儿里支持。

在附近另一畈田里的村民刘秋标看到我们后也赶了过来反映：大家总担心榨菜产量一高会碰到卖难问题。"多为农民拉些订单，每个党员都有这个责任。"陈新尧拿出笔记本，一笔笔把村里和周边企业商议的订单数量告诉了老刘。

陈明楚是村里一家企业的负责人。他说，现在村集体年可用资金已经超过千万元，但要为村民办更多的实事，就必须壮大自身实力。他说，村里有了钱，首先应该花大力气培养一批具有较高科学文化素质的"新谢家路人"，让他们成为新农村建设的中坚。"现在此村民找不到工作，可很多企业又急需熟练技术工人，村里应该多搞些'适销对路'的培训，让更多村民实现在家门口就业。"

来自安徽的李慧敏来谢家路村工作已经8年多了，前些日子手臂骨折后，住在附近的几个党员对她的关心至今仍让她感到心里暖暖的。"村里有1 000多名外来人员，大家也很有心愿参与村庄建设，希望有更多的机会！"

临近中午，我们已经走访了10多户村民。有消息传来，其他的走访组也收获颇丰。"这些'金点子'整理好后将逐条交由各党员活动点讨论，然后再进行完善，党代表会议和村民代表会议通过后，尽快付诸实施。毕竟，向全国文明村冲刺，是我们共同的心愿！"陈新尧这样说。

就图群众说声好

——余姚市泗门镇谢家路村见闻之五

《宁波日报》2006年1月21日　罗涟浩

在谢家路村党委书记钱建康的桌上，我看到有一叠厚厚的材料，全部是村内党员的党性分析。我随意从中挑选了10份，并走访了撰写这些材料的党员。

"我快70岁了，从不与人发生口角，做了一辈子老实人。但总觉得年纪大了，'船到码头车到站'，集体的事少说点，免得让干部为难，被群众说出风头。不对啊……"说这话的是老党员张大炳。我见到他时，老人正趴在桌上一笔一画地给村党委写建议书。他说，现在村里有些老年人平时喜欢念佛打发时间，甚至还包括个别党员，这与全国文明村创建村的牌子不相称。其实，他们还有很多事情可以做，比如治安巡逻、监督卫生，既充实，又光荣，多好！老人准备今天就把建议书拿到村里去，还想和村干部好好谈谈。

在村里一家企业上班的阮菊琴，觉性分析材料中这样写道：经过十多年的拼搏，有了不少积蓄，遗憾的是，致富后却很少回报社会，特别是对公益事业参与少，对村里老人的关心也不够。我见到她时，她正趁着中午休息时间，拿着竹扫帚清理屋前的一条小路。"这几天一直下雨，路上有不少泥，年纪大的人容易滑倒，挺让人担心的。"她说，虽然干这活蛮累人的，但听到附近村民说声"好"，心里特别舒服。

村党委副书记沈国生满脸喜悦地回到村里。"嘿嘿，总算办成了。"这几天他忙着和附近几家农业龙头企业商谈今年农业订单的事情。今天，终于给村里新引进的33公顷的长豇豆和高菜找到了"买主"。"要把好消息告诉村民！"他说。

老沈说，他当村干部已多年了，平日事情多，主动上门找村民沟通就少了些，这次党员先进性教育活动中，有党员向村干部提出这个问题，确实有道理。订单这件事就是村干部到村民家中聊到的。"多听听村民的心声，多办几件村民迫切需要的实事，是每一个党员的责任！"

在走访这些党员时，我听到的除了对村里这几年变化的自豪外，他们表达得更多的是自己的不足和不能更好地为村民服务的歉疚。我想，这也许正是谢家路村在现代化新农村建设中，不断取得骄人成绩的最好注脚。

村里来了个"挑刺团"

——余姚市泗门镇谢家路村见闻之六

《宁波日报》2006年1月21日　罗涟浩

今天是我在谢家路驻村的最后一天。

一早，我正站在村口和几个老党员攀谈，看到村党委书记钱建康等村干部陪着一行人走进村里，一边听介绍，一边指指点点说着什么。钱建康介绍说，他们是泗门镇和该市几个先进村的干部，今天受邀专门来给谢家路村各项建设"挑刺"的。

全国文明村——小路下村的村主任俞张千是个直性子。他说，谢家路村这几年的发展有目共睹，但与小路下村相比，还缺少强大的经济实力作为后盾。"经济实力强大了，就可以为群众多办些实事，村民气顺了，反过来会更加支持村里的工作，这就是良性循环。"

他的话得到了大家的认同。朗霞街道杨家村党总支书记吴春芬说，作为省级文明村，如今杨家村建立了企业家俱乐部，40多名企业主中有一半是党员，他们出钱出力出思路，发挥了很大的作用。她认为，谢家路要再上一层楼，可以着力在这方面动点脑筋。

黄家埠镇回龙村党总支书记茅伟军建议，要在村庄整治中，想办法盘活存量，实现集体资产的增值保值，解除村民后顾之忧；泗门镇万圣村村主任冯桂江提出应该发展高效休闲农业，以增加农民收入……

时间过去了3个小时，没有任何的客套，气氛始终热烈，话语始终诚恳。我也始终认真地记录着，这些基层"领头羊"对农村发展"不进则退"的紧迫感和使命感令我激动不已，而他们说到党员在其中应该承担的职责时，更让人感觉沉甸甸的。

我看到钱建康也在不断地记录着，不时在本子上做着各种记号。他说，谢家路村要成为全国文明村，需要党员干部有接受批评和认识差距的气度，更需要有这样坦诚的"挑刺团"。这些"金点子"都是村里的财富，他们将逐条征求广大党员和村民的意见，尽快付诸实施。"我们不正是在共同描绘一个现代化新农村的蓝图吗？"他的这句话，让在场所有的人产生了共鸣。也许，这正是我驻村六天采访党员保持先进性教育活动中，对所见所闻的最好总结。

只要真心，苦一点心里也甜

《杭州日报》2007年6月10日　王　浩

党员档案：钱建康，余姚市人大常委会委员、泗门镇党委委员兼谢家路村党委书记。1986年8月入党，2004年被评为省为民好书记，2006年被评为全国优秀党务工作者。

老党员对新党员说：用你的真诚、真心听取他人的意见，特别是群众意见，不投入感情不行。一个党员或干部，要有心胸，将心比心，了解群众情况，积极为群众服务；而且不光是嘴上说说，更重要的是为群众办实事、做好事，尊重群众、相信群众、依靠群众，在工作中要民主，群众说的话才算数。

说起泗门镇谢家路村，了解的人都会提及这个村的"一把手"钱建康。不到十年的时间，谢家路村摘掉了"落后村"的帽子，翻身成为名声在外的富裕村、文明村。而村党支部书记钱建康，不知投入了多少心血在里面。

2006年全村实现国民生产总值18.16亿元，村级集体可支配收入1 020.16万元，村民人均年收入达12 260元。谢家路村还先后获得全国创建文明村镇工作先进村、全国民主法治示范村、全国优秀小康村、全国"美德在农家"活动示范村、全国村级财务规范化管理示范村，浙江省首批全面小康建设示范村、党建工作省级示范村等多项荣誉。

十年前，钱建康担任村委会主任时，谢家路村在别人眼里是个没有发展优势的边远小村。钱建康以其敏锐的目光，结合本村地处周边村中心的实际，做出了以市场兴村的决策。然而刚刚起步的钱建康，却并未得到村民的理解和支持。

如今，村级集体经济不断壮大，村民的居住环境和生活质量有了明显改善，谢家路村的面貌今非昔比，变化可谓翻天覆地。而从开始的"挨骂"到现在的人人称赞，钱建康用自己的实际行动和智慧，赢得了广大群众的真心拥护。

"当村干部要受千辛万苦，但只要真心为老百姓办事，即使苦一点心里也甜。"钱建康这样说，也是这样做的。他身体一直不好，为了集体事业却呕心沥血。有一年夏天，钱建康因为过度劳累晕倒在地，但他在医院里待不住，坚持在办公室吃药、输液。最后连村民都看不下去了，责怪他不爱惜自己身体。钱建康不仅对自己，对家庭、对亲人，同样欠着一份份"亲情债"。

"周日，我就要到杭州参加省党代会，杭州是个好地方；而且你们杭州倡导的那个品质生活，实在是让人很羡慕。我想把这个城市有关社区建设、城市管理等一些好的理念和做法，借鉴应用到我们农村去。我曾去过萧山的航民村，那是新农村建设的老典型，是我们这里学习的榜样。"采访钱建康时，跟他谈不了杭州的湖光山色和休闲生活，他话锋一拐，还是会回到让他牵肠挂肚的村子和村民那里。

足迹二： >>>>>>>
千辛万苦一心为民办好实事

在为民服务办实事上，钱建康通过兴办市场、土地整理、引进工业项目，调整优化农业产业结构，千方百计让村民过上好日子，推出了"丧事送悼礼""结婚送贺礼""生病送慰礼""读书送学礼"等惠民举措，还扎实推进"三改一拆""五水共治"及"美丽庭院"建设，大幅提高了村民的幸福指数，真正让群众得到实惠，充分享受到了发展带来的成果，使一个贫穷落后的海边小村一跃成为省和全国级先进村。他用自己的实际行动赢得了广大群众的真心拥护，还出现了两次村民代表要求"给村干部加工资"的新鲜事。

征地拆迁，被不少村干部戏称为"新天下第一难"。然而，在谢家路村，600多户村民自觉自愿配合拆迁工作，不但没有多要一分钱补偿款，有的村民甚至还主动放弃应得的补偿。邻村上门讨教经验，钱建康说，诀窍就是四个字——将心比心。

在钱建康看来，群众工作难做，难就难在利益调整。"如果在决策前听取了村民的意见，村民自己做了主，工作有什么难呢？"

随着村级集体经济的不断壮大，为民办实事的实力也强了。历年来，钱建康始终把群众呼声作为"第一信号"，把群众需求作为"第一选择"，把群众满意作为"第一标准"。村里陆续实施了路灯延伸、道路硬化、绿化配套、户厕改造、河道砌石等一系列民生实事工程，高起点、高标准地合理分布新村住宅区、工业发展区、农业生态区、商贸服务区、文教娱乐区五大主要功能区块，进一步突出了村庄形象和新农村建设的品位和档次。截止到目前，村集体已累计投入资金1.5亿元，为民办了近120件实事工程，没有一件半拉子工程，而每一件实事工程的背后，都凝聚着钱建康一心为民、艰苦奋斗、不懈拼搏的精神。现在，谢家路村积极实施"清爽村庄、生态村庄、精品村庄、平安村庄、幸福村庄"建设，将突出"一心、一轴、一环、十脉"的优势，带领全村人民着力打造一个物质富裕，精神富有的在全国有一定影响力的3A级幸福美丽村庄。

图片展示 〉〉〉

2012年3月27日，时任余姚市委书记毛宏芳（现任浙江省教育厅党组书记、厅长）检查指导谢家路村第一党教点工作

2012年6月4日，余姚市委副书记叶枝利检查指导谢家路村党建工作

2009年11月30日，时任宁波市委宣传部副部长马春琪（现任政协第十六届宁波市委员会常务委员）来谢家路村检查指导精神文明创建工作

2009年1月20日，时任宁波市委组织部副部长、市人民政府秘书长张良才来谢家路村检查指导党建工作

2013年7月23日，时任浙江省委统战部副部长、省社会主义学院党组书记蒋学基（现任浙江省民族和宗教委员会主任）来谢家路村调研考察

2014年6月18日，时任余姚市副市长郑桂春（现任浙江省宁波市人大农业与农村委员会主任委员）来谢家路村指导农村生活污水治理工作

2015年8月22日，钱建康组织村民骨干对9组庭院整治进行验收

2014年5月8日，余姚市委书记奚明（现任浙江省宁波市经济技术开发区管理委员会主任）一行参观考察谢家路村污水处理终端现场

2014年5月8日，余姚市人大常委会主任诸晓蓓（现任浙江省余姚市十八届人大常委会主任）检查谢家路村污水处理项目开展情况

2014年6月6日，泗门镇党委书记徐康林检查指导谢家路村"五水共治"工作

2014年5月11日，时任余姚市人大常委会主任孙钜昌一行视察谢家路村生活污水治理项目

2014年5月24日，钱建康组织代表检查验收"五水共治"工作

2015年8月4日，滕头村党委书记傅平均带队来谢家路村考察交流

2014年3月21日，钱建康与泗门镇党政领导一行在滕头村进行经验交流

2014年10月30日，时任浙江省委常委、组织部部长胡和平在谢家路村调研党建工作

2015年8月17日，友好村——泗门镇大庙周村来谢家路村学习

2014年6月26日，时任泗门镇镇长徐康林在谢家路村调研农村环境整治工作

2009年6月8日，时任余姚市委书记陈伟俊（现任新疆维吾尔自治区党委常委、自治区人民政府常务副主席）听取钱建康村庄规划发展

2014年10月11日，时任浙江省委常委、宁波市委书记刘奇（现任第十四届全国人大常委会秘书长）听取谢家路村村民意见

2014年10月11日，时任浙江省委常委、宁波市委书记刘奇听取谢家路村村民意见

图的是村民说声好

——记余姚谢家路村党总支书记钱建康

《宁波日报》2001年6月15日　罗涟浩　谢建成

余姚泗门镇谢家路村1998年村集体收入不足9万元，1999年猛增至120万元，去年又达到330万元。过去的经济薄弱村如今楼房林立，车来人往，一派现代农村新气象。村民们说，这几年可把书记钱建康给累坏了。钱建康却说，吃点苦没啥，图的是村民说声"好"。

谢家路村前不靠山，后不靠海，集镇优势又占不到，前几年村经济一直徘徊在全镇下游。面对村民要求改造村内设施的呼声，钱建康心里不是滋味。1992年，时任村委会主任的他给村里作保贷来5万元，搞起一个小型商贸市场。经多次扩建，该市场目前年成交额达到5 000多万元，由此激活了谢家路村的经济发展。钱建康从1998年起担任该村村支书，该村与附近3个村合并后，40岁的他担任了新谢家路村党总支书记。

钱建康搞经济很有眼光，市场扩建时，虽然有不少村民群起反对，可钱建康没有动摇。他领着村干部挨家挨户做解释、说服工作，最终促使市场建成了，80多户村民在这里干起了个体经营。1999年底，20多名村民集体签名要求给村干部加报酬，在当地传为美谈。

钱建康没有就此满足，他四处奔走引进企业。自从担任村支书后，他已先后引进11家企业，使村内企业增加到24家。去年9月，他听说宁波施特乐公司想投资2 000万元扩产，当即前去联系，然而，公司似乎不感兴趣。老钱不死心，他一连跑了5天，老板被感动了，说："在有这样干部的村内办企业，令人放心！"现在，该村已建成80亩的工业园区，并建立了新村住宅区、文教区、商贸区和农业开发区，成了余姚市新农村示范村。

老百姓的"奖牌"是怎么得来的

《浙江日报》2002年2月17日　魏忠坤　沈华坤

在村级"三个代表"重要思想学习教育活动中，余姚市泗门镇谢家路村出现了一桩新鲜事：村干部向村民代表述职后进行了民主测评，结果，对村班子成员的满意率达100%。

这样高的满意率是怎样来的？谢家路村村民首先向我们介绍了这样几组数字：

村变大了。经过调整，原来430多户的小村变成了1 599户的大村，土地面积也由原来的1 300亩增加到了5 600亩。

村变强了。2001年，全村总产值达到6亿元，创利税1 580多万元，两项都是1996年的100多倍。

村变富了。村级集体经济从5年前的5万元增加到2001年的600多万元，全村人均收入从5年前的5 000多元增加到2001年的8 200多元，一跃成为宁波市农业农村现代化示范村。

群众说，这100%的满意率，就是我们授给村干部的"奖牌"。

干部善谋富民之策，才能使百姓多得实惠

基层党组织能否在广大群众中有号召力、凝聚力，关键一条就是能否把经济搞上去，让百姓多得实惠。该村过去一直以农业为主。在稍有积累之后，村班子制定了工业强村的规划，通过整治空壳村，整理土地，让企业有"落脚"之地。为了引进企业，村干部操碎了心。去年9月，钱建康听说附近一家企业想投资2 000万元扩产，当即前去联系，却吃了"闭门羹"。当村干部第六次冒着大雨来到该公司时，公司老板被感动了：有你们这样有事业心的干部，我还有什么不放心的？当即表示把项目放到谢家路工业园区。如今，全村企业总数81家，工业总产值由5年前的几百万元增加到2001年的5.68亿元，外贸出口交货值由零增加到2 500万元，同时，还解决了村里700多名劳动力的就业问题。

干部有为民之心，才能凝聚人心

谢家路村的干部心怀为民之心，总是把群众的呼声作为第一信号。开始富起来的群众要求搞好环境整治，村里就投入200多万元，实施了河道清理、道路硬化、村庄绿化和美化的综治工程，并建立了一支保洁队伍，出台了门前"三包"等长效管理制度。

为了群众利益，干部有时得牺牲个人利益。谢家路村几位村干部有的做过榨菜生意，有的办过厂，均收入不菲。但为了村民利益，他们毫不犹豫地放弃了。针对部分群众尚未摆脱贫困的实际，去年8月，他们成立了宁波市首个村级社会带困互助会，村干部带头捐款，首期筹集资金76 398元，为困难家庭解了燃眉之急。

金奖银奖，老百姓的夸奖最珍贵

脚踏实地的工作作风，与时俱进的致富良策和一心为民的拳拳之心，使谢家路村领导班子在群众中的威信越来越高。去年9月整理土地时，许多农户的地里已播下榨菜种子，这意味着有的农户要多付出成本，但农户们没有二话，主动进行第二次育秧。缴纳农业税、上交提留的工作，村民们也都提前完成。村民们说，村干部件件实事办到了我们心坎上，我们服他们。

去年，镇党委收到一封信，写信的是该村原先告过状的20多位村民。但这次他们不是来告状的，而是要求镇里给村干部加薪的。他们说，村干部为了百姓，减少了自己的收入，我们实在过意不去。

有感于村民给村干部加薪

《宁波日报》2002年4月8日 范昉昉

余姚泗门镇谢家路村村民代表在执行村财务监督时，发现村干部每月领取的工资比镇里规定的少了300元。于是，20多位村民联名给镇党委写信，要求给村干部加薪。这件事，一时被传为美谈，并被评为余姚市2001

年度精神文明建设十件新事之一。

最近几年，听说农村有些地方干群关系比较紧张，特别是近来农村群众集体上访量同比呈上升趋势，市委已决定派工作组下农村化解矛盾。在这样的背景下，村民集体自发地要求给村干部加薪，干群关系这么融洽，确实是件新鲜事。

答案也简单，这些年农村许多地方加强了基层民主法治建设，实行了选举、决策、管理、监督"四个民主"，并且使民主制度化、规范化、法制化。从一些先进村来看：首先，当家人是村民直接选举出来的，是村民公认的和信任的。其次，决策是民主的，或建立"村民议事厅"，或召开听政会、恳谈会，上面提到的那个谢家路村则推出了"村民联系卡"制度，由村委会制发联系卡给村民，村民有什么想法，可以写在卡上，由村委会汇总后提交村民代表大会商议，做出决策，真正体现了村民自治。再次，在村务、财务的管理和监督上，公开得很彻底，公布得很真实，一笔一笔明细公布，让村民看个明白。被村民称为"小宪法"的章程、制度订得实在，订得合理，既约束"官"，又约束民，干部和群众是管理者，又是被管理者。村里的重大事务，都纳入了民主和法治的轨道，规范地操作、有序地运行。这就是领导能力，这就是管理水平！

有人担心，把村级重大事务的决策权交给群众，干部权力小了，事情难办了。恰恰相反，事情是越来越好办了。过去，村民对村干部不放心、不相信，对干部的一举一动都有怀疑。村干部想给群众办点事，修条路呀，装个灯呀，群众还不买账。干部也有冤屈，我为你们办事，你们还不相信。还有，干部是本村本土的，最难过人情关，一有事情发生，三亲四戚都来要求帮忙照顾，真头痛呀。现在，公开了，民主了，让村民当家，让制度说话，赢得了村民的信任、理解和支持。这样，复杂的事情就变得简单了，难办的事情就变得容易了。村里干群齐心，社会稳定，经济发展，村民打心里感到村干部为群众办了好多事情，辛辛苦苦不容易。当他们发现村干部们自觉少拿报酬时，要求给村干部加薪就成了很自然的事。

村民们坚决要给村干部加薪，村干部却婉拒不受。不久前，在省级全面建设小康示范村——泗门镇谢家路村发生了一场

加薪"风波"

《余姚日报》2003年12月19日　魏忠坤　沈华坤

"记者同志，你给我们评评这个理！"12月16日下午，记者到省级全面建设小康示范村——泗门镇谢家路村采访。记者一进入村委会大楼，村民代表王木根就拉住了记者的手，反映起了对村干部的"意见"来。这是怎么回事呢？话还得从上个月底说起。

11月30日上午，在泗门镇党委副书记张汝军和驻村干部王传标的主持下，谢家路村干部——向65名村民代表述职。听取和评议了村干部的述职报告后，村民代表们采用无记名投票的方式给村干部们定工资。结果65名代表一致要求给班子成员加薪，加薪额度为每月100～400元。面对这一结果，村三套班子召开了紧急会议，村党委书记钱建康带头表态说：村民代表再次要求给我们加薪，这是对我们的信任和鼓励，但与党和人民的要求相比，与奉化滕头村等兄弟单位相比，我们的工作还有很大差距，因此，我认为这个工资我们不能加。"是啊，我们做了一些该做的工作，这是我们应尽的职责，村民们这么理解我们，我们苦点累点心也甜，这工资就不加了。"村干部们纷纷表态。

谁知，村干部们的决定一宣布，会场像滚油锅里滴进了水珠，顿时沸腾了。村民代表们议论纷纷。这个说，今年我们村工业、农业、第三产业战胜各种困难，均比上年增长20%以上，村级集体经济达到850万元，村民人均收入超过1万元，没有村干部的辛勤工作，这些成绩哪里来？这个工资我们给你们加定了。那个讲，看看如今的谢家路村，村庄像花园，农民住房像别墅，环境整洁赛公园，哪一样不是村干部努力的结果？这个工资应该加。还有的说，村干部们一年到头为工作奔波，身体有小病也不休息，今年家里的收入还不如我们农民高，不给你们加工资我们心里过意不去……

一方坚决要加，一方婉拒不受，会场上的"争吵"越来越热闹。最后，还是主持会议的镇党委副书记张汝军做了"老娘舅"：村民代表要求给村干

部加工资的表格作为档案保存。村干部2003年度的工资暂时不加了，等村里各项工作再上一个新台阶后再请村民代表们来决定。

钱建康：群众的拥护让我欣慰

《余姚日报》2007年1月1日　毛益中

"开通数字电视、进行自来水改造、村级道路硬化……在我们谢家路村，我们做的事得到老百姓拥护，这是我最感欣慰的。"昨天下午，在泗门镇谢家路村党委办公室里，钱建康反复说着这样一句话。

作为社会主义新农村建设的一个样板村，谢家路村的发展变化早已声名远扬。从余姚市第十二次党代会至今的几年间，该村经济总收入从6亿元增加到18亿元，增长了3倍，村级集体可支配收入从607万元增加到1 001万元，增长了60%，村民人均收入从8 203元增加到12 000元，增长了68%。这一连串闪光的数字背后，凝聚着钱建康的心血和智慧，是以他为首的党委班子带领广大村民艰苦奋斗、不懈拼搏结出的果实。

在村民谢伯千家，老谢说起自家脱贫致富的体会非常感慨："多亏了钱书记的帮助啊！"3年前，老谢因发生车祸，花去医药费5万多元，家庭一下子陷入困境。钱建康马上给老谢送钱送物帮助其渡过难关，还为他出点子，让他学习技能，考取了电工证。掌握了电工技术的谢伯千做起了家庭电器安装工，还成了村里的自配电工，年收入超过万元，很快摆脱了困境。

在村委办公室，记者看到了，1 091张村民对村干部的评议汇总表，其中对钱建康2006年德、能、勤、绩、廉五个方面的评议中，认为"满意"的均达1 000多票。负责党群工作的村干部介绍说，由全体村民对全村干部进行民主评议，这是谢家路村多年来坚持的制度。而作为村党委的领头人，几年来钱建康的得票一直是最高的。

去年7月1日，钱建康远赴北京，参加全国优秀党务工作者表彰大会。说起此事，钱建康仍显得非常激动，"这不仅是我个人的荣誉，也是全村人民的光荣。今后，我只有不断努力，在新的一年里做出更大的成绩，以此来回报党、回报村民，我要对得起这个称号。"

群众满意率从哪里来？

《余姚日报》2007年1月2日　山　风

　　最近，在一年一度的村干部述职评议中，全国创建文明村镇工作先进村——泗门镇谢家路村在原先村民代表民主评议的基础上，评议方法从面对面听取述职报告后再评议，改为将评议表随村内部资料《阳光》月刊发放到各家各户，由各户户主在听取家庭成员意见后背靠背无记名评议。全村共发放评议表1 250张，回收率达95%。评议结果显示，该村班子成员的群众满意率又一次达到95%以上，其中村党委书记钱建康的群众满意率又一次达到98%以上。至此，钱建康本人和班子集体的群众满意率已连续五年在98%和95%以上，作为一个直接面对群众的基层组织及其负责人，连续几年获得这样高的群众满意率，确实不多见。谢家路村一位普通村民的话，说出了广大群众的心声。这位村民说，村干部一年忙到头，脚踏实地地为老百姓办实事，谢家路村的面貌年年有新变化，干部却没有从中捞好处。对这样的干部不满意，那是没有良心。

　　这位村民的话，也从另一个角度说明了群众满意率是从哪里来的。看一个领导班子好不好、强不强，首先要用事实说话。农村基层群众听不懂，也不愿听大话、套话，而要看你有没有实货。这个"实货"，就是本村的经济与周边村相比，有没有较快发展，村民的腰包有没有尽快鼓起来，精神文化追求能不能得到满足。谢家路村短短几年间，从一个年工农业总产值不到千万元、村集体年可支配收入不到9万元的相对薄弱村，一跃成为年国民生产总值超过18亿元、村级集体年可支配收入超过1 000万元、村民人均收入达到1.2万元的强村，充分说明了这个村班子有开拓创新、务实进取、敢创一流的创业精神，有"咬定青山不放松"、抓住经济建设这个执政兴国的第一要务的干劲，有抓住机遇、加快发展的能力。当创业精神、工作干劲和工作能力化作了老百姓眼中的"实货"，老百姓自然从心眼里感到满意。

　　要使群众满意，仅有满腔的工作热情、较高的办事能力还不够，关键一条是要发挥群众的创造力、积极性。随着行政村区域范围的扩大和经济的快速发展，为民办实事的项目也随之增多，尽管村干部有一颗为民办事之心，但如果兴办这些好事、实事仍然是少数几个村干部说了算，群众不但不买账，相反还会产生种种疑虑。因此，民主决策、科学决策是能否让群众满意的重要环节。谢家路村从探索发挥无职党员作用这一农村基层的老大难问题入手，建立健全了一套以党内民主带动村民自治的办事规程，使村级基层组织的党务、村务、财务和重大事件、重大项目的决策走上了民主化、制度化、规范化、公开化的道路，从而使广大村民在享受决策权的同时，自觉为加快村里的经济社会发展出力，全村形成了"心往一处想、劲往一处使"的良好氛围。俗话说，人心齐、泰山移，由于村级事务从"村干部的事"变成了"自家的事"，群众的心凝聚起来了，不但办事的效率高了，群众的满意率自然也高了。

要使群众满意，还有一个关键是村干部必须出于公心。俗话说，麻雀虽小、五脏俱全。村虽是最基层的组织，村干部虽然不能算"官"，但还是或大或小有一些权力。这些权力如果不是用于为群众谋福利，而是用于为自己谋私利，哪怕是一丁点的私利，即使你为群众办了多大的好事、为发展出了多大的力，群众还是不会满意的。相反，只要你一心为公，不谋私利，群众也不是铁石心肠，也会考虑干部的利益。如谢家路村，就发生过村民主动要求给村干部加薪的新闻。和谐的干群关系是建设社会主义和谐社会的基础，愿我们的村干部们向谢家路村的干部们学习，真正在为民办实事中获得较高的群众满意率。

一心为百姓　建设新农村

——余姚市泗门镇党委委员、谢家路村党委书记钱建康

《浙江日报》2007年6月29日　郭　萍　应霁民　刘元斌

许茂盛用坚定的理想信念和实际行动，为广大党员干部特别是农村基层干部树立了学习的榜样。他担任村干部近二十年，始终把群众的利益放在首位，勤恳干事、干净干事、艰苦创业，带领村民建设社会主义新农村。老百姓需要这样的干部，也呼唤这样的好干部。

与许茂盛相比，我们的工作条件和环境远比他那时好。我们要学习许

茂盛的工作精神，增强群众观念，改进工作作风，兢兢业业做好工作，扎扎实实为民办事。

我们要紧紧抓住新农村建设的大好环境，切实加快建设和谐新农村，拼搏创新、团结奋进，发展富村、建设美村、文明兴村、民主稳村、党建强村，全力打造省级农村新社区建设样板村，力争实现全村经济总产值28亿元，村级集体经济收入每年达1 000万元，村民人均年收入达15 000元。

我们要以许茂盛为榜样，自加压力，锐意进取，进一步巩固完善村党组织建设，带动全村各项工作走在前列。一是深化和推进谢家路村党内民主建设，健全村党组织领导下的村民自治，拓宽党内民主监督渠道，完善党内重大事项情况通报制、党员提案制、重大决策意见征求制，努力形成党内上情下达、下情上达，民主渠道畅通无阻的保障机制。二是深化巩固保持党员先进性的长效机制，按照"建设新农村，党员当先锋"的要求，不断强化党员在群众中的形象。三是进一步提高党员群众的素质，充分发挥远程教育网络在农村的实践应用，提高党员素质和科技致富能力，继续依托现代远程教育这一平台，使建成的一个露天远教影院、两个远教播放点、两个学用实践基地真正成为谢家路村广大党员、群众增长知识的好阵地，个性化特色教育的培训基地，传播党的建设理论的重要阵地。

钱建康的为民情怀

《中国村讯》*2008年8月　本刊记者　董献华　通讯员　凌新苗

> 在村级领导岗位上，钱建康已走过28载风雨沧桑，苦涩的汗水已描绘出富民强村的绚丽篇章，面对谢家路村的美好未来，他踌躇满志，期待着新的腾飞与跨越。
>
> ——题记

第一次见面，他给我记忆最深刻的两句话

八月上旬，飞红流翠的杭州湾烈日炙烤，酷热难当。

---

* 《中国村讯》已改名为《中国村庄》。

记者赶到余姚市谢家路村时已近中午，此时钱书记却不在办公室。办公室同志对我说："尽管你电话有约，可是钱书记总是很忙，总是愿意'沉'在下面……"

等了一段时间，钱书记大汗淋漓地跑了过来，微笑中带有些许的歉意。

钱建康，中等身材，浓黑的眉宇下，一双眼睛格外有神。他说："一名村干部，对老百姓必须要有很深的感情，这也是对村干部的起码要求。"我们注意到，他在说这话的时候，眼神里流露出一种特有的虔诚和专注。

说到百姓情结，钱书记放慢了语速，声音变得有些低沉。他说，农民是弱势群体，农民也最辛苦，一个村的带头人，"你"一定要时时处处地想着农民的利益。

初次见面，钱建康给记者同样深刻的另一句话是："谢家路的发展和变化得益于不断地学习，滕头村和小路下村都是我们学习的榜样。"他进而阐释道："滕头村是浙江省名村，小路下村是宁波市名村，我们一直在不断地向他们学习。"

谢家路村的巨大变迁

钱建康今年47岁，他已经在村领导的工作岗位上整整拼搏、奉献了28个年头。28个寒来暑往，28度花开花落，他把火一样的青春和激情都奉献给了脚下的这片土地，奉献给了与自己血脉相连的父老乡亲。

钱建康于1981年出任村团支部书记，1988年被推选为村委会主任，1998年4月始先后任谢家路村党支部书记、党总支书记、党委书记兼经济合作社社长等职务。

当地的村民说："没有钱书记的付出，就没有谢家路村的今天。"

谢家路村前不靠山，后不靠海，又远离集镇，并无发展的优势可言。改革开放之前，该村还是姚北贫困落后的村庄，村上大多数人家住的都是草房，常年靠咸菜下饭，遭遇灾年的日子更是苦不堪言，是村级经济薄弱、农民增收缓慢、社会矛盾较多的落后村。钱建康自1998年任党总支书记以来的10年时间，以无悔的奉献、拼搏的精神和创新的思维，带领父老乡亲治穷致富，把昔日贫困落后的谢家路村变成了远近闻名的先进村、新农村建设的一个样板。2008年，全村实现工农业总产值24.78亿元，村级集体可支配收入1 089万元，村民人均年收入达17 018元。近10年来，谢家路村的各种荣誉纷至沓来，先后获得了全国创建文明村镇工作先进村、全国民主法治示范村等8项全国级先进和浙江省首批全面小康建设示范村、先进基层党组织等10多项省级先进。钱建康个人也先后荣获全国优秀党务工作者，全国五一劳动奖章，浙江省劳动模范，省、市优秀共产党员，浙江省为民好书记等多项荣誉。

一心为民，必须创新发展，才能富民强村

钱建康认为，光有一心为民的朴素感情还不行，还必须要有打破框框、敢为人先、创新发展的思维和勇气。

1988年任村委会主任以后，他便因地制宜地提出了市场兴村的发展思路，然而，这一良好的愿望，并没有得到群众的理解和支持，一些不明真相的村民还联名上访。钱建康顶住压力，在集体资金筹措不足的情况下，以个人名义从银行贷款5万元，建起了一个小型的商贸市场。由于经营有方，管理规范，商贸市场逐渐红火起来。近年来，村里又陆续投入400多万元，建起了综合性市场和商贸一条街。现在，全村有2/3的农户从事第三产业。一位当初曾竭力反对兴办市场并参加上访的村民，既惭愧又感激地对钱建康说："钱书记，要是没有这个市场，我到今天也盖不起楼房，我从内心感谢你啊！"

钱建康还紧紧抓住滨海产业带和杭州湾跨海大桥建设的契机和优势，建立了谢家路村工业安置点，有效地改变了村级经济基础薄弱的现状。工业安置点建起以后，钱建康便带领村班子成员四处奔走，开展招商引资。

2001年9月，钱建康在得知附近一家颇具实力的企业想投资2000万元扩产的消息后，赶紧跑去联系，哪知吃了闭门羹。一天晚上9点多钟，钱建康顶着风雨又来到了那家公司。精诚所至，金石为开，公司老板打量着眼前这位浑身湿漉漉的中年人，终于被感动了。他说："有你这样办事如此认真的村干部，我还有什么不放心的呢？"随即把项目放在谢家路村工业点。

在村领导班子的共同努力下，一家家规模企业纷纷落户谢家路村。目前，全村共有工业企业90多家，其中年销售500万元以上的企业就多达32家，亿元企业3家，基本形成了塑料模具、小家电、五金制品、金属冶炼、电子元件、蔬菜加工六大支柱产业，涌现出了"富贵""长振"等中国著名商标和浙江省著名商标。随着工业和第三产业的迅速发展，全村75%以上的农民变成了工人。

一心为民，就要多为老百姓办实事、办好事

钱建康常说："当村干部要受尽千辛万苦，但只要真心为老百姓办事，即使苦一点心里也甜。"在当村干部的28个年里，他为老百姓流了多少汗，吃了多少苦，连他自己也说不清了，而他办的每一件实事、好事都会深深地印在老百姓的心坎上。2007年村里投入资金1 100万元，对8条骨干道路实施了拓宽改造，道路由原来的2.5米拓宽至5米以上，并对路灯、绿化、围墙进行统一配套建设。谢家路村还是余姚市第一个数字电视村，建起了市首个村级农民文化公园，对自来水管道实施了第二次全面改造。近几年来，谢家路村共投入资金6 000多万元，实施了70余项民生实事工程，使村民的居住环境和生活质量都有了明显改善。

钱建康大力推行的"村民联系卡""阳光村务八步法""村干部帮扶结对"制度、爱心超市等成为谢家路村改善党群、干群关系的创举和特色。年过五旬的村民蒋来潮患脑震荡导致双眼视力模糊，生活比较困难。钱建康主动与他结为帮扶对象，经常找他谈心，给他垫付医药费，又帮他引进适宜的农产品品种，发展效益农业，帮他联系了收购厂家。在钱书记的殷切关怀和无私帮助下，蒋来潮奇迹般地扔掉了拐杖，生活逐步富裕起来，他逢人便说："要不是建康书记，我早就在黄土底下了。"

村民谢佰千四年前遭遇车祸，钱建康主动与他结成帮困对子，每年自掏腰包送去帮扶金，还出资帮助他学习电工技术。如今，谢佰千年收入在万元以上，走出了生活困境。

村民奕佳敖因长期患病而贫困不堪，"村爱心基金"每年对他进行帮扶。他因手术不会说话，就用颤抖的手写下了"感谢共产党"五个大字。据不完全统计，近年来，"村爱心基金"已筹资50多万元，受益村民400多人次。

20多位村民于2000年和2004年两次联名"上书"，二次要求为村干部加薪，此事还被评为余姚市精神文明建设"十件新事"之一。

一心为民，打造廉洁自律的村级领导班子

当被问及如何当好村干部时，钱建康回答得十分简单，却很经典。他说："要当好一名村干部，一要干事，二要干净。"始终坚持五项工作制度（村干部出勤点到制度、每月一次工作交流会制度、村干部夜间工作制度、每月两天的工作调研制度、每月碰头会制度）的实施，以及"三个主动"

（主动进入核心角色，集体民主决策；主动承担责任，绝不袖手旁观；主动监督检查）的落实，确保了班子自身建设、队伍建设和作风建设的巩固和加强。在实施村级党内重大事务、村级重大工程项目和其他涉及村民切身利益的重大事项时，用制度赋予党员群众知情权、建议权、决策权和监督权。村民代表大会实行民主议事、民主决策、按制度运作，对全体班子成员做到廉政关口前移，推行"节前预警"教育制度、廉政谈心制度，严守廉政防线。在第三批先进性教育活动满意度测评中，随机抽样的300名群众对每一位村干部都进行了民主满意度测评，平均满意率达到95%，对钱建康个人的满意度则高达99%。一位参与测评的老同志得知测评结果后，深有感触地说："人心一杆秤，公道在人心啊！"

一心为民，无怨无悔

钱建康28载的奉献与付出，换来的是谢家路村的和谐与安定、富庶与美丽，而他个人仍执着依旧，无怨无悔。

2002年盛夏，钱建康正带着大伙平整土地，突然，他觉得一阵晕眩便栽倒在地。被送到医院后，医生见他脸色苍白，就"命令"他立即住院，钱书记却说，眼下村里正在大忙的节骨眼儿上，土地要整理，村庄要整理，道路要硬化，有多少事要做啊，我怎能躺在医院呢？于是，他就在办公室里吃药、输液。村民们看到后心疼地说："建康书记啊，你可是我们的主心骨呀，就是为了我们，你也要爱惜自己的身体呀！"

钱建康在工作上呕心沥血，而对家庭却怀着深深的内疚。2001年8月，妻子患阑尾炎住院。躺在病床上的妻子盼望丈夫能早一点来到身边，可村里农业园区的建设正值关键时刻，钱建康实在是分身无术，妻子住院多天，他仅仅去过一次。面对病床上瘦弱憔悴的爱人，钱建康的心里很不是滋味……

青春在岁月里流逝，新村在拼搏中崛起，钱建康不变的是一心为民的情怀和执着奉献的忠诚。在荣誉的五彩光环下，钱建康正踌躇满志，期待着谢家路村新的腾飞与辉煌。

足迹三：>>>>>>>
千言万语突出党建工作业绩

钱建康始终坚持以"党建引领·幸福群众"为主题，做活细胞、做强堡垒。谢家路村开展的"党内民主示范工程"首创党员家庭教育活动点，推行"党内关爱六项机制"把"支部建在村民小组上"，特色课堂铺就党员群众致富路，实施"阳光村务八步法""小板凳工作法""农家小院"党建园地等，积极探索出农村基层党建工作新路子，受到了中组部和浙江省、宁波市领导的充分肯定和高度评价。村集体获得全国先进基层党组织荣誉，钱建康个人荣获"全国优秀党务工作者""全国劳动模范"称号。

在谢家路村各项工作中，钱建康始终突出党组织的核心优势和党组织的战斗堡垒作用。在他的带领下，广大党员、群众自觉坚持"自加压力、负重奋进、敢抓善管、敢为人先、争创一流"的工作作风，在强核心、强素质、强管理、强服务、强实力的"五强"上下功夫，并以全国文明村、全国先进基层党组织创建为目标，创造了许多党建特色亮点工作。如创新了党员教育活动点、"阳光村务八步法""党内民主示范工程""支部建在村民小组上""小板凳工作法""广场远教课堂"等一系列创新举措，许多工作经验还在全市进行推广。特别是他们"以服务型党组织促社会管理创新"的新路子经验，得到了原省委书记赵洪祝的批示。2012年7月，谢家路村成功组织召开了"党建引领·幸福群众"——全国首届新时期加强农村基层党组织研讨会，受到了省、市及全国知名村干部的好评。谢家路村的党建工作得到了中组部、中央党校专家的高度评价。谢家路村"小板凳工作法"，作为第二批党的群众路线教育实践活动的经验在省、市进行推广，还收到了省、宁波市、余姚市等领导的重要批示，中组部办公厅、浙江省和宁波市群众路线教育实践活动办公室发文推广。钱建康个人事迹在《农民日报》《浙江日报》《宁波日报》等多家媒体进行专题宣传报道，影响较大，为谢家路村建设成为村庄品位较高、经济发展较快、示范作用较强、辐射带动明显的美丽乡村做出了积极贡献。

图片展示 >>>

谢家路村纪念建党93周年总结表彰暨"中国梦想·美丽余姚"微型党课

谢家路村2012年工作汇报暨2013年工作思路恳谈会

2014年9月3日，谢家路村党员代表、村民代表赴浙江省社会主义学院参加专题培训

谢家路村纪念建党89周年暨"争创学习型支部典范"活动推进会

2012年11月12日，谢家路村党委中心组学习扩大会议

谢家路村2014年度村组书记抓党建工作述职评议会

2012年8月29日，谢家路村"加强组织建设，服务经济发展"专题培训班

2013年9月2日，谢家路村"创新驱动 务实为民"主题培训班

2013年6月28日，谢家路村"实干创新、共谋发展"座谈会暨"新党员感恩拜师"结对活动

2014年9月5日，谢家路村
党员代表、村民代表培训班

2014年10月25日，谢家路
村认真学习十八届四中全会
精神

2014年6月30日，宁波市
纪念建党九十三周年暨推进
基层服务型党组织建设会议，
钱建康在会上作典型发言

2013年6月29日，谢家路村纪念建党92周年总结表彰暨"实干创新 走在前列"党课

2012年11月12日，谢家路村党委中心组学习扩大会议

2012年6月30日，谢家路村在广场举行"蓝天下的至爱"大型广场活动

2014年3月24日，浙江省委督导组在谢家路村调研

2014年8月15日，时任广东省东莞市委副书记、市社工委主任姚康一行来谢家路村考察调研

2014年9月6日，余姚市组织镇（街道）领导在谢家路村进行美丽乡村参观考察

2015年6月5日，全国党建工作会议在浙江召开，中组部部务委员吴良玉等一行参会代表来谢家路村考察指导

2014年8月30日，浙江省委政法委副书记朱贤良一行到谢家路村调研"小板凳工作法"开展情况

2012年7月19日，中共浙江省委党校2015年中青年干部培训班学员来谢家路村考察

2015年，泗门镇召开党建工作现场会，钱建康参观谢家路村党建成果展示

2014年10月11日，时任宁波市委书记刘奇在谢家路村第一组级支部参观

2012年7月22日，钱建康向山东寿光三元朱村党支部书记王乐义介绍谢家路村工作

2014年5月28日，钱建康组织村班子成员在浙江台州市方林村考察学习参观

2009年10月3日，钱建康参加党员代表座谈会，听取意见

2013年9月4日，谢家路村党员、村民骨干在浙江省社会主义学院学习时合影

2014年5月4日，谢家路村班子成员、党员骨干赴余姚梁弄烈士园缅怀先烈教育活动

2012年全国"村长"论坛走进谢家路村参会代表合影

媒体相关系列报道 ▶▶▶

钱建康：让党旗在基层阵地上高高飘扬

建党百年村庄人物丛书《纪念与奋斗》2019年7月　沈泽江　任红伟

人物概览

　　钱建康，男，1962年7月生，浙江余姚人，1981年3月参加工作，1986年8月加入中国共产党，现任浙江省余姚市泗门镇党委委员、谢家路村党委书记。钱建康自踏上村级工作岗位，在农村基层一待就是36年。他带领谢家路村从一个贫困村一跃成为拥有全国文明村、全国先进基层党组织等15项国家级荣誉的全国先进村。他先后获得全国劳动模范，全国优秀党务作者，全国五一劳动奖章，全国十大杰出村官，改革开放30年"百名优秀村官"，2012年度"中国农村新闻人物"，浙江省"为民好书记"，省、市级优秀共产党员等多项荣誉。

　　明代思想家薛瑄曾说"正以处心、廉以律己"，意在告诉世人，不管处于什么位置都要以正直无私规范心，以清正廉洁规范行。公正廉洁恰是钱建康一贯的处事风格，心地公正才能切实做到为民服务，律己廉洁才能凝聚民心。谢家路村创办了《阳光月刊》，让村内一切事务都在阳光下运行。此外，在长期的工作实践中，钱建康带领谢家路村探索发明了"小板凳工作法"等乡村治理创新举措，使得村风纯正、生活和谐。

时代本色

　　钱建康操着一口吴侬软语，见人总是笑眯眯的，哪怕听不懂吴语的外地人，都能从他的身上感觉到亲切和善，因此，钱建康被亲切地称呼为"阿康书记"。阿康书记是"小板凳工作法"的创始者。十多年来，他带领谢家路村由贫困走向富裕，这样的故事在改革开放以来的名村中屡见不鲜，但在钱建康的治理下，传统的乡土治理方式被挖掘，村民们从富到乐，村集体从"为民做主"到"让民做主"，民主得到了大范围普及，村民幸福感大大提升。

一、一个差评坚定了留下来的决心

20世纪70年代末，钱建康17岁，处于半工半读状态。闲暇时，他做起了自己的生意。余姚是榨菜之乡，谢家路村当地有种植、生产榨菜的传统，然而村民们都种植榨菜，就产生了货物滞销、打不开市场的局面。头脑灵活的钱建康就打起了去外地推销榨菜的主意，一来可以帮村里开拓市场，将滞销的榨菜推销出去，二来可以增加些收入。钱建康瞄准了江西上饶的市场，由于他头脑灵活、讲信誉、重口碑，很快在上饶打响了名头。当地人亲切地称他为"小钱"。经过几年的经营，钱建康渐渐树起了自己的口碑，成为当时泗门镇相当出色的推销员，收入也不错，成为地道的小老板。

1988年7月，钱建康接任余姚市谢家路村村委会主任一职。1992年，钱建康开始涉足房地产建筑业。当时正赶上建筑行业的黄金期，经过几年的经营，钱建康已成为一个名副其实的百万富翁。

1997年，钱建康的生意做得很红火，作为当时谢家路村的村主任，基层工作困难重重，钱建康觉得自己更适合做生意，因此他想要继续干回老本行。于是，借着当时泗门镇关于户口转移的政策支持，钱建康私下里将户口迁出了谢家路村。上级组织知道后找钱建康谈话。谈话中，领导开门见山地指出，从表面来看，钱建康只是转了户口，但实际上是不想再担任村级干部，不想再为村民服务了。领导的话一针见血，让钱建康很是羞愧。最后，泗门镇党委书记语重心长地对钱建康说："建康，谢家路村需要你啊，谢家路的村民也需要你来带领他们致富啊！上级组织很看重你，希望你能留下来。"面对上级组织的信任，钱建康选择留了下来。1998年，钱建康被任命为谢家路村党支部书记。

2004年，由于钱建康在基层工作方面能力出众，引起了当时上级领导的重视。余姚市委组织部门来到谢家路村进行干部素质考察，钱建康要被破格提拔为乡镇党委委员的消息不胫而走。

测评做完后，一位村干部兴冲冲地跑过来跟钱建康说："老钱，人才考核栏里，我给你打了个'×'"。钱建康一听就纳闷了，给我打'×'，还要跑过来告诉我，这是挑衅还是啥？这个村干部傻呵呵地解释说："我给你打了'×'，组织部就不会把你往上调任了吧，你就可以一直待在谢家路了。"

村干部一脸的兴奋，完全忽视了这件事的荒谬之处。钱建康先是惊诧、愤怒，然后是感动。这个朴实憨直的干部，竟然会选择以这样的方式把自己留下来。另一个老干部也迈着颤巍巍的步伐来找钱建康。他说："建康，你真的要走了吗？"老人家的语气很是小心翼翼，充满了惋惜。钱建康坚定地说："不是还没定下来嘛，我不会走。"

一次人才考核评估，让钱建康看到了村民和同事的心，他感慨万千。考核评估事件过后，钱建康再也没有动过离开的心思，他坚定了留下来的决心，留下来，一定要为村民争口气。至今，钱建康都对谢家路村的村民保留了一份感恩之心，因为没有他们就没有钱建康的今天。在此后的工作中，他发挥基层干部的"三千"服务精神，不带一丝松懈。他希望有一天，即使他不再担任村干部了，还能在老百姓的心里保留一个好口碑，村民放他在心里，是对他的肯定。

坚定了为民服务的初心，必然要丢弃另一个角色。谢家路并村后，村里事物日渐增多，钱建康的工作重心日渐转移，最后在经济发展的黄金期果断放弃了生意。多年过去了，曾经在钱建康手下开拖拉机的如今都成了千万富翁。面对这样的现状，钱建康淡淡一笑。他说，他没有钱，不能给老百姓什么财富，但是，他给老百姓带来了精神财富，自己也得到了精神满足，实现了自己的人生价值。

二、阿康书记的"三千"精神

阿康书记是个"工作狂"，谢家路村办公室主任沈永苗说，"我们书记没有任何业余爱好，他只爱工作。"沈永苗私下里很为老钱忧心：没有爱好的老钱在退休之后该如何度日？工作中的阿康书记始终坚守着自己的"三千"精神，即做到千方百计、千言万语、千辛万苦，为群众增加收入，排忧解难。

谢家路村前不靠山，后不着海，又远离集镇，在一般人眼里没有什么发展优势。早期的村委会也很穷，没有像样的办公室，村委干部就坐在腌榨菜的瓮上开会。钱建康看到村民大都在流动摊位售卖榨菜，就琢磨着在村里建一个集贸市场，既能为村民挡风雨，也能将客户固定下来。但一开始这一良好的愿望并未得到群众的理解和支持，一些不明真相的村民还联名上访。钱建康内心很矛盾，但转念一想，群众的不理解是暂时的，只要出于公心，看准了的事就一定要坚决办好，等到思路变成了老百姓眼里的"实货"，老百姓自然会支持。于是，在集体资金筹措不足的情况下，他以个人名义从银行贷款5万元，建起了一个小型的商贸市场。由于经营管理得法，生意十分红火。后来村集体又陆续投入400多万元，逐渐建起了综合性市场和商贸一条街。现在全村有三分之二的农户从事二三产业。

村级集体经济有了一定基础后，谢家路村又迎来一次发展机遇，那就是零星村整治、土地整理项目。零星村整治项目，顾名思义，就是将零星居住的村民迁到一起，将土地整理集中出来。百姓有安土重迁的传统，凡是涉及其利益的，都不是很容易做工作。因此，项目一开始就不怎么好开展。村干部在犹豫的时候，有人提出出资5万元，让谢家路村退出这个项目。是直接拿走5万元，还是硬着头皮啃下这块硬骨头？

钱建康从来不懂什么叫遇到困难绕着走，最后，他和村干部选择了迎难而上。接着，他们又抓住行政村扩大的机遇，分二期对全村3 300多亩土地进行了整治改造，净增有效耕地面积400多亩，率先成为宁波市第一个标准农田建设村。在项目结束后，钱建康意外拿到了政府的补贴款，他自己都不敢相信这是真的。如果说，市场的兴办为谢家路村的发展奠定了经济基础，那么零星村改造项目则是谢家路村加快发展后劲的主要动力。

此后，为加快工业经济发展，钱建康紧紧抓住滨海产业带和杭州湾跨海大桥建设的优势，建立了谢家路村工业安置点，以改变村级工业基础薄弱的现状。至今，全村已有企业90多家，其中年销售500万元以上的规模企业32家，亿元企业3家。短短10多年时间，谢家路村由贫困村一跃成为全国先进村。为推进新一轮发展，谢家路村正积极开展招商引资，成功使宁波象山昊顺农业开发有限公司在新大陆农业科技园区落地生根。该项目的实施为谢家路村壮大实体经济、农民增收打下了更加扎实的基础。在整个项目的筹建过程中，钱建康每天早出晚归，经常加班到深夜，连周末都不休息，成了同事口中的"工作狂"。谢家路村还与滕头村强强联合，成立了宁波滕头谢家路置业有限公司、宁波谢家路园林有限公司等企业，拓宽了村民就业、增收的途径。就这样，在钱建康的带领下，谢家路村集体经济和社会各项事业建设取得了快速发展，2014年村集体经济收入1 835万元，农村居民人均收入36 864元。

三、剧情反转的加薪风波

20世纪90年代末，谢家路村曾发生过村民主动要求给村干部加薪的事情。事情的发展很有戏剧性，那时候，部分村民觉得村干部私心重，就上访举报谢家路村村干部贪污公款。钱建康等村干部知道后，就觉得很委屈：他们辛辛苦苦为老百姓做事情，甚至放弃了高薪工作，到头来，换来的却是老百姓的怀疑和猜忌，这让钱建康很不能认同。

为了还村干部们一个清白，村党委召集各小组村民代表谈话，将村干部的工资薪酬予以公开。然而，村民代表并不买账，他们认为，工资只是表面的账目，也很容易被动手脚，说不定私下还有别的灰色收入。为此，钱建康二话不说就把所有账目一一公开在村民代表前，让他们去查账，查每个流水的来龙去脉。等村民代表查清了账后，才确信村干部确实就拿这么点工资。知道真相后的村民们看不下去了，他们主动要求给村干部们加工资。至此，故事情节发生了反转。

事后，村民代表跟钱建康说，误会之所以产生，主要在于你们做什么我们都不知道。听到这句话，钱建康醍醐灌顶，村民不知道，所以有误会，那如果所有村务都公开呢？回忆这件事时，钱建康感慨地说，那时我就意识到，用现在的话说，问题的根本在于信息不对称，村民和村干部互不沟通，误会和隔阂就很容易产生。

一个关于村务公开的念头在钱建康心里扎根，几年后，诞生了一本重要的刊物，那就是由村委会主办的《阳光月刊》。到现在，《阳光月刊》已经办了十几年，内容包括近期发生的国家大事和政策宣传、谢家路村工作大事记、每个领导的职务分工与进度以及分管各项工作的干部的联系方式等。最最亮眼的就是每个月的村账目公开明细表，让村民们对村里资金的收支情况一清二楚。钱建康说，刊物出来后，虽然是每家一份，但他们预估的有效阅读率为50%～60%，后来阅读量竟然越来越高，因为它关乎老百姓的切身利益。此后的每一年，村干部的工资都由村民来决定，村民不出家门就知道村里的钱都花在了哪儿。《阳光月刊》彻底实现了村事务在阳光下运行。

四、小板凳上解民忧

钱建康回忆，谢家路村组织建设的最大变化始于党提出的"固本强基"

工程。谢家路村乘着政策东风，率先垂范，作为示范区开始加强了基层组织建设，提高基层组织的凝聚力、战斗力，一步步发展到今天。这是谢家路精神发展的第一桶金，以此为始，谢家路村的党建特色一步步鲜明起来，"先进基层党组织"的称号最后落户谢家路村。这是谢家路的荣誉，更是对钱建康十多年工作的肯定。

钱建康说，他最喜欢习近平总书记讲的一句话：让党的旗帜高高飘扬在每一个基层阵地上。为达到这个目标，钱建康付出了十多年的努力，最终探索实施了"小板凳工作法""党员教育活动点""党内四项民主示范工程""支部建在村民小组上""广场远教课堂"等一系列创新举措。

"小板凳、大感情"，拉近了干群距离。在谢家路村，家家户户都有小板凳，村干部通过"板凳会"，亲密地与村民坐在一起，坚持"访农户听心声、解难题办实事"制度，确保村民呼声及时被听到，村民要求及时得到解决，村民误解及时予以消除，村里的决议决策及时得到宣传，拉近了干部和群众的感情。

2016年上半年，村民在"板凳会"上提出农田排水、土地流转、社会保障、环境噪声等具体问题50多条，村干部当场进行一对一解释说明，赢得了村民的认可和理解。据统计，2016年，谢家路村征集到村民各类意见建议92条，当场与群众沟通化解各类疑难问题30条，提交村"两委"讨论62条，已落实解决措施46条，由村干部负责解释答疑的15条，纳入下步工作计划中的1条。

"小组织、大稳定"，维护村庄和谐。谢家路村以村党组织为核心，把维护村庄稳定与发展摆到全局工作的重要位置，不断完善"小三级"组织网络，做到组织管理到位、化解矛盾到位、安全防范到位，实现无一例群体性事件、集体上访事件及民转刑案件。2009年谢家路村创新组织设置，把10个支部建在10个村民小组上，基本实现民情联系无遗漏、教育管理无盲点、联系服务无缝隙的"三无"目标。

"小干部、大作用"，提高干部形象。谢家路村充分发挥村民小组"小三级"骨干力量作用，建立老娘舅调解员、村庄平安巡逻员、社会治安信息员、卫生保洁督查员、文艺骨干宣传员、空巢老人结对员、弱势群体帮扶员、中心户长联络员、新老村民联谊员、青少年成长关爱员等一系列小干部队伍网络，在民间纠纷调解、扶贫帮困、爱心服务、关心青少年健康成长、村容村貌改善等方面发挥积极作用，形成小事不出组、大事不出村、难事疑事化解到户、矛盾不上交的工作格局。2016年5月，谢家路村获得了浙江省首届"十佳群众最满意的平安村"。

"小手册、大沟通"，打造民主平台。为充分激发村民建设美好家园的积极性，谢家路村不断完善民主决策制度，利用制度小手册、《阳光月刊》与村民保持经常性沟通，推进村务管理的民主化、科学化。村内大事由村民说了算，凡属村级重大事项或群众关注的难点、热点问题必须经村民代表大会讨论决定。在多年实践的基础上，形成了"阳光村务八步工作法"。

五、群众需要是第一选择

钱建康常说："我做农村工作始终坚持三个'第一'，就是把群众呼声作为'第一信号'，把群众需要作为'第一选择'，把群众满意作为'第一标准'。"他是这么说的，也是这么做的。

"拆迁"被不少村干部称为难事。然而，在谢家路村，600多户村民自觉自愿配合拆迁工作。邻村上门讨教经验，钱建康总说："办任何事情，没有捷径可走，只要老百姓拥护的，我们就要大胆去做，只要对老百姓有好处的，我们就勇敢去做。"

村民提出，村富不能忘了困难户。钱建康及时采纳意见，牵头实施村干部结对帮扶制度，建立村"帮困扶贫基金"，开设"爱心超市"，为特困户和外来务工人员雪中送炭。如50多岁的村民蒋来潮因脑震荡双眼模糊，家庭生活也较困难。钱建康主动与他结对帮扶，给他垫付医药费，经常找他谈心，帮他引进适宜的农产品品种，发展效益农业，并联系了收购厂家。如今，蒋来潮已丢掉拐杖，忙碌在田间地头。他逢人便说，没有阿康书记，我早就在黄土底下了。

这些年，钱建康为集体事业付出了许多，办了一件又一件实事，但对家庭、对妻子，却欠下了份份亲情，他始终无怨无悔。钱建康也是血肉之躯，也有情有义，但一个人的时间精力就那么多，顾了大家，就顾不上小家了。

十多年来，钱建康积极利用各种渠道招商引资，用一盘棋谋发展、一条心干事业、一股劲抓突破的决心，依靠个人的能力积极向上争取政策，"三改一拆""五水共治""美丽家园建设"成效明显，先后累计投入2亿元资金，组织实施了光明公路（谢家路段）穿衣戴帽工程、村中心区域水环境提升工程、村中心区城样板区提升工程以及农村生活污水处理工程等150件民生实事，每一件实事的背后都有钱建康的付出和心血。特别是2017年，为巩固"五水共治"成果，切实提升河道水质，打造更加美丽的谢家路"升级版"，让村民共享"五水共治"成果，全体村干部在钱建康的带领下，奋战20多天，按期完成了25座违章搭建小桥的拆除，获得了宁波市立功竞赛先进集体，还被评为宁波市"最洁美"示范村。

钱建康是闲不下来的人，他有永远做不完的工作。多年来，钱建康用自己的实际行动，真正做到了权为民所用、利为民所谋、情为民所系，赢得了广大群众的真心拥护，用自身的实际行动展现了基层"领头雁"形象。

谢家路村呈狭长状延伸向杭州湾，区城面积5平方公里，全村1 600多户，交通十分便捷。自2001年行政村区域调整后，谢家路村立即着手对村庄的总体规划进行设计，委托华东设计院进行总体规划勘察设计、编制完成了五年近期发展规划、十五年中期发展目标、三十年远景规划设想，高起点、高标准地合理分布了新村住宅区、工业发展区、农业生态区、商贸服务区、文教娱乐区五大主要功能区块，村内5米道路全部实施了硬化，河沟生态砌石，路灯、绿化配套。2018年全村实现社会经济总产值53.44亿元，村级集体经济可支配收入1 694万元，村民人均年收入49 920元，先后获得全国先进基层党组织、全国文明村、全国民主法治示范村、全国优秀小康村、全国农村基层党组织创先争优先进典型村等14项国家级荣誉和100多个省市级荣誉。

一生一事

小板凳上坐下来，什么事情都好商量。关于"小板凳"的哲学，钱建康有自己的一套：坐是一个最常见的姿态，但坐在哪里却大有讲究，因为坐在不同的位置，人的视野和境界也是不同的。闲暇时，钱建康喜欢到村里多转转，村民有什么问题，大家就坐下来谈谈。板凳上没有高低贵贱，只有浓浓的乡情，干部群众同坐一条小板凳，心贴近了，任何事都好商量。钱建康说，很早之前，村干部就有跟群众打成一片的传统。一些老村干部从来都是在闲话家常中，直接处理村里的事情。后来，随着谢家路村人口的增多，干部人数少，有什么通知，村干部最多在门口站站，说两句话就走，之前的板凳关系日渐淡薄。

为了贴近村民，了解村情，增强沟通，钱建康要求干部主动走出去，去家家户户跟踪了解村民动态。谢家路村党员干部通过与群众同坐一条板凳，面对面倾听百姓所思所盼，心贴心解决实际问题，进一步密切了党群干群关系，从根本上激发了广大党员群众建设美好家园的积极性。"小板凳"时刻提醒着党员干部要实实在在走基层，扎扎实实解民忧。这项被誉为"小板凳工作法"的经验引起了全国关注。"我们的每一项荣誉都经得起考验！"

钱建康说，谢家路村首创把支部建在村民小组上。这些年，正是因为村党组织带领党员群众拧成一股绳，谢家路村才有了如此惊人的变化。村里的环境卫生维护以前是外包的，一年要花费40多万元。"花钱打扫卫生，算什么先进？"在一次村干部会上，钱建康首先"开炮"，大家都觉得脸红。现在的谢家路村，环境卫生工作党员带头干、村民跟着干，比之前还干净整洁。"小板凳工作法"等一系列治理举措，不仅密切了党群关系，更使得村庄风清气正，村民荣誉感和责任感大大提升。

美好生活

送谢景初迁凭宰馀姚（节选）
宋·范仲淹

馀姚二山下，东南最名邑。

烟水万人家，熙熙自翔集。

北宋时期的余姚有"东南最名邑"之称，明代这里诞生了著名流派——姚江学派，这里钟灵毓秀，人才辈出；现代余姚又有"榨菜之乡"的美誉。谢家路村就坐落在余姚的西北、杭州湾畔南岸。谢家路村的牌楼一侧，五星红旗迎风飘扬，旁边刻有"党建引领幸福群众"八个大字，旗帜鲜明地展现这个党建特色村的精神面貌。

谢家路的村规民约上就有这样一条内容："每年出1～2天义务工和夜巡义务或以资代劳每天100元、每夜30元等。"但实际上，在谢家路村以资代劳的情况特别少，村民都会自觉去履行义务。钱建康说，村民都很重视为集体做贡献这件事，只出钱就看不到自己为民服务的诚心。谢家路村村民的工资水平大多数高于100元/天，村民前呼后拥地出义工，这不得不让人感叹，荣誉感、幸福感高到一定程度时，对金钱的选择顺序是可以往后放的。谢家路村获得了很多荣誉，其中一项最能体现谢家路人的生活状态，那就是"中国幸福村庄"。

钱建康和他的"小板凳工作法"（一）

原标题《谢家路的和谐法宝》

《浙江日报》2012年5月3日　许佳文　嵇　哲

当前，农村征地拆迁导致信访上访多发，其中一个主要原因是一些基层干部在决策、工作中与群众沟通不够，办事不民主、不公开、不透明，往往"好心办坏事"，造成群众误解。余姚市泗门镇谢家路村运用"小板凳工作法"，通过基层党组织的民主带动全村内民主，有效破解了农村上访多、信访多、干群关系紧张的难题，他们的民主探索经验值得借鉴。

一个村，10年来为村民办了近100件实事，投入资金1.2亿元，没有一项半拉子工程，没有发生一起群体上访事件。

在余姚市泗门镇谢家路村，如此和谐的基层干群关系是如何炼成的？村党委书记钱建康说："'小板凳工作法'和民主是我们工作的最大法宝。只要工作到家了，村民理解支持了，就没有理不顺的气，没有难办的事。"

决策，群众来拍板

"这些年，村民的民主意识不断增强，参与村务管理的意愿持续高涨，过去那种几个村干部说了算的做事方式，再也行不通了。"钱建康至今记得，1998年4月，他刚刚被推选为谢家路村党支部书记。为了增加村集体经济收入，几名村干部一致决定，在村里建一个农贸市场。不料遭到部分村民反对，一封反映钱建康有经济问题的举报信，还寄到了余姚市检察院。

当时，钱建康觉得很委屈：自己一心一意为村里办好事，为啥村民不理解？为此，他还准备把户口迁出谢家路村。后来，经过组织的深入调查，最终还了钱建康清白。但钱建康也从这件事上吸取了教训：村里大事，一定要坐下来讨论，要让村民说了算。

在浙江省不少农村，一定程度上还存在干群关系紧张的情况，少数村甚至有"村民平时不需要干部，出了事情找干部，办不好事骂干部"的现象，导致一些地方村干部不会干事、不愿干事、不能干事。而谢家路村通过从"为民作主"到"让民作主"的转变，以党内民主带动村内民主，以党内和谐带动村庄和谐，以党员致富带动村民致富，各项事业蒸蒸日上，干群齐心创新业。去年，谢家路村被评为全国先进基层党组织和全国文明村。

民主决策不仅让村民真正成为村级事务的"拍板人"，也让村干部干净办事、放心干事。这两年，谢家路村土地平整、道路拓宽、村庄美化等工程项目较多，也让一些人认为其中大有"油水"可捞。一蒋姓村民长年在外做生意，最近找到钱建康，要求承包村里的土建工程。为了拿到工程，他还带着一批染发文身的"小混混"多次上门纠缠。钱建康看他一无技术、二无资质、三无设备，就对他说："工程给不给你做，我说了不算数。村里的规矩你是知道的，重大事项要召开党员和村民代表大会表决。"结果，到场的52名村民代表和38名党员代表一致认为，工程不能交给他。

履职，晒在阳光下

走进第一村民小组组长章先荣家里，首先看到的就是堂屋墙上张贴的"党员教育活动点规程"，格外醒目。该小组的32名党员每月都要在这里开"板凳会"，传达文件，讨论村里的重大事项。

在一次"板凳会"上，有党员提出，村里这两年小轿车多起来了，但一组有一段200多米的村道不够宽，轿车开不进来。联系该村民小组的村党委副书记奕建萍立即把这条意见带到了村党委会上。村党委认为，村道问题带有普遍性，通过全村摸排汇总，共有3 900多米村道需要拓宽。在村民代表大会上，村民表决通过了村道拓宽的提案，并交由泗门镇招投标中心对该项工程公开招标。

在拓宽村道的过程中，哪些村民的围墙和房子需要拆？补偿标准怎么定？这些事项全都在村民代表大会上决定，由各村民小组与拆迁户签订协议。整个过程完全公开透明，村干部、党员带头拆自己家的房子，谁也没话说。

钱建康说："把知情权、参与权、决策权还给村民，调动村民自治的主动性和积极性，确保村干部办事公正透明，是我们村干群关系和谐的一条经验。"

事无不可对人言。在谢家路村，每户都有一份《阳光月刊》。《阳光月刊》每月一期，已经出了100期，每期都会刊登最近村里发生的大事，是村务公开、财务公开的重要平台。在最近一期的《阳光月刊》上，记者看到，村里公布了今年3月的财务收支明细表，一分一厘的收入支出都让村民看得明明白白。

村干部的工资由村民说了算。在年终的村民代表大会上，每名村干部都要作述职报告，由群众评议。根据干部的工作表现，村民写下自己认为村干部应得的"工资"，放进投票箱。

今年，谢家路村又在《阳光月刊》上公布了村干部的办事承诺，如果没有实践承诺，村干部就拿不到相应的报酬。"这样做，把党员干部的一举一动都纳入群众监督的视野之中，谁干得好、谁没有履职，群众看得一清二楚。只有办事公道，村干部的腰杆才挺得起来。"钱建康说。

和谐，干群心连心

征地拆迁是农村信访事件的"重灾区"。但在谢家路村，由于这项工作阳光操作，避免了很多矛盾和纠纷。

"村征地拆迁没有碰到过'钉子户'，因为村党委在决策前听取大家的意见，所以村民没二话，无条件执行。"村民王木根说。

7组的一条中心横路拓宽时，按规划道路几乎要穿过村民宋桂尧家门前的整个庭院，路面高出1米多。为此，村民小组党支部的党员事前就做好了宋桂尧全家思想工作，并主动为他家设计进出路线。村里还出钱在他家东侧修了个坡道，方便他们进出。

"你们为我想得这么周到，我还能说什么呢？村里的事我一定支持。"宋桂尧说。

百姓事，百姓管。不仅村民对村务有发言权，企业主、农民工也把谢家路村当成了自己的家。

谢家路村有民营企业90多家，吸纳了全村70%的劳动力。为增强发展后劲，村党委在支持企业做大做强的同时，千方百计优化服务、帮助企业解决难题，为企业营造良好的发展环境。"因为怕夜班工人回家路上不安全，在我们的建议下，村里路灯一直亮到凌晨4时。"盛飞电器总经理马文千说，村里为企业考虑，企业也愿意支持村里发展。在商会组织下，各家企业参与捐资助困等公益行动从未间断。

9年前，王敏夫妻俩从安徽阜阳来到谢家路村。刚开始在榨菜加工厂工作，后来在厂里支持下做起了榨菜香料生意。创业之初，夫妻俩得到了村干部的热心帮助，顺利找到了市场摊位，现在生意越做越红火。

慕名而来的老乡越来越多，王敏就主动向村综治办提出申请，在她家设立外来务工人员普法宣教点，自己担任老师，为农民工讲解法律法规和务工小常识，帮助他们解决工作、生活中的困难。王敏还在谢家路村入了党，她还因勤劳致富和乐于助人，被选为村民代表，被评为全国优秀农民工。她说："在谢家路村，我感觉自己也是这里的主人。"

▶**专家观点**：浙江省政府参事、"三农"问题专家顾益康：谢家路村以"小板凳工作法"，积极探索以党内民主带动村内民主、以党内和谐促进社会和谐的新路子，取得了显著成效，成为基层社会管理创新的可喜亮点。这种以"党内民主示范工程"与完善村民民主制度相结合的"双层民主"的创新做法，有力提升了村党组织的战斗力、凝聚力和服务力，使服务型基层党组织建设落到了实处。

钱建康和他的"小板凳工作法"（二）

原标题《余姚谢家路村创新群众工作法——小板凳 大能量》

《浙江日报》2013年11月28日　周咏南　许佳文　余　勤

从远近闻名的贫困村到社会主义新农村建设示范村，谢家路村正经历巨变。土地还是那片土地，乡亲还是那些乡亲，是什么改变了他们？记者深入调查发现：正是钱建康一套充满乡土气息的"小板凳工作法"，让党群关系、干群关系变得更加和谐，上下一心，改变了谢家路村的面貌。

板凳，《现代汉语词典》解释为：用木头做成的一种凳子。这种凳子没有靠背，没有扶手，结构简单，样子"寒碜"。

然而，板凳却很实用，乡里乡亲聚会或议事时离不开它。人们坐在板凳上，围拢一起，没有高低贵贱，却有浓浓亲情，彼此"掏心窝子"、说知心话。

谢家路村党委书记钱建康感慨地说，30年前，他担任村里的调解员，经常坐在板凳上与村民拉家常、说想法，其情其景至今历历在目。一晃30年过去了，谢家路村发生了翻天覆地的变化：成排的农民新居、热闹的欢乐大舞台、时髦的地掷球场，公园花木扶疏，节能路灯闪亮。更可贵的是，12年来村里没有发生一起群体性上访案件，村民对村班子满意率达95.8%。

村子发展了，生活改善了，但是，"坐板凳"的基本功不仅没有丢，反而焕发出新的活力。

板凳家访，走近你亲近你

"钱书记，有件事我不吐不快。村里雨污分流工程，埋入地下的塑料管子薄得像纸片，建议村里对施工质量进行监管。"

"这个建议很好，我马上去办。"

今年7月1日晚，村民沈渭新和上门家访的钱建康同坐一张板凳掏"心窝子"。没想到，这件闹心事第二天就得到落实。借此由头，全村开展了一场施工安全大排查，及时更换了存在质量问题的1 000多米塑料管，并聘用专职人员对工程进行全程监管。

翻开谢家路村村干部夜间工作记录本，日常生活的小事、拆迁修路的大事，每一件都处理得妥帖到位。

"村民说，和村干部同坐一张板凳，有啥说啥，心贴得更近了。"钱建康向记者详述了谢家路村推行的"板凳家访"。家访有"三不准"：不准以调查问卷形式代替家访，不准以开座谈会的形式代替家访，不准让村民小组长代替村干部家访。村干部每年家访名单全部公开，对村民提出的建议意见详细记录，并让村民签字。

2002年至今，谢家路村一直坚持每周二、周五夜间工作制度。由5名村干部在村委办为村民提供各类服务，平均每晚为民办事5件。同时，全村200多名党员统一亮身份、亮岗位，群众"电话一打"，干部"服务到家"。

在谢家路村，无论走进哪个村组，都能听到村民对"板凳家访"的深切感触。村民谢柏祥说，村干部每次"板凳家访"，再难的事总会得到答复。就在上周五的"板凳家访"中，他家的宅基地审批有了明确的日程表。因为妻子闹离婚，两万多元的捕鱼工具被潮水卷走，村民沈水苗一度自暴自弃。钱建康在"板凳家访"中发现了他的情况，尽力帮他重新振作起来。"钱书记帮我找工作、帮我安了家，连跟媳妇和好都是他牵的线。有这样的村干部，日子怎么会没奔头？"他激动地说。

板凳决策，村里事村民议

上面千条线，下面一根针。农村工作头绪多、任务重，一些村干部忙于应付，也习惯了替农户做主。

10多年前的一桩往事，钱建康至今记忆犹新：为增加村集体收入，村"两委"决定建一个农贸市场。可村民却竭力反对："村干部哪有这么好的良心，他们是想卖我们的子孙田！"一些人联名向镇里寄告状信。

风波最终被平息，事实也证明，农贸市场为谢家路村赚取了经济腾飞的第一桶金，每年交易额2 000多万元，但教训同样深刻。

"农村工作好不好做，关键看干部与群众沟通够不够，重点在于变过去的'替百姓做主'为'让百姓做主'。"经过调研，谢家路村党委拟定了"板凳决策法"：但凡重大规划和决策实施前，村干部要挨家挨户当面向村民解释说明，倾听村民呼声，了解村民需求，然后由村民代表投票表决，没有80%的赞成票，不启动工作。真正做到"村里的事，村民说了算"。

"小板凳坐拢来，什么事情都好商量。"钱建康深有感触：2013年9月，村党委就"环村道路改建游步道"工程征求意见时，有村民提出反对意见。拉来板凳，党员干部、村民小组长、村民代表聚在一起。一交流才发现，原来是因为有村民把"游步道"听成了"有葡萄"，所以才不同意。症结找到了，问题很快得到解决，项目最终获得超过90%的赞成票，顺利上马。

眼下，一套完善的投票表决制度在谢家路村逐渐形成：不光重大事项由村民代表投票表决；村干部一年挣多少，也由村民说了算。这一举措，走在全省前列。

板凳课堂，人人是"追星族"

在谢家路村，找对象、贷款，先要问问对方是几星级文明户。这一切，源于"板凳课堂"带来的清新之风。

走进村委办公楼大门，墙上贴着的"板凳教育"细则很醒目。

群众"十好"教育，即每月一次的形势教育、每季度一次法制教育、每半年一次感恩教育等。每年村里都要评选一批"十好家庭""十好文明店铺"等。对"十好"，公开授牌；对后进，专人帮扶。干部带上板凳，走进农户家庭，手把手地"教"；坐上板凳，关注农村动态，面对面地"听"；议在板凳，维护农民权益，心贴心地"解"；成在板凳，注重实际成效，实打实地"做"。

过去，谢家路村是远近闻名的问题村。如今，村里的广播定期播放"十好"评选结果，评上的脸上有光，没评上的心里发慌。迷信赌博少了，打架斗殴少了，全村人人都是"追星族"，家家争当"星级户"。

板凳频道，明白账大家算

采访中，村民朱洪林指着一本《阳光月刊》说："大到村里修公路的每一笔支出，小到村里开会发的笔记本开支，村里每笔支出都会记录在《阳光月刊》上，每月按时分发到每户村民手里。"

陶耀忠是谢家路村的理财小组长，他告诉记者，村民理财小组对每一张发票都进行审核。理财小组成员每月5日都要对村财务进行清理、监督，只有经过理财小组审核并盖章，才能入账报销。"小到买浆糊的5元支出，大到数万元的工程款，进进出出很明确。"

在谢家路村，财务公开已经达到按月逐笔公开"收支明细账"的程度，账目不仅刊登在村里创办的《阳光月刊》上，分发到每家每户，还要在数字电视上逐笔公开。村民如果认为某一笔支出不合理，都可以通过村里分发的"党员提案单"或"村民意见单"提出质询。

俗话说，口碑就是民心。"制度建设越规范，越有利于开展工作，越有利于树立干部的威信，也越有利于赢得群众的信任。"钱建康有感而发。

板凳温情，干部上门解难

钱建康有句话："农村工作，没有什么统一的模式，关键是和村民融到一起。"

跟着钱建康走在谢家路村里，一路上，村民们都亲切地喊他"老钱"，就像家人一般。

80岁的村民沈小和突发高烧，卧床不起。是钱建康，及时请来社区医生，上门为老沈挂盐水，还悉心照料。农忙时节，村民单杏冬不小心摔坏了腰椎，她的丈夫双手残疾，婆婆也瘫痪在床，一家人欲哭无泪。又是钱建康，召集村干部帮她收割好家里的两亩油菜，还特意让女党员上门护理……别人不愿碰、不敢管、不知道怎么办的事，钱建康领着村干部总是首先站出来。村民们说："老钱带的队伍靠得住！"

与村民感情好了，许多棘手的事情也好办了。

村里土地征迁，沈小和的房子一直拆不动，钱建康上门做工作。老人一看是他，连忙说："就冲你照料我的那份恩情，这回征迁我按政策办。"11月6日，村民老段回家途中遇车祸离世，有人劝其家人"闹一闹"。村主任陈新尧及时上门慰问，对老段家人说："你的事就是村里的事。设灵堂由村里协助解决，桌椅板凳用电我们都会提供。"家属们被感动了，当即决定"一切听村里的"。

在谢家路村，哪家亲人离去，村干部都会上门慰问；哪家有人生病住院，村干部都会拎着水果、鲜花看望。如今，就连村里的外来住户都知道"有困难找村干部"。对谢家路村党委来说，辖区居民都是自己的家人，没有先来后到之分。

钱建康和他的"小板凳工作法"（三）

原标题《"小板凳"，服务群众到家门
——余姚谢家路村抓党建促和谐纪事》

《浙江日报》2014年8月8日　周咏南　许佳文　余　勤

这是一个村容整洁、绿树成荫、流水潺潺的美丽村；
这是一个人均年收入超3万元、10年翻了三番，远近闻名的富裕村；
这是一个没有信访和治安事件，大家心齐劲足、干群关系融洽的和谐村；
……
熟悉余姚泗门镇谢家路村的人都知道，这里的过去与现在有天壤之别。

过去，干群形同路人，村干部不敢串门，也和村民说不上话。开村民代表大会，有群众高喊："讲了也白讲！"

如今，干部走村访户，村民拿出水果、点心，一个劲往干部口袋里塞。大家围坐在小板凳上，拉家常，谋发展，解难题。

乡亲还是那些乡亲，干部大多还是那些干部，是什么改变了他们？

2014年8月初，记者冒着酷暑，走进一个又一个村民小组，采访一户又一户村民，深深地感到：围绕"把支部建在村民小组上"的创举，谢家路村逐步形成了一套充满乡土味的"小板凳工作法"。这一基层治理体系的创新，不仅密切了党群、干群关系，还促使集体经济发展、群众富裕和村容村貌的改变，让全村人的幸福生活越来越有奔头。

支部建在小组上——从"绕着问题走"到"迎着问题上"

沿着一条干净宽敞的水泥路，走进谢家路村第七村民小组，只见楼房错落有致，四周树木郁郁葱葱，洁净的河道碧波荡漾。村民宋桂尧面对记者，不无自豪地说："我们农村，不比你们城市差吧。"

说起村庄整治，背后有一个鲜为人知的故事。"一开始大家都有顾虑的。"宋桂尧介绍，有人不愿意拆除自家庭院，还有人担心会不会劳民伤财。可是，村民小组的党支部就像是贴心"保姆"，每个环节都想到了，最终，全村不仅没有一个"钉子户"，而且还积极配合村庄整治。

过去，明明是百姓受益的很多好政策，为啥一到基层就变了样？除了落实不力，被老百姓比喻为"千条线穿不进一根针"的现象也是关键因素。

就拿1 600多户的谢家路村来说，"2001年四村合并，由于发展水平参差不齐，各种矛盾集中爆发。"用合并之初就担任村党委书记的钱建康的话说，他面临的另一个挑战就是，村"两委"满打满算10个人，本地村民却有4 563人，还有1 800多名外来人口。村干部与群众1∶630的后果就是，很多问题难以及时被发现，发现了也难以及时处理。

"迎着问题上，围绕矛盾解"，谢家路村"把党支部建在村民小组上"的举措应运而生。依托党员教育活动点，谢家路村将党员按村民小组分属情况编入10个党支部，并建立"党员联系户"制度，村党委班子成员每人联系一个小组，以此形成了"村党委—党支部—党代表—党员—普通村民"的严密组织和服务网络。按照"就近便利"的原则，45名党员代表每人分别联系4～5名党员，全村214名党员又分别对应联系10户左右村民。这些小组党支部和党员代表都成为村"两委"发现问题、反馈意见的"眼睛"和"触角"。

记者来到第一村民小组党支部书记章先荣的家。只见门口挂着醒目的"共产党员户"牌子，客厅中间摆放着3张大方桌和一条条小板凳，两边墙上挂着活动点活动制度、党员代表联系党员制度、党小组长工作职责等标牌和党员提案、有关学习资料等记录簿。他指着宽敞的客厅说，平时组里的党员家访后的情况汇总、讨论，以及支部的学习评议都在这里进行。每月，支部成员至少要走访组内所有农户1次以上，做到《民情日记》不离身，及时记录家访情况、村民需求和意见，并让村民签字，做到农户情况清、重点户头清、急难问题清。

"村民小组党支部好比'责任田'，"年过六旬的第十村民小组党支部书记宣光潮是这样对记者说的，"我们的职责是负责组内各项问题的巡查发现和处理、上报工作。"

党员不党员，一看就知道。村里的事需要有人带头做。

记者碰到鲁彩娣时，这位第八小组的党支部女书记刚带着组里的党员和村民代表挨家挨户清理绿化带、榨菜池、水缸等，裤腿上沾满斑斑泥土。"天热了，这些地方特别容易滋生蚊子和苍蝇。"她说，"你们看看，村里的道路和每家庭院都清清爽爽的。"

但环境卫生只有每个村民都自觉维护才能长久。为了给村民做榜样，鲁彩娣和其他党员代表经常到村里马路上巡查，看到烟蒂捡起来，遇见不文明行为劝几句。她还经常组织志愿服务队上街开展活动。最让她有成就感的是，志愿者队伍像滚雪球一般发展壮大，从一开始只有少数几名村干部和党员代表参加，到如今组内大多数党员和村民都自觉加入了。前几天，村民沈建耀找到她说："能不能天天都是志愿日，我给70岁以上老人维修家电，全部免费。"

将支部建在村民小组上，把党组织的网络触角精细化，构建起严密的组织网络。凝聚力的形成，不是靠行政指令，而是靠一批优秀的基层党员带领大家冲在前、向我看、作表率。

谢家路村这一希望的田野变了，而真正变化的是这里的人。

党员有了提案制——从"为百姓作主"到"让百姓作主"

8月1日，台风"娜基莉"给余姚带来倾盆大雨。晚8时许，记者顶风冒雨走进第四村民小组党支部书记魏安详的家，围坐在厅堂的板凳上，他向我们讲述了谢家路村近年来发生的新闻——

根据村发展布局，村里要拆掉一个老垃圾中转站作为工业用途，并选址在离村中心更远的第四村民小组一块闲置地新建垃圾中转站。去年8月，该动议遭到第四村民小组90%村民的强烈反对。

没有垃圾中转站，村民每天大量的生活垃圾怎么处理？钱建康等村干部多次到村民家中听取意见，第四组村民提出了自己的解决方案：组里给每户门前安装一个垃圾桶，并发放垃圾袋。村民每天按时把垃圾打包放在垃圾桶内，由专人统一收集运送到镇里的垃圾填埋场。这一想法得到村党委支持。由于方案是村民自己提出的，垃圾直接由他们处理，大家的保洁意识提高了，环境卫生反而比原先更好了。不久，其他村小组也纷纷向村党委提出：希望参照第四村民小组的做法。魏安详感叹："如果不是集中民智，干部关在屋里绞尽脑汁也想不到这样的好办法。"

"这些年，村民的民主意识不断增强，参与村务管理的意愿持续高涨，过去那种由几个村干部说了算的做事方式，再也行不通了。"钱建康感触颇深，10多年前，几名村干部举手通过，在村里建一个农贸市场，不料遭到部分村民竭力反对，甚至一封反映钱建康有经济问题的举报信，还寄到了余姚市检察院。

当时，钱建康觉得很委屈：自己一心一意为村里办好事，为啥村民不理解？为此，他还准备把户口迁出谢家路村。后来，经过有关部门深入调查，最终还了钱建康清白。但是，给他的教训同样深刻。

"老百姓愿意做的事，一定能做好；反过来，老百姓不愿意做的事，干部花再多的心思，村里出再多的钱也做不好。如果群众不支持，我们村干部就像无根的树。"

经过举一反三和充分讨论，谢家路村党委决定摒弃"替民作主"的老观念，并创设了"一制一法"：

"党员提案制"：对村民反映集中的村级集体经济发展和民生实事工程等事项，由联系党员通过填写《党员提案表》的形式向党支部提出，支部经过讨论形成初步解决方案后上报村党委。村党委对提案进行认真研究后提出限时办理意见，明确承办人抓落实。对暂时无法解决的，则耐心做好解释工作，主动争取村民理解。

"小板凳工作法"：凡重大规划和重大决策实施前，村干部要挨家挨户当面向村民解释说明，倾听村民呼声，了解村民需求。然后，交由59名村民代表和45名党员代表进行投票表决，没有80%以上的赞成票，不启动工作。真正做到村里的事由村民说了算。

如果让78岁的沈其壮老人讲"一制一法"带来的变化，在他一口地道的方言中，首先被提及的就是"底气"两个字："现在，我们对村里的事有底气了，也能作主了，这是过去连想也不敢想的事。"他指着远处的一块玉米地对记者说，年初，村里想将田埂路硬化，可村民一合计，全村3万多玉米田埂路就要花掉200多万元，太不合算。大家联名写了"党员提案"递交给村党委。很快有了回音：田埂路不硬化了。

仅今年以来，村党委就收到党员提案30件，经研究采纳了24件，占总数的80%，村民满意率98%。

阳光监督惠民生——从"你要我办事"到"我为你服务"

如今在各项活动中都表现积极的周志荣，人们哪里会想到他曾被评议为村末位党员。

周志荣在泗门镇云环电子集团公司工作，前些年因为参加志愿活动不积极而"上榜"村末位党员。尽管过去多年，他还记忆犹新："这对我触动太大了，感觉很没面子，也有点委屈。当晚下暴雨，钱书记上门找我谈话，告诉我作为一名党员，做什么都得发挥先锋模范作用。"

知耻而后勇。此后，周志荣热心参加支部活动，还发挥自身特长，当起了村里的"老娘舅"，积极调解村民矛盾。第二年，他以高票当选村先进党员，并连续两届当选村党代表。

党员末位评议和村干部民主测评制度，是谢家路村党性"体检"的有效之举。村监会主任凌新苗说："让普通村民拥有评议监督权，评议起来不留情面，达到了让党员干部红红脸、出出汗的效果。"

党员评议活动始于2002年，每年岁末，每个党小组都要邀请村民代表和党员一起对支部党员进行民主评议。评议结果通过村务公开栏、《阳光月刊》在全村公开。

这种"带辣味"的方式激励党员多为群众办实事，促使末位党员努力改进，村民对村干部的信任度也在点滴积累中提高。

九组村民王渭林自豪地告诉记者："现在，村干部的收入也由我们说了算。"每年年终的村民代表大会上，村干部都要作述职报告，由群众评议。根据干部的工作表现，村民写下自己认为村干部应得的报酬，放进投票箱。对村干部来说，只有办事公道，替群众着想，自己的腰板才挺得直。

服务于民，取信于民，干群关系哪有不好的道理？

从20岁起就做榨菜生意的钱建康，当时生意做到了全国各地，10年后，他还建立了自己的建筑工程队，是当地有名的经商能人。可为了更好地为村里6 000多名群众服务，他放弃了做生意，一心一意为村里办事。

记者跟着钱建康走进谢家路村，一路上，村民们都亲热地跟他打招呼，有人喊他"建康"，更多人习惯喊他"阿康书记"，对他像家人一般亲热。

80岁的村民沈小和突发高烧，卧床不起，第一个想到的就是打电话给钱建康。钱建康二话不说请来社区医生，上门为老沈输液，还忙前忙后，悉心照料。

农忙时节，一组村民单杏冬不小心摔坏了腰椎，她的丈夫双手残疾，婆婆也瘫痪在床，一家人欲哭无泪。该组党支部书记章先荣带领全组党员丢下自家的农活，把单杏冬家的两亩油菜收割了，还特意让女党员上门护理她……

别人不愿碰、不敢管、不知道怎么办的事，钱建康领着村干部总是率先站出来带头干。

与村民感情近了，许多棘手的事情也好办了。

村里土地征迁，沈小和的房子一直拆不动，钱建康上门去做工作。老人一看是他，眼圈红了，说："就冲你照料我看病的那份情，这回征迁我按照政策办。"

去年11月6日，村民老段回家途中遇车祸去世，家属悲痛万分，有人劝他们"闹一闹"。村党委副书记陈新尧及时上门慰问，还说："你的事就是村里的事。善后事宜由村里协助解决。"家属们被感动了，当即表态"都听村里的"。

钱建康有句名言："农村工作，没有什么统一的模式，关键是和村民融到一起。"在谢家路村，哪家亲人去世，村干部都会上门慰问；哪家有人生病住院，村干部都会拎着水果、鲜花看望。如今，就连村里的外来住户都知道"有困难找村干部"。对谢家路村党委来说，辖区住户都是自己的家人，没有先来后到之分。

外地的村干部到谢家路村学习经验，临走前看到村池塘边上的"和谐亭"，由衷称赞道："用'和谐'两字来概括谢家路村的干群关系再恰当不过了。"连续13年来，全村没有发生一起信访事件。

这些年，全村新建了15公里的环形村道水泥路，新完工的农村污水处理工程惠及900户村民，建立了"支部＋市场""支部＋协会"的专业合作经济组织两个，建立了占地2 000亩的新大陆农业科技园区，培育种养大户25户，培育了年产值1 000万元以上的民营企业26家，其中，年产值1亿元以上的有两家。

去年，村集体经济收入1 750万元，村民人均收入30 098元。

在谢家路村党员干部心中：群众的心声，就是他们的心声；群众的期盼，就是他们的期盼；群众的欢笑，就是我们的欢笑。

补记：2004年6月，浙江省委授予钱建康等一批基层党组织书记"为民好书记"荣誉称号，并让钱建康在表彰大会上介绍体会。我受省委组织部之邀去帮他整理发言材料，就这样和他认识了。之后，我和他的联系多了，对他和村里的发展情况也更为关注。从2012年起，集团副总编辑周咏南把谢家路村当作基层联系点，每年都会带我去村里采访、看望钱建康，总结宣传他的"小板凳工作法"。

钱建康，现为余姚市泗门镇党委委员兼谢家路村党委书记，先后获浙江省优秀共产党员、全国劳动模范、"全国五一劳动奖章"获得者、全国优秀党务工作者、全国十大杰出村官、2012年度中国农村新闻人物等荣誉，受到党和国家领导人的亲切接见。他所在的谢家路村获得全国文明村、全国先进基层党组织、全国民主法治示范村、全国优秀小康村、浙江省群众最满意平安村等殊荣。

党建引领·幸福群众

——在全国首届农村基层党建"村长论坛"上的主题发言

余姚市泗门镇党委委员、谢家路村党委书记　钱建康

尊敬的各位领导、各位同志：

　　在这接天莲叶无穷碧、清风劲吹杭州湾的美好日子里，全国首届农村基层党建"村长论坛"在谢家路村召开，这是一次我们聆听领导亲切教诲、学习全国先进村经验、促进谢家路村"四个文明"建设再上一个新台阶的极好机会。首先，请允许我代表谢家路村党委和6 500多位"新老谢家路人"，向各位领导和各位同志的到来表示最热烈的欢迎。下面，我代表谢家路村党委，向各位领导和同志汇报一下我村坚持党建引领，团结和带领广大群众建设社会主义新农村的一些具体做法，请各位领导和同志指导。

　　我们谢家路村地处杭州湾畔，区域总面积5平方公里，全村共有常住人口4 506人，农户1 638户，另有外来人口2 000多人。村党委下辖12个党支部，共有党员213名。近年来，村党委团结和带领全村群众，发扬"富而思进求发展，永不满足创新业"的谢家路精神，坚持以党建促发展、以党建创新促社会管理创新，在建设"物质富裕、精神富有"的新谢家路上做了一些探索，把一个昔日贫穷落后的边远村，建设成为一个富裕和谐的幸福村，先后荣获全国文明村、全国民主法治示范村、全国优秀小康村等13项国家级荣誉，村党委被评为全国先进基层党组织。今年上半年，全村实现工农业总产值21.5亿元，同比增长17.8%；村级集体可支配收入830万元，同比增长9.6%；农民人均纯收入1.5万元，同比增长12%。之所以能够取得这样的成就，我们最大的体会是：党建出生产力，党建出战斗力，党建出凝聚力。只有抓好了基层党建，农村发展中的一切难题才能迎刃而解，农村社会才能和谐，人民群众的幸福感才能不断增强。

坚持与时俱进，创新组织设置和管理

近年来，农村基层党建也面临一些新情况、新问题，如：党员队伍年龄老化，一些党员的思想政治素质和服务技能跟不上形势发展的需要；随着行政村区域范围的扩大和党员、群众就业门路的多样化，对党员的管理和对群众的服务都需要创新；无职党员作用难发挥；等等。怎样让党组织成为新时期新农村建设的坚强堡垒，让党员永葆先进性？我们在学习借鉴外地先进经验的基础上，根据党章有关规定，结合本村实际，决定把党支部建到村民小组，建到规模企业。在市委和镇党委的关心支持下，从2005年开始，我们在10个村民小组和2家具备条件的规模以上企业建立了党的基层组织。

同时，通过建立村干部联系责任区、党委班子成员联系党支部、党员责任区制度和党员联系群众制度等一系列制度，使基层党建的触角延伸到每一个村民小组（自然村）和企业车间。全村除了13名年老体弱行动不便的党员外，均按照"就近、方便"的原则联系了5～10户群众，使每一户村民都有党员联系。责任区党员以每月不少于一次的频率，主动加强与联系户的联系，认真听取群众在生产生活中的实际困难和对村党委的意见建议，及时向责任区负责人和联区村干部反映，为村级组织全面、及时掌握社情民意，快速回应民声提供组织、制度保障。

坚持服务为先，探索为民惠民新机制

为让小干部充分发挥大作用，我们以支部为单位，根据各组实际情况和党员个人特长，在创新为民服务新机制上做了一些探索，近年来，先后建立了"老娘舅"小组、志愿服务小组、爱心传递小组、农忙帮困小组、卫生保洁小组、义务守夜小组和喜庆乐队等服务组织，在民间纠纷调解、扶贫帮困、爱心服务、关心青少年健康成长、村容村貌改善等方面充分发挥了共产党员的先锋模范作用。

第四党支部支委魏安祥担任过多年村干部，具有丰富的农村工作经验，在群众中有较高威信。由他和另外几位党员组成的"老娘舅"小组，在民间纠纷调解中做到了小事不出组、大事不出村。今年正月初七，有一户村民家庭因婆媳不和，80多岁的老婆婆险些无地方可住。老魏在走访中了解到这一情况后，马上会同另外几位"老娘舅"来到了该村民家里，召集老人的儿子、儿媳开家庭会，经过几次调解，婆媳终于和好了。今年，"老娘舅"小组已调解纠纷10多起，双方满意率达到了100%。

农忙帮困小组一发现村民在收种榨菜、棉花等农时季节劳力有困难，就马上主动出击，不喝群众一口水，不抽群众一支烟。去年以来，他们先后帮助群众种榨菜、棉花、小麦20多亩，收割榨菜、棉花10多亩，受到群众称赞。

第二村民小组是全村外来人口最集中的组，共有400多名来自全国各地的外来人员。该组党支部通过与企业结对共建新老村民和谐组，为外来务工人员提供法制培训、就业技能培训、计生医疗服务等，使外来人员真正融入谢家路村，为建设"第二故乡"出力，涌现出了全国优秀农民工王敏等先进典型。

针对群众修理家用电器、理发、磨剪刀等小事上的实际困难，第一党支部党员姚爱珍提出了设立"党员志愿者服务日"的建议，被村党委采纳后，现已成为党员服务群众的一个品牌，被推广到各支部，仅今年"七一"，第一支部的党员就为200多位村民提供了义务修理家用电器、理发、磨剪刀等服务。

第六党支部用党建带团建，发动党员和团员青年为群众义务守夜。自这一制度实施以来，全村小偷小摸现象基本绝迹，确保了一方平安；针对以前群众空闲时玩麻将等现象，第十党支部几位有文娱特长的党员提出了建立村喜庆乐队的建议。在村内企业家的赞助下，乐队添置了道具、演出服装和乐器，以宣传党的路线、方针、政策，传承优秀传统文化、弘扬先进文化、鞭挞社会丑恶现象为内容，用群众喜闻乐见的形式，义务为村民演出，今年已为村民演出七场次，场场爆满。其中采用快板、杨柳青两种形式创作的《八表谢家路》已成为姚北地区群众文化的一个品牌，先后三次赴市以上单位汇报演出。

坚持和谐发展，全力打造美丽村庄

农村基层党建的出发点和落脚点都是为了让广大群众过上富裕幸福的生活。为了充分发挥党员的先锋模范作用，谢家路村党委建立了民情收集机制、诉求表达机制、矛盾排查机制、信息处理机制、关爱帮扶机制五大工作机制，并将责任落实到每个支部、每名党员。对群众反映的涉及组织建设、村级集体经济发展、民生实事工程兴办、精神文明建设、社会稳定和其他涉及群众切身利益的重大村务和重要事项，党员都会在征求群众意见的基础上以"党员提案"的形式向责任区负责人提出，再经区内党员会议讨论后给出初步解决方案并上报村党委。党委会及时对党员提案进行认真研究，提出办理意见，落实承办人。

近年来，谢家路村在充分征求广大群众意见建议的基础上，先后投入1亿多元资金，兴办了100多件实事，使村民生产生活条件得到极大改善，村容村貌不断美化。在抓好硬件建设的同时，还十分注重软件建设，以党内民主带动村民自治，以党内关爱带动全村互帮共助，营造了和谐发展的良好氛围。

如第五组级党支部的4家小企业开展了共建"和谐村组"活动，由企业出资，支部出面，每年两次邀请组内60周岁以上的村民及子女到党员活动点过集体生日。村民马小多家庭困难，他感动地说，自出生以来从未过过这么好的生日。

除了为老年村民过集体生日外，村党委还建立了困难群众帮扶机制，村党员干部带头捐款建立了全市首个"爱心帮扶基金"和"爱心超市"，目前已累计筹集资金200多万元，受益群众累计超过800人次。今年6月，60岁的村民封招娣因病在市人民医院住院。村干部得知后，马上带着鲜花到医院探望。隔壁病床的病人羡慕地说，做你们谢家路人真幸福，连普通老百姓生病干部也会来看望，这样的事情天底下少有。事实上，村民因病住院，村干部必须到医院探望，在谢家路村已是一项坚持多年的制度。我们还建立了农村空巢老人关爱制度和青少年关爱制度。全村10多对空巢老人都有党员和积极分子结对关爱，为他们洗衣做饭、把屎把尿，还和他们谈心聊天，使他们不再孤独。80多岁的薛瑞兴老人发自肺腑地说，共产党就是我们的亲人，村干部就是我们最亲的子女，下辈子我还想生活在谢家路村。

在党员的带动下，群众也自觉做"文明崇德谢家路人"。65岁的女村民章彩娥在邻近的小路下村做清洁工，前年夏天，她在下班回家途中看见两个孩子在河水里挣扎，不会水的她急中生智，用扫帚柄等工具把两个孩子救上了岸，并对他们采取了急救措施。事后，小路下村干部陪同两个孩子的家长上门感谢，章彩娥却说，不用谢，这种事我们任何一个谢家路人看到都会去做的。村民何志龙不顾生命安危勇抓小偷，年近八旬的村民冯泉来坚持义务清扫村道垃圾，安徽籍员工毕如金义务担任外来人口"和事佬"……像这样的例子举不胜举。正是依靠全村广大党员干部和群众的共同努力，谢家路村才变成了民富村美人和谐的美丽村庄。我们相信，有各级领导一如既往的关心支持，有全村党员干部群众的齐心协力，我们谢家路村的明天一定能更加美好。谢谢大家！

他把一个贫困村变成了全国先进村

——一位农村基层干部的28年

《余姚日报》2008年7月31日　沈华坤　宋　薇

杭州湾畔，有这样一个村庄：改革开放前，这里还是姚北一个贫困落后的村，村里不少人家住的是草舍，常年靠咸菜下饭，一遇天灾人祸，更是苦不堪言；改革开放后，依靠党的好政策和善于带领群众致富的好班子、领头人，一跃成为全国文明村镇创建工作先进村、全国民主法治示范村、全国优秀小康村、全国"美德在农家"活动示范村、全国村级财务规范化管理示范村、浙江省首批全面小康建设示范村、党建工作省级示范村。这个村，就是泗门镇谢家路村。这个村改革开放近30年来的巨大变化，与一个基层共产党员的追求密不可分，他就是泗门镇谢家路村党委书记钱建康。

一切为了群众利益。1980年，钱建康担任了谢家路村团支部书记，1988年，又被推选为村民委员会主任，1998年4月，被推选为村党支部书记，这一干，就是28年。

20多年前的谢家路村前不靠山，后不着海，又远离集镇，在一般人看来，明显缺乏发展优势。

1988年，钱建康担任村委会主任后，想得最多的就是如何因地制宜寻求发展道路。结合本村地处周边村中心的实际，他提出了以市场兴村的发展思路。但一开始这一良好的愿望并未得到广大群众的理解和支持。当时村民们议论纷纷，部分不明真相的群众还联名上访。当时，钱建康心里也感到很委屈，但转念一想，群众的不理解是暂时的，只要出于公心，等到思路变成了老百姓眼里的"实货"，群众一定会理解、会支持。于是，在集体资金缺乏的情况下，钱建康以个人名义从银行贷款5万元，建起了一个小型的商贸市场，由于地理位置优越，经营管理得法，生意十分红火。这就坚定了村"两委"发展村经济的决心，也因此得到了群众的理解和支持。后来，谢家路村采用村里集体投一点、个人筹一点和摊位招租的办法，陆续投入400多万元，建起了光明综合性市场、农产品集散市场和商贸一条街，从此迈出了坚定的第一步。

现在，村里已有三分之二的劳动力从事二三产业，为农民致富开辟了新的门路。

要使村级集体经济和村民收入有长期稳定的保障，必须用经营城市的理念来管理农村。

10年前，钱建康就超前谋划新农村发展，提出了用土地整理、零星村整治的方法增强村级发展后劲的思路，在广大群众的支持下，短短半年时间，全村40户零星村民很快搬迁到新村，一期土地整理总面积达到500多亩，净增耕地150亩。

2001年，村里又利用行政村区域面积扩大的机遇，对2 800亩土地进行了整治改造，率先成为余姚市第一个市级标准农田建设村，为今后的争先创优、加快发展奠定了扎实基础。

俗话说，无工不富，无农不稳，无商不活。在向邻近的全国文明村小路下村学习过程中，钱建康认识到谢家路村与小路下村最大的差距是工业基础薄弱。于是他在村领导班子会议上提出了利用姚北工业园区谢家路安置点大力发展工业经济的思路。为引进企业，村领导班子成员都承担了任务，作为村党委"一把手"，钱建康的责任更重大。

2001年9月，他听说附近有一家企业想投资2 000万元扩产的消息，当即兴冲冲地去联系，结果却吃了"闭门羹"。他没有灰心丧气，在一天晚上9点多钟，冒着大雨第六次来到该公司。这位老板终于被感动了："有你这样办事认真负责的村干部，我还有什么不放心的呢？"当即表示把项目放到谢家路村工业点。在村领导班子的共同努力下，一家家规模企业犹如一只只金凤凰纷纷在谢家路村工业点落户。目前，全村共有工业企业90多家，其中年销售500万元以上规模企业32家，亿元企业3家，基本形成了塑料模具、小家电、五金制品、金属冶炼、电子元件、蔬菜加工六大支柱产业，涌现出了"富贵""长振"等中国驰名商标和浙江省著名商标。

2007年，全村工业产值达到19.6亿元，占全村社会总产值的87%。通过发展工业和第三产业，村里还为农民提供了多种就业机会，使全村75%以上的农民变成了工人。

2007年，全村实现社会总产值23亿多元，比改革开放前1978年的5万元增长了4 600倍多；村级集体可支配收入由1998年的不足9万元到去年底猛增到1 000余万元；村级固定资产净值由30年前的400多元达到去年底的2 670.8万元；农民人均年收入由1978年的120元达到1998年的6 000余元，去年更是提高到15 058元。

金奖银奖不如百姓夸奖。有人说，村干部有权。是呀，随着一个个项目的开工，村干部的确大权在握，但如果权用不好，就会把权力作为个人谋私利的机会。从担任村干部的第一天起，钱建康就确立了自己的行为准则，把"群众满意不满意"作为服务群众的出发点和落脚点，在努力为群众办实事、办好事上下功夫，坚持做到权为民所用、情为民所系、利为民所谋，心里时刻装着群众，事事为群众着想。针对富裕起来的农民求知、求乐、求美和追求文明健康的生活方式的实际，钱建康以"美化村容村貌、创建生态村庄、提高文明程度"为抓手，广泛开展了环境整治活动。几年来，村里投入资金5 000多万元，为村民办了50多件实事，建立了全市首个数字电视村、首个村级农民文化公园、首支农民铜管乐队和首支村容村貌管理大队，还落实了路灯延伸、道路硬化、绿化配套、户厕改造、河道砌石等事项，这一件件、一桩桩实事，都办在了村民的心坎上。

为了充分发扬民主，在钱建康的提议下，每年年初谢家路村党委都向村民发送"你需要村里做点什么"的意见征求书，谁家缺劳力、无技术，哪户有病人、生活难，村党委领导都知道得一清二楚，同时，钱建康还带头结对扶贫。村民谢柏千因妻子和自己都患病，家庭贫困，钱建康主动与他结对，帮助他联系医院，并出资治好了他的病，为帮助他家从根本上摆脱贫困，钱建康又动员他参加了村务电工培训班。如今，谢柏千不仅担任了村务电工，而且在余姚工业园区担任了企业电工，业务繁忙，家庭年收入达到2万多元。随着村级集体经济的不断发展壮大，谢家路村为民办实事的能力不断增强。钱建康提议，把帮助困难群众和弱势群体作为村里的日常工作，建立了"帮困扶贫基金"，使年收入4 000元以下的相对困难群众充分感受到党和社会的关爱。群众看在眼里，喜在心里，邻村村民羡慕地说："谢家路的村民最幸福。"近年来，随着谢家路村经济社会的快速发展，不少外来务工者来到谢家路村。为构建和谐的劳资关系，钱建康又创新思路，通过设立企业指导员，帮助企业解决难题，帮助外来务工人员依法维护权益。村里还建立了联合工会，通过建立职工维权服务站，开展普法培训，调解劳资纠纷，已累计调解各类劳资纠纷及工伤事故纠纷36起，涉案金额56.5万元，并全额履行，调处率及调解成功率均达到了100%，有力维护了社会稳定，促进了经济发展。如今，谢家路村企业劳资关系和谐，不少外来建设者在这里安家落户，成为真正的"新谢家路人"。如安徽籍员工王敏夫妇，来谢家路村10年，在村里的帮助下艰苦创业，如今不仅有了属于自己的事业、房子和车子，她还积极参与谢家路村公益事业，以自己出色的成绩荣获2007感动宁波人物提名奖，并当选为余姚市政协委员；贵州籍外来员工罗启军，2005年在钱建康等村干部的支持下，利用在谢家路村打工时获得的经验创办了自己的企业，去年产值达到1 000多万元，吸收了50多名本地和外地劳力，被评为余姚市优秀外来务工人员。

钱建康和村班子的实际行动，赢得了广大村民的信赖和支持，群众对此非常满意，村民对村干部的民主测评满意率达到了100%。2001年，20多位村民代表还联名要求给村干部加薪，一时成为佳话。

村级集体经济增长了，村民的口袋鼓了，村里的事务也增多了，特别是一些重大工程项目、实事工程的实施，如果仍按老的工作方法和决策程序去做，势必在群众中引起争议和误解，也难以保证村干部的清白。为此，钱建康把"公开透明"这四个字体现在一切工作的全过程，由"为民作主"转变为"由民作主"，并首先在党员队伍中抓起。

2002年，谢家路村在全市率先建立了10个农村党员教育家庭活动点，并以此为依托，以保障党员权利为基础，以发挥农村党员作用为目的，实施了"党内民主示范工程"。通过建立党员首议制、党内提案制、党员代表表决制、党务公开制和无职党员设岗定职五项制度，较好地落实了党员的优先知情权、合理建议权、决策参与权和民主监督权，不仅扩大了党内民主，健全了党内民主制度，巩固了村级党组织的领导核心地位，而且还带动了村民自治，完善了村级重大事项的决策机制，促进了村级各项工作的顺利开展，形成了党员群众心齐气顺、党群干群关系融洽、村级经济社会各项事业快速发展的良好局面。如今，只要村党委一声令下，群众就会纷纷响应。征地拆迁、税收缴纳等在别的地方成为老大难的问题，在谢家路村却成为群众踊跃参加的自觉行动。去年底，因光明公路拓宽，沿途70多户人家的房屋需要拆迁，村党委领导班子妥善处理，耐心做好群众思想工作，结果不到一个月就完成了拆迁任务。工程指挥部的同志说，从来没有看到过这样顺利的拆迁。目前，谢家路村以党内民主带动基层民主的做法已得到上级党组织的高度肯定，并在宁波市推广。

奉献是共产党员的本质。作为一名党员，就要为党的事业做出贡献；作为一名百姓的领路人，就要带领群众致富奔小康。只有这样，才能体现出一个共产党人的本色。为了村民和集体的利益，钱建康付出了许多，放弃了许多，但他无怨无悔。钱建康长期以来身体不太好，2002年5月他因血压升高，晕倒在地头。医生说他必须住院，但土地整理、零星村整治、道路硬化等大量工作正在进行，在这个节骨眼上，他怎能休息呢？于是，钱建康向医生提出了放弃住院，在办公室吃药、输液的请求，带病坚持工作。几位到村里办事的群众看到后心疼地说：建康书记，你是我们的主心骨呀，咋能不爱惜身体呢？能得到群众的理解，钱建康内心深处感到无比欣慰。

为集体、为群众，钱建康日夜工作，但对家庭、对妻子，他却欠下了一份份亲情。

2001年8月，妻子因患阑尾炎到医院动手术，请求他陪伴在身边，可村里农业园区建设正在关键时刻，他实在脱不开身，仅抽空去看望了一次。看着病床上瘦弱的妻子，钱建康感到深深的内疚。

儿子对钱建康也有怨言。2004年6月，正是儿子中考前的关键时期，儿子想让他给请个家教，补补功课，但当时村里的工业安置点各项基础设施建设正在关键时刻。钱建康每天在工地上忙碌，把儿子的事儿给忘记了，结果，儿子没能考上普通高中，只能在职校就读。送儿子去学校那天，儿子闷闷不乐地说：爸，我怨你。钱建康听了，心里很不是滋味儿。他也是一个男人，他也有血有肉。但是，一个人的精力是有限的，为了集体利益，只能牺牲个体利益。钱建康常想，作为一名共产党员，从某种意义上说，进取是一种精神，放弃又何尝不是一种追求？泗门是全国榨菜主产区，钱建康从20岁起就做起了榨菜生意，生意做到了全国各地，后来还办起了一家榨菜加工企业，年收入少说也在10万元以上。1997年，钱建康又投入400多万元组建起了一个建筑工程队，那时正是余姚市城乡建设最红火的时候，业务繁忙。要是不当村干部，他说不定早已是腰缠万贯的大富翁了。可自从担任了村干部后，大量繁重的工作任务压在肩上，自家的企业一年不如一年，最终于2001年底倒闭了。

28个春秋冬夏，28年风风雨雨，钱建康带领谢家路村从贫穷落后走向了富裕文明，他本人也以出色的成绩先后被评为全国优秀党务工作者，全国"五一劳动奖章"获得者，浙江省、宁波市优秀共产党员，浙江省"十佳为民好书记"，浙江省、宁波市劳动模范，当选为浙江省第十二届党代会代表、主席团成员，宁波市第十届党代会代表、主席团成员，余姚市第十四届、第十五届人大常委会委员。

曾经落后贫困的余姚谢家路村如何成为全国优秀小康村？

"小板凳"指引走上康庄大道

《现代金报》2011年4月1日　李荣荣

曾几何时，"万元户"是富裕的代名词，让落后的谢家路村村民羡慕不已。如今，这个村的村民人均年收入已达到2.3万元。

短短的十多年，这个曾经前不靠山、后不着海的落后贫困村，是如何一跃成为拥有全国文明村、全国民主法治示范村、全国优秀小康村等诸多桂冠的全国知名乡村？且让我们来听听来自谢家路村的小故事吧。

为服务村民，"领头雁"放弃自家的企业

聊起谢家路村的故事，过上好日子的村民都竖起大拇指夸他们的"领头雁"——村支部书记钱建康。

从20岁起做榨菜生意的钱建康，生意做到了全国各地，年收入在10多万元。1997年，他还建立了自己的建筑工程队。为了给村里的4 000多人服

务，钱建康无暇顾及企业，企业最终倒闭了。当初要不是因为当个"芝麻官"，说不定他早已成"大富翁"了。

说起这段往事，钱建康说："当时真是一个痛苦的选择。但村民对我的信任，最终让我决定走上村支部书记这个岗位，这一干就是10多年。"现在的钱建康很快乐："群众的信任来之不易，小干部可以发挥大作用，小村庄也是个大舞台。百姓的认可让我得到了极大的快乐。"

如今的谢家路村村民过上了幸福的生活，而钱建康的梦想是：让世界听到他们"幸福乡村"的声音。

关于未来，钱建康说："要拉高标杆，赶超跨越，继续发挥'富而思进求发展，永不满足创新业'的谢家路精神。当前，要把'三思三创'与争创全国先进基层党组织、全国文明村结合起来，与美丽乡村建设、富民强村工程相结合，千方百计为村民致富创造条件，提升村民的幸福指数。"

实行"阳光村务八步法"，村里大事村民说了算

"村里大事村民说了算"是谢家路村的优良作风，而这得益于村里实行的一系列制度和措施。

"阳光村务八步法"是全面推进村级民主选举、民主决策、民主管理、民主监督和密切党群，干群关系的重要落脚点，也是推动村民热情参与新农村建设的"焦点"。

比如拆迁，一直是敏感而易发生纠纷的工作。说起近几年这方面的工作，村委委员奕建萍感慨不已："我们村不但没有发生这类纠纷，而且我们的工作还得到了老百姓的大力支持和帮助，工作进程比预期的时间大大提前了。"

为何大家普遍认为很难处理的问题，谢家路村会处理得如此顺利？

谢家路村村委会有关成员介绍，这主要还是得益于村级重大事项决策实施"阳光村务八步法"和长期以来民主决策打下的深厚基础。

何为"阳光村务八步工作法"？第一步，先由村党委研究出初步方案；第二步，提交村三套班子集体讨论；第三步，广泛征求党员和群众代表的意见；第四步，通过党员代表大会讨论修改，形成决定；第五步，提交村民代表大会民主决定，以无记名投票方式进行表决，根据得票情况当场确定事项是否实施；第六步，在村民和群众的监督下实施；第七步，由民主监督小

组对决策事项进行检查验收；第八步，向广大村民公开决策执行情况。

村干部提起"小板凳"，走进群众解决问题

在谢家路村还有很多精彩的小故事。其中，提起"有线广播"和《阳光月刊》，村里上了年纪的人都会喜上眉梢，因为大字不识的人能通过广播了解村里的重大事项，而对搞不明白的政策都会在《阳光月刊》找到答案。

村民告诉记者，这几年，村里1 600户人家都装上了有线广播，村办刊物《阳光月刊》也分别发到了每家每户。《阳光月刊》主要包括村大事记、工作计划、财务公开等13项内容，是村民知情权得到体现的一个很好平台。

谢家路村还建立了11个农村党员家庭教育活动点和44个群众活动点，"小板凳"是谢家路村工作的另一个"特色"。

村干部提起小板凳走入群众中，了解情况解决问题，并以此为依托，将"党内民主示范工程"真正落到实处，真正促进了"以党内民主带动村民民主，以党内和谐带动村民和谐，以党内稳定带动社会稳定"。

余姚市委宣传部高级政工师赵永焕表示：谢家路的小故事让我们受到了启发，谢家路村成功的经验在于密切联系群众，一切以群众满意为出发点。

"小载体"宣讲"大道理"

《宁波日报》2011年7月14日　奕建萍　邵姚斌

前几天，当余姚市委宣传部高级政工师赵永焕来到谢家路村公园广场时，全村的党员、村民代表、中心户长及部分村民500多人已整齐地坐在小板凳上，等待着聆听由他宣讲的主题党课。老赵感慨地说："谢家路村村民真是由衷地喜欢'小板凳大课堂'啊！"

10年前，谢家路村还是一个村容村貌落后、集体经济薄弱的贫困村。10年后，谢家路村已成为一个经济发达、生活富裕、乡风文明、村容整洁、管理民主的社会主义新农村建设示范村，进入中国名村影响力排行榜百强，获得了全国优秀小康村等十多项国家级头衔。

"村里事务由村民做主，党员干部作服务表率，是谢家路村面貌一新的

关键。"谢家路村党委书记钱建康说,这几年,该村党委在创建学习型党组织活动过程中,总结提炼出了"小板凳大课堂"这个长效活动载体,要求党员干部"坐在板凳上"学习、调研、解决问题。如今,当地党员群众亲切地把这种学习在一线、工作在一线、调研在一线、问题解决在一线的基层学习调研方法称为"板凳课堂"。

"小板凳坐拢来,什么事情都好商量。"一位村民说,"小板凳大课堂"最大的好处就是上情下达,下情上达,老百姓的意见能及时反映到村里,村里的政策也能及时传达给老百姓。如该村的光明公路隆昌段道路拓宽拆迁硬化工程、园区农保地调研及项目申报工程、亩产值万元的高效农业工程等项目,之所以能够平稳地开展,就是因为在工程开工之前,党员干部在"板凳课堂"上将存在的问题向村民进行了一对一地解释说明,并面对面倾听村民的呼声,了解村民需求,帮助村民解决实际困难,直到村民满意。

据统计,2010年6月至今,谢家路村党员干部通过"小板凳大课堂"这个活动载体,从村民那里收集到涉及群众利益的问题52个,在"板凳课堂"上直接解决45个,还有7个经村党委协调后限时做出回复,村民满意率76.8%,基本满意率达100%。

"板凳会":基层党建工作的有益探索

《宁波日报》2012年7月3日　钱建康

让党的理论、路线、方针、政策扎根农村,走进群众,用科学理论凝聚干部群众力量,这是建设社会主义新农村的根本保证。近年来,余姚市泗门镇谢家路村党委创设的"板凳会",对开展教育、破解难题,凝心聚力、推动发展起到了十分重要的作用。

所谓"板凳会",就是从谢家路村实际出发,干部与群众同坐一条板凳,开展共学、共议、共做的"学习在一线、工作在一线、调研在一线、问题解决在一线"的农村学习讨论会。这种"小板凳坐拢来,学政策议村务,村里事情都商量"的"板凳会",深受村民欢迎,得到中宣部领导的肯定。党建专家称"板凳会"是基层党建工作的创新,值得总结推广。

带上"板凳"，走进农户家庭，手把手地"教"

新时期，农村工作发生了很大变化，干部群众的思想也出现了许多新情况。为有效地开展教育、推动工作，村党委要求党员、群众自带板凳，在各个教育点、联系点、活动点或农家小院、祠堂凉亭、田间地头、村口桥头、文化广场等地集中学习，村干部和专家学者当好辅导员、联络员、协调员。由于村民文化程度高低不一，村干部、专家学者对读写能力差、年老体弱、行动不便的，实行"手把手"辅导学习。通过这种方法，每名党员、群众都能学习了解党的理论、路线、方针、政策，能够参与村级事务管理，确保党员、群众在创先争优活动中"素质有提高、作用能发挥、价值真体现"。据统计，谢家路村2011年党员教育活动点共举行"板凳会"148次，党员、村民参与率达94.17%。去年7月，全村党员、村民代表500多人，整齐地坐在小板凳上，在广场上聆听"七一"党课，盛况空前，效果很好。讲课老师感慨地说："谢家路的村民真是由衷地喜欢'小板凳课堂'。"

坐上"板凳"，关注农村动态，面对面地"谈"

随着经济社会的发展，农村出现了许多新矛盾、新问题，如农村的发展问题、稳定问题、利益调整和权益维护等。要做好农村各项工作，必须关注农村动态，倾听农民呼声。于是，谢家路村充分利用"板凳会"这一平台，收集民意，集中民智，激发民力，搞好民生。村里规定"板凳会"不限人数、不限形式、不限场地、不限时间，干部与群众之间随时可以面对面地谈、零距离地听。在相互交谈中，村干部重点听取村民对村庄规划、环境整治、征地拆迁、道路建设、治安维稳、文明创建等方面的意见建议。这种面对面谈的方式贴近农村实际，村民乐于接受，村干部也能当场回复。许多村民说，"板凳会"上我们有啥说啥，能直接反映问题，拉近了村干部与村民的距离，这种方法真好。

议在"板凳"，维护农民权益，心贴心地"解"

群众利益无小事。维护农民权益是干部的最大责任。我们认为"板凳会"最大的好处就是能上情下达，下情上达，即老百姓意见能及时反映到村里，村里的政策能及时反馈给老百姓；最重要的事情，就是要维护好群众的合法权益。自"板凳会"创办以来，谢家路村始终以群众最关心、最直接、最现实的问题为出发点，以维护村民正当权益为落脚点。"板凳会"上，干部和村民们议出了村四项民主制度、村民联系卡和《阳光月刊》等，这些制度载体较好地维护了村民的权益。许多村民说，"板凳会"为干部群众架起了一座心贴心的"桥"，成为维护百姓权益的好平台。每年村民对村党组织的民主测评满意度均达98%以上。

成在"板凳"，注重农村实际，实打实地"做"

"板凳会"是农村开展教育活动的好形式。为确保"板凳会"取得实实在在的成效，谢家路村紧密联系本村的实际、紧密联系村民的实际，紧密联系开展创建全国文明村、打造全国有影响力的著名村目标的实际，坚持虚实结合、虚功实做，在内容、形式、方法、载体等方面大胆创新，有的放矢地开展各项富有成效的"板凳会"活动。思想凝聚力量，教育改变环境。在"板凳会"的引导下，目前该村出现"三多三少"的喜人景象，即党组织工作神秘感少了，村干部的成就感、荣誉感多了；群众对党组织、党员背后议论的少了，对党组织和党员放心、信任的多了；村里难事、烦事少了，党员群众互帮团结、踏实干事的多了。尤为可喜的是，"板凳会"密切了党群、干群关系。在谢家路村，党员干部关爱村民、村民尊重党员干部，已成为常态。党员干部说，有群众的支持和拥护，天下无难事；群众说，党员干部办事，我们一百个放心。

小板凳大道理，小课堂大效益。通过"板凳会"，谢家路村诞生了"阳光村务八步法"，发生了村民要为村干部加薪的新闻，催生了一批批优秀道德模范，形成了建设全国著名村目标的共识，凝聚了同心同德建设幸福生活的力量，先后获得全国先进基层党组织、全国文明村等13项国家级荣誉称号。

全国"村长"论坛走进宁波
明星村官热议"基层党建"

中国广播网 2012 年 7 月 22 日　李荣荣

　　由小岗村、滕头村等全国明星村参加的全国"村长"论坛今天（22 日）走进宁波余姚市泗门镇谢家路村。山东寿光三元朱村党支部书记王乐义、安徽凤阳小岗村村党委第一书记丁俊、宁波奉化萧王庙街道滕头村党委书记傅企平等 14 位明星村官齐聚一堂，共同探讨新形势下，如何发挥发挥基层党组织作用，引领百姓幸福生活。

　　与会的明星村官纷纷介绍了各自村级党组织在发挥党员先锋模范作用、带领百姓致富奔小康过程中所做的工作，引起了参会人员的共鸣。如宁波余姚市泗门镇谢家路村，长期坚持"以党建促发展、以党建促民生、以党建促和谐"的理念，以百姓幸福为目标，通过发展经济、发扬民主、净化环境等措施，让老百姓过上了幸福和谐的生活，并先后获得全国先进基层党组织、全国文明村等 13 项国家级荣誉和 70 多项省级荣誉。山东寿光三元朱村党支部让党员干部始终走在群众前面，在全国率先实验成功冬暖式蔬菜大棚，带动村民致富；安徽凤阳小岗村把改善民生作为重中之重，通过改善农村面貌、改善农民生活，使群众幸福感明显增强。

　　在此次论坛上，来自全国各地的明星村官各自介绍了自己的成功经验，引起了参会者的共鸣。与会的中央党校教授点评说，当前正值我国新农村建设进入新的发展阶段，对村干部的能力素质也提出了新的要求。举办此次研讨会，将有利于加强各个村庄间的交流和学习，进一步提升基层党组织的工作，社会主义新农村建设也将因此提高到一个新的水平。

名村官汇聚名村
全国"村长"论坛在余姚谢家路村举行

《人民网浙江频道》2012年7月22日　刘　英

　　22日上午，全国"村长"论坛在宁波余姚谢家路村召开。来自全国各地的新农村带头人齐赴此次"群英会"，共同研讨新时期加强农村基层党组织建设工作。

　　本次研讨会云集了一批著名村官，包括中共十八大代表王乐义、常德盛、原贵生、毛雨时、丁俊，全国人大代表毛丰美、傅企平、章联生，全国文明村、全国先进基层党组织代表钱建康、苏兴华、段林川、孟庆喜等。

　　会议召开之前，与会代表饶有兴致地参观了谢家路村的党建成果和村容村貌。谢家路村曾获得"全国先进基层党组织""全国文明村""全国民主法治示范村"等荣誉称号；村党委书记钱建康荣获"全国优秀党务工作者""全国十大杰出村官"等称号。

　　"参观完谢家路村后感触颇深，我看到了一个'现代文明新乡村'。"中央党校党建部教授蔡霞表示，"谢家路村社会风气非常好，本地人和外地人、穷困的村民和富裕的村民相处得十分和谐，农民的文明程度大大提升，基层治理和民主自治的雏形已经形成。"

　　据中国村社发展促进会副会长白益华介绍，党中央确定2012年为基层组织建设年，此次全国"村长"论坛也是首次以"基层党建工作"为主题。"为了交流农村基层党组织建设的经验，推动村庄社会经济的发展，我们特地组织了此次论坛，并把论坛放在了基层党建做得非常好的谢家路村。"白益华表示。

　　研讨会上，谢家路村党委书记钱建康交流了该村的党建工作。谢家路村一直坚持"党建强核心，群众作主人"的理念，在全村10个村民小组上建立10个党支部，充分发挥党员的先锋模范和服务主体作用。同时，在10个支部中开展"品牌"支部创建活动，目前，已初步形成了普法、老娘舅、器乐等"品牌支部"。

此外，山东省寿光市三元朱村党支部书记王乐义、上海市嘉定区太平村党总支书记苏兴华、安徽省凤阳县小岗村党委第一书记丁俊等先后在研讨会上介绍了本村党建工作的做法和经验。

全国明星村官汇聚余姚谢家路村
党建引领造福百姓

《浙江日报》2012年7月22日　余　勤

安徽省凤阳县小岗村党委第一书记丁俊、湖南省湘潭县韶山村党总支书记毛雨时、山东省寿光市三元朱村党支部书记王乐义、上海市九星村党委书记吴恩福……一位位耳熟能详的明星村官，今天走进余姚市泗门镇谢家路村，"全国村官论坛"暨"党建引领、幸福群众"新时期加强农村基层党组织建设研讨会在这里拉开帷幕。他们与来自全国各地的村干部们一道交流和分享新农村党建等方面的经验。

仲夏，谢家路村的远山近水尽显迷人的魅力。论坛开始前，来自全国各地的村官饶有兴趣地参观了谢家路村的党建成果展览和村容村貌。谢家路村党建等方面取得的丰硕成果，给大家留下了深刻的印象。

"我已分辨不出，这里究竟是农村还是城镇。"党的十八大代表、全国劳动模范、山西省河津市龙门村党委书记原贵生连连感慨："让人惊喜。"走在谢家路村，满眼的绿色让原贵生感觉"犹在画中"。来自各地的村干部们在谢家路村争相拍照留影。

福建省龙岩市西安村有"闽西第一村"美誉，该村党支部书记章联生感叹：谢家路是好地方，不仅北面紧靠杭州湾，交通便捷生态美，而且党建引领人民乐业又安康。他对记者说，这里人与自然是如此亲近，"人在绿中，绿在人中"。

致富发展，全靠车头带

如今的村干部们视野开阔、见多识广，他们带领村民发展，各具精彩。

在这次论坛上，被誉为"中国蔬菜之父"的王乐义无疑是最引人注目的明星之一。无论他走到哪里，都有人围上去和他聊上几句并合影。他发明推广的冬暖式阳光蔬菜大棚技术，使三元朱村从贫困村变成"中国特色经济村"，帮助不少村民走上了致富之路。三元朱村现有无公害蔬菜基地5 000亩，有机质、生态型、无土栽培蔬菜2 000亩，产品走俏国内市场及日本、俄罗斯等国家。

"党员干部站得高，群众就会看得远；党员干部走得快，群众就会跟得紧。"王乐义对谢家路村狠抓村班子自身建设、推行"两评五定"制度、实行党员"六亮"挂牌制度和多年来坚持"进村入企"走访听民意留有深刻印象。

火车跑得快，全靠车头带。说起奉化市滕头村的致富经，村党委书记傅企平笑着说，带动一方乡亲富起来，是村干部的职责，农村要富起来，首先要有好的带头人。谢家路村就是典型的例子。此外，还要心中有方向，选准路子。从20世纪90年代开始，滕头人就认准了走绿色旅游的发展之路。傅企平说，因为环境好，旅游已经成为村里新的经济增长点。

造福群众，共同的责任

安徽小岗村是"中国农村改革第一村"，上海九星村是"中国市场第一村"，这两大名村相距千里，可两地的"掌门人"却是英雄所见略同。

九星村党委书记吴恩福回忆，他曾不止一次地与小岗村党委原第一书记沈浩交流。沈浩多次提起："小岗太穷，应该走上致富路。"是的，1978年底，小岗人首创"大包干"，一举解决温饱问题，但"一朝跨过温饱线，20年未进致富门"。究竟如何致富，一开始大家心中都没底。

沈浩曾向吴恩福掏出了心里话：刚踏入小岗，自己也有几个想不到，想不到名扬天下的小岗村，竟只有一条泥土路通往外界，想不到小岗村这么穷，村里负债运行，人均年收入只有2 300元。事实上，他时时刻刻"被种种难处困扰"。

说着说着，吴恩福激动起来："说实话，九星在发展村级经济的道路上，刚开始也是困难重重。但是我们认准一个理，就是有利于发展创新的，有利于造福群众的，我们义无反顾地去做。"

在大家的印象里，小岗村党委第一书记丁俊和他的前任沈浩一样，没有任何明星村官的架子。强烈的事业心令他倾心探究谢家路村强民富的发展秘诀。

丁俊表示："谢家路村有我们值得学习借鉴的地方，比如说他们的网络课堂，有针对性地对村民进行生产技能培训；还有村里的民生普惠工程、扩大了农村看病补助对象的做法等。"

口袋满了，脑袋也要满

谢家路村党委书记钱建康很忙，忙到没有时间接受记者的采访。"来了那么多的明星村官，是我们难得的学习机会。"作为这次论坛的东道主，能和这么多村官一起"坐而论道"，在他看来无疑是一次交流取经的机会。

谢家路村仅用10多年，就从一个村集体经济弱、农民增收慢的落后村，一跃变成了远近闻名的富裕村、文明村。村民们说，这是因为村班子"心里装着老百姓"。

钱建康说，建设新农村是他一辈子的追求，而村民"口袋满，脑袋也满"则是他一辈子的愿望。村里富裕了，钱建康把更多的目光投向困难群众。村民家里有何困难、需要村里帮什么忙，都可以写在村民联系卡上。村"两委"凭这张联系卡能及时了解情况，加以解决。在他的建议下，村里成立了"党员帮困扶贫基金"，至今已累计筹资50万元，受益村民达400多人次。

湖南省湘潭县韶山村是毛主席的故乡，也是革命老区。村党总支书记毛雨时谈起改革开放给韶山村带来的巨大变化，喜悦之情溢于言表："韶山村已成为韶山市经济条件最好、农民生活最富裕的一个小康村，村民的日子比蜜甜。不过，钱再重要，韶山人也不能只想着钱；还有比钱更重要的，那就是讲文明、讲道德、遵纪守法。"

韶山村流传着这样一个故事：一次，江苏游客张先生来到村民毛新辉的店里租服装照相，临走时把包忘在店里，包中有现金6000多元，还有合同、手机、身份证等。毛新辉捡到客人丢失的东西后，千方百计联系上了失主。失主张先生接过包时，激动万分，当即掏出2000元现金感谢毛新辉，被毛新辉礼貌地谢绝了。

"经济发展了，村民富裕了，作为毛主席家乡的人，精神文明建设更不能落后！"毛雨时说。

全国"村长"论坛走进谢家路

《宁波日报》2012年7月22日　王量迪　张　伟　谢敏军　李荣荣

前天，一批全国知名村官会聚余姚市泗门镇谢家路村，共同研讨新时期农村基层"党建引领·幸福群众"这一重大主题。

山东省寿光市三元朱村党支部书记王乐义、上海市嘉定区太平村党总支书记苏兴华、江苏省常熟市蒋巷村党委书记常德盛、山西省河津市龙门村党委书记原贵生、安徽省凤阳县小岗村党委第一书记丁俊等，先后在研讨会上介绍了各自村庄党建工作的做法和经验。

据悉，全国"村长"论坛走进谢家路暨"党建引领·幸福群众"新时期加强农村基层党组织建设研讨会，由中国村社发展促进会与余姚市委联合主办。

全国"村长"论坛走进谢家路村

余姚新闻网2012年7月22日　陈锡超

今天上午，来自全国的90多名村长、大学生村官代表聚首泗门镇谢家路村，参加由中国村社发展促进会和中共余姚市委联合主办的全国"村长"论坛走进谢家路暨"党建引领·幸福群众"新时期加强农村基层党组织建设研讨会。市领导毛宏芳、方文军、叶枝利、谢勇毅出席活动。

全国"村长"论坛自2000年成立以来，已成功举办了11届，是目前我国农村基层干部相互交流沟通的唯一全国性平台，被称为"中国'村长'的奥林匹克"盛会。

研讨会前，村长代表们首先参观了谢家路村的党建成果和村容村貌。谢家路村地处余姚市泗门镇北面，紧靠杭州湾南岸，距离329国道仅3.5公里，交通方便，环境优越。2011年，全村实现社会经济总产值36.58亿元，村民人均年收入 26 800 元。在村党委的坚强领导下，谢家路村短短几年时间就甩掉了贫穷帽子，加快了新农村建设的步伐，先后获得全国先进基层党组织、全国文明村、全国民主法治示范村、全国优秀小康村等荣誉。

本次研讨会云集了中共十八大代表，全国人大代表，全国劳模，全国文明村、全国先进基层党组织代表等一批著名专家和村官。在会上，与会专家和村长代表以谢家路村近几年的成功为实例，就如何在新时期加强农村基层党组织建设展开交流。

全国著名村官齐聚余姚谢家路村

宁波市组织部网站 2012 年 7 月 23 日　　沈华坤　　施卓贤

全国"村长"论坛走进谢家路暨"党建引领·幸福群众"新时期加强农村基层党组织建设研讨会，昨天在全国文明村——余姚市泗门镇谢家路村举行。全国人大常委会委员、山西省昔阳县大寨村党总支书记郭凤莲发来贺信，中国村社发展促进会名誉会长余展，副会长白益华、沈泽江，中组部党建研究所副巡视员、全国党建研究会副秘书长陈东平，浙江日报报业集团副总编辑周咏南，余姚市领导毛宏芳、方文军、叶枝利、谢勇毅以及副市级领导蒋志云和中共中央党校党建部、宁波市委组织部负责人出席研讨会。

本次研讨会由中国村社发展促进会和中共余姚市委联合主办、泗门镇党委协办、谢家路村党委承办。

郭凤莲在贺信中说，党中央确定今年为基层组织建设年，这对于强化农村基层党组织建设来说，是一次非常重要的机遇。

当前，我国新农村建设已步入新的发展阶段，工业化、城镇化、农业产业化的步伐在不断加快，新的形势和任务，对"三农"工作提出了新的更高的要求，谢家路村关于"党建强核心、群众作主人"的理念以及"以党建促发展、以党建促民生、以党建促和谐"的实践和经验，值得全国各地村庄借鉴、分享。

市委副书记方文军向与会代表介绍了余姚市党建工作的一些经验和做法。他说，"三农"工作是一项重要的战略性、基础性工作，创建现代文明乡村，关键在党。近年来，余姚市通过深入开展实践科学发展观、创先争优、基层组织建设年等活动，积极培育村级党组织示范群体，基层党建取得了明显成效，为"三农"发展提供了坚强的政治保障，并涌现出了以谢家路村为代表的一批先进村和钱建康、周以国等一批优秀村干部。他要求全市基层党组织认真学习借鉴全国先进村加强基层党建、实现强村富民的好经验、好做法，进一步夯实"三农"工作的组织基础，努力开创农村经济社会又好又快发展的新局面。

研讨会上，党的十八大代表王乐义、常德盛、原贵生、毛雨时、丁俊，全国人大代表毛丰美、傅企平、章联生，全国文明村、全国先进基层党组织代表钱建康、苏兴华、段林川、孟庆喜等全国著名村官就新时期加强农村基层党组织建设作了发言。陈东平和中央党校党建部教授蔡霞等在点评中充分肯定了余姚市及谢家路村加强基层党建的经验和做法。党的十七大代表、安徽省凤阳县县委常委兼小岗村党委第一书记丁俊代表与会村官宣读了"喜迎十八大——全国党建工作先进村倡议书"。与会代表还参观考察了谢家路村党建成果和新农村风貌。

全国"村长"论坛走进谢家路基层党建引共鸣

中国经济网　2012年7月24日　郁进东　丁继敏　丁梦莹

近日，来自全国的90多名村长、大学生村官代表聚首浙江余姚市泗门镇谢家路村，参加由中国村社发展促进会和中共余姚市委联合主办的全国"村长"论坛走进谢家路暨"党建引领·幸福群众"新时期加强农村基层党组织建设研讨会。

研讨会上，谢家路村党委书记钱建康交流了该村的党建工作。他指出，当前我国新农村建设已步入新的发展阶段，工业化、城镇化、农业产业化的步伐在不断加快，新的形势和任务，对"三农"工作提出了新的更高的要求，谢家路村关于"党建强核心、群众作主人"的理念以及"以党建促发展、以党建促民生、以党建促和谐"的实践和经验，值得全国各地村庄借鉴、分享。

中国村社发展促进会副会长白益华和中央党校党建部教授蔡霞等在讲话中对以上村庄的党建工作给予了肯定和赞扬，并阐述了举办新时期农村基层党组织建设研讨会的意义；安徽省凤阳县小岗村党委第一书记丁俊代表与会村官宣读"喜迎十八大——全国党建工作先进村庄倡议书"；此外，山东省寿光市三元朱村党支部书记王乐义、上海市嘉定区太平村党总支书记苏兴华等先后在研讨会上介绍了本村党建工作的做法和经验。

本次研讨会云集了一批著名村官，包括中共十八大代表王乐义、常德盛、原贵生、毛雨时、丁俊，全国人大代表毛丰美、傅企平、章联生，全国文明村、全国先进基层党组织代表钱建康、苏兴华、段林川、孟庆喜等。举办此次研讨会，将有利于加强各个村庄间的交流和学习，进一步提升基层党组织的工作质量，也将社会主义新农村建设提高到一个新的水平。

新时期加强农村基层党组织建设研讨会在浙召开

新华社　2012年7月25日　吴　霞

为交流农村基层党组织建设的经验，推动村庄社会经济的发展，中国村社发展促进会与中共浙江省余姚市委联合主办的全国"村长"论坛走进谢家路暨"党建引领·幸福群众"新时期加强农村基层党组织建设研讨会于22—23日在浙江余姚市谢家路村召开。

中组部党建研究所副巡视员陈东平在会上表示，今年是中组部基层党组织建设年，召开全国农村基层党组织建设研讨会意义重大。近年来，全国涌现了一批为民干实事的优秀村支书，有力推动了我国基层党组织建设和管理创新，有效巩固了党在基层的基础。下一步，要继续加强基层党组织党建的优秀带头人建设，把为民服务放在基层建设的突出位置；继续弘扬改革创新精神，发展集体经济，走共同富裕的道路；加强基层精神文明建设，提高农民文化素质；注意总结经验，加强理论思考，提升农村基层党建科学化发展水平。

中央党校党建部教授蔡霞表示，创建基层文明的关键在于基层党组织，只有将物质文明、政治文明、社会文明、人的文明融为一体，将推动经济发展、健全公共服务、提高农民素质综合起来，才能充分发挥基层党组织的战斗堡垒作用和党员的先锋模范作用。当前，基层党建不是空口号，而是要实实在在从农民的利益出发，从管理型向服务型转变，把农民一点一滴的小问题解决好，把党交给的任务一项一项落实好，这样才能让农民真正认可党。

中组部、中央党校、全国人大代表、全国劳模、全国文明村、全国先进基层党组织带头人等相关人员参加了研讨和交流。来自浙江、山东、江苏、山西、安徽、辽宁、福建、上海、河南等省份的村党委书记代表分别就本村的党建经验进行了发言。会议期间还发布了"全国党建工作先进村庄倡议书"，并将在今年9月召开的第十二届全国"村长"论坛上推广。

明星村官聚会谢家路交流农村党建经验

《农民日报》2012年8月2日　董献华

为交流农村基层党组织建设的经验，推动村庄社会经济的发展，迎接中国共产党第十八次全国代表大会的召开，由中国村社发展促进会与中共浙江省余姚市委联合主办的全国"村长"论坛走进谢家路暨"党建引领·幸福群众"新时期加强农村基层党组织建设研讨会，近日在全国文明村——谢家路村召开。

本次会议汇集了一批著名村官。中共十八大代表王乐义、常德盛、原贵生、毛雨时、丁俊来了，全国人大代表毛丰美、傅企平、章联生来了，全国文明村、全国先进基层党组织代表钱建康、苏兴华、段林川、孟庆喜也来了。他们与来自全国各地的村干部们聚首谢家路村，一道交流和分享新农村党建等方面的经验。

研讨会上，全国农村先进基层党组织上海市嘉定区太平村党总支书记苏兴华、中共十八大代表、江苏省常熟市蒋巷村党委书记常德盛、中共十八大代表、山西省河津市龙门村党委书记原贵生、中共十八大代表、安徽省凤阳县小岗村党委第一书记丁俊以及钱建康、毛丰美、章联生、段林川、孟庆喜等村官先后介绍了本村党建工作的做法和经验；中组部党建研究所副巡视员、全国党建研究会副秘书长陈东平在讲话中肯定了以上村庄在党建工作中的成功做法和经验，分析了新时期农村基层党组织建设新的特点；中央党校党建部教授蔡霞做了精彩点评；丁俊代表与会村官宣读了"喜迎十八大——全国党建工作先进村庄倡议书"。

谢家路村地处余姚市泗门镇北面，全村有村民1 638户4 506人。村党委下设12个党支部、11个党员教育活动点，有213名党员、59名村民代表，村三套班子由10人组成。2011年谢家路村实现社会经济总产值36.58亿元，村级集体经济收入1 548万元，村民人均年收入26 800元，先后获得全国先进基层党组织、全国文明村、全国民主法治示范村、全国优秀小康村、全国美德在农家活动示范点、全国农村集体财务管理规范化示范村、全国计生协会工作先进单位、全国巾帼示范村、全国城乡妇女岗位建功先进集体、全国妇联基层组织建设示范村、中国名村影响力排行榜（300佳）第65位、中国幸福村、中国特色村、省首批全面小康建设示范村等荣誉；村党委书记钱建康荣获全国优秀党务工作者、全国劳动模范、全国十大杰出村官等荣誉。

烧旺"前哨支部""熔炉"
打造农村基层党建"铁榔头"

中国农村网　2017年5月8日　凌新苗

谢家路村现有党员214名，设立党委，下辖12个党支部。15年来，谢家路村坚持"党建引领、幸福群众"，把一个村容村貌落后、集体经济薄弱、社会矛盾突出的后进村，转变成了经济发达、文化繁荣、村庄美丽、百姓富裕、和谐幸福的全国文明村。村党委也被评为全国先进基层党组织。

　　"前哨支部"是谢家路村党建工作的实践探索。所谓"前哨支部",是党建工作向一线延伸的形象比喻。谢家路村从夯实党的执政基础和群众基础的高度,在10个村民小组分别建立了党支部,并通过烧旺"前哨支部"这个"熔炉",对党员干部反复"敲打"、经常"淬火"、不断"添柴",努力把他们打造成理想坚定、勇当先锋、干净干事、充满活力、服务村民的"铁榔头"。

高举旗帜,打造信念坚定的"铁榔头"

　　俗话说:打铁必须自身硬,把锈铁打成好铁需要千锤百炼。针对农村一些党员理想信念淡化、模范作用不好,甚至参与封建迷信活动的状况,谢家路村以"前哨支部"为阵地,以制度和规矩作保障,以党员活动点、党建示范点、党员教学点作依托,开展"一个支部一盏灯,一个党员一面旗"活动,激励党员听党话、跟党走,保持政治本色,发挥模范作用,热情服务村民。一是讲党性意识。在开展"学党章党规、学系列讲话,做合格党员"学习教育中,谢家路村党员坚持问题导向,带着感情学、结合实际学、用学习成果指导工作;坚持每月学习活动佩戴党员徽章、重温党章、交纳党费;坚持上级文件党员先传达、重大事项党员先通报、重要工作党员先讨论、重要决策党员先行动。二是讲政治规矩。精心谋划"两学一做"七大行动,制定了合格党员"五条标尺""五条底线"、五个方面"先锋形象"以及"五大警示",特别是在劝退不合格党员、警示末位党员、提醒不规矩党员、诫勉不作为党员、教育不上进党员等方面,敢于动真碰硬。三是讲先锋引领。在每年对党员"先锋指数"考评中,认真用好批评与自我批评这个武器,使每名党员有出出汗、红红脸的党性体验,时刻敲打自己、锤炼自己、完善自己。15年来,谢家路村坚持末位党员评比制度,并将评比结果公布在党务公开栏中,每年都会与末位党员进行谈心谈话,实行一对一帮扶,真正起到了激励后进、对标赶超、争当先锋的作用。

多压担子,打造勇于担当的"铁榔头"

　　做好农村工作,关键在于打造一支敢挑重担、不怕得罪人和会干事的"铁榔头"队伍。一是选好配强"前哨支部""一班人"。按照"两公推一直选"方式，选出素质优良、能力出众、群众公认的"好班子"，并鼓励他们创造性地开展工作。如第十"前哨支部"重点做好"六包"（包收集反馈群众意见、包矛盾纠纷化解、包重大事项传达、包违规事项劝阻、包结对帮扶共建、包惠农政策宣传），第二"前哨支部"开展"五创"活动（自觉争创做到教育子女、尊敬长辈的无违法违纪户，自觉争创做到家庭和谐、邻里团结的文明示范户升格为文明标兵户，自觉争创做到村庄管理、美丽建设、村民住宅建房和临时用房的无违户，自觉争创艰苦创业、勤俭节约、克服困难的无家庭特困户，自觉争创参与村庄管理、治理的最美人物）等，村党委及时总结推广，各支部纷纷仿效。二是激励党员干部工作上打头阵。为做细做实"五水共治""三改一拆"，去年以来，谢家路村围绕"农户庭院美、道路河道美、绿化亮化美、服务村民美、村风民风美"，扎实开展了全民共建"美丽家园"创建活动。各支部成立了党员干部"铁榔头"突击队，撸起袖子领着村民干。有的党员干部将自己的企业暂时停工，有的放弃几百元一天的上班工资，有的白天劳动晚上就诊，坚持20多天带班参与整治。三是用制度和规矩管理党员干部。从村干部的四项规定、五个"不准"到九条守则，从值夜制度、加班制度、签到制度、节假日上班制度、碰头会制度到突发事件应急处置制度，谢家路村坚持时时处处讲规矩、立规矩、守规矩，形成了严格管理的常态。四是把党员干部的表现和待遇交给村民评判。15年来，每年村民对村党委班子的满意率都在98%以上，对全体干部的满意率都在93%以上，对全体党员的民主评议优秀率、合格率都在95%以上。

增加"营养"，打造素质过硬的"铁榔头"

农村党员干部除了信念坚定，能挑重担，还要具备振兴一方经济、守护一方平安的能力。15年来，谢家路村党委坚持不懈地实施包括提升党员干部能力在内的全民素质工程。一是创新"小板凳工作法"，提高党员干部做群众工作的能力。所谓"小板凳工作法"，就是村党员干部与村民同坐一条板凳，开展手把手地"教"、面对面地"听"、心贴心地"解"、实打实地"做"的"学习在一线、工作在一线、发现和问题解决在一线"的思想工作方法，确保多年来社会矛盾"零上交"和零集体上访事件及零民转刑案件，得到中组部、浙江省和宁波市领导的肯定。二是利用多种教育途径，增强党员干部带动群众发展经济的能力。依托"前哨支部"党教活动点、普法宣教点、微型党课、道德讲堂、远教课堂、网络课堂等，坚持党员和村民一起学习经济知识，一起参加发展专题轮训，村党委已连续9年组织党员代表、村民代表100余人到浙江省社会主义学院进行3天封闭式培训，全体党员和全体村民参加的轮训课也已讲了18场次。三是利用各种活动载体，提升党员干部和村民的文明素质。村党委每年围绕"有好心、讲好话、办好事、做好人、建好村"主题，开展形式多样的教育娱乐活动，要求党员干部带头参加，以良好的家规家风影响和带动村民，在全村形成良好的文明风尚。去年，谢家路村探索出了把"农家小院"建成党建阵地的新做法，在党员教育上实现了常态化、在党员管理上实现了规范化、在党员素质提升上实现了制度化。

小板凳上聚民声

余姚谢家路村钱建康倡导的"小板凳工作法"引起全国关注

《余姚日报》2012年1月16日　樊卓婧　程　鑫

【人物名片】钱建康，52岁，余姚泗门镇党委委员兼谢家路村党委书记，全国劳动模范，全国五一劳动奖章获得者，全国优秀党务工作者，浙江省第十二届党代会代表、主席团成员，宁波市第十四届人大代表。

泗门镇谢家路村地属余姚，但紧挨着绍兴上虞，村后就对着茫茫大海。

如果往前倒推10多年，你一定不会想到谢家路村会有今天的辉煌。这是一片由滩涂慢慢演变成的村庄，咸咸的海风吹过，曾经地无出产、鸟不生蛋。谢家路村的先民在宋元时期从绍兴、萧山、上虞等地迁居至此，从打鱼到围海造田，靠微薄的收入勉强度日。

10年间，这个村的年收入翻了三番，成为远近闻名的富裕村，先后获得全国文明村、全国先进基层党组织、全国民主法治示范村、全国优秀小康村等诸多桂冠。它是怎么做到的？

村党委书记钱建康的经验只有四个字：群众路线。很抽象，很官方，但是，当你跟着他走进村民家，端坐小板凳，听着那些家长里短、推心置腹的交流时，这个村的成长故事就慢慢地鲜活生动起来……

小板凳上生灵感

下午4点多，谢家路村的农贸市场就热闹起来，蔬菜瓜果、肉蛋禽类满满当当，活色生香。始建于1999年的这个市场经过三次翻修，目前已成为谢家路村和周边4个村的"菜篮子"，去年市场的交易额超过2 300万元。

村党委书记钱建康喜欢经常到那里转转。这个市场不仅为谢家路村掘得了第一桶金，也是钱建康"小板凳工作法"灵感的来源。那时的他也没想到，多年后，他的经验被命名为"小板凳工作法"，并在全省进行推广，还引起了省、市主要领导的关注和重视。

2001年，钱建康出任谢家路村党委书记。当时的谢家路村刚由4个自然村合并，1 600多户人家4 000多名村民。村民大多以种植榨菜、棉花和蔬菜为生，集体经济薄弱。

那时候，村民每天或骑三轮车，或骑自行车，把种植的蔬菜瓜果拉到村口的马路边叫卖，这是他们唯一的经济来源。

"何不在村里建个市场？既能解决农产品的流通问题，又能给村里的集体经济增加收入。"钱建康敏锐地嗅到了商机。

土生土长的钱建康属于村里先富起来的少数人之一，20多岁时开始做榨菜生意，业务做到了全国各地，年收入有10多万元。1997年，他还建起了自己的建筑工程队，是村里公认的"能人"。

但这一次，他的决策却遭到很多人反对。

钱建康召集村干部一起拟定的农贸市场规划中，市场选址是一片农田。很多村民不理解："这是村里的子孙田，怎么能挪作他用呢？"

钱建康理解村民对这片土地的感情。

谢家路村古为唐涂宋地，一代代人围海造田，才有了这片并不肥沃的土地，但在村民眼里，这是先民用心血和汗水留给子孙的，岂能轻易被占用？

有的村民甚至认为，村干部造市场，无非是想自己捞点好处，他们甚至联名写信告状。

钱建康是火暴脾气，但这回倒沉得住气。他一直思考着一个问题：怎样才能打消村民的顾虑？

晚饭后，村民坐在院子里纳凉闲聊，钱建康上门来了。

几个人围坐在小板凳上七拉八扯：今天蔬菜卖了几个钱？娃娃书读得怎么样？阿爹那天上医院检查，没啥事情吧？……

轻松融洽的气氛中，钱建康切入主题："你看，有个市场，买卖东西都方便，村里还可收笔租金，多好的事，为啥有的人就不同意呢？"

村民们吞吞吐吐，有人抽着烟闷头说："好事是好事，可咋保证这好事能落在我们老百姓头上？"

"你放一百个心，我代表村里保证，所有账目公开，村民代表来监督。"

"账目公开"这句话，多少有点打动了反对的村民。钱建康承诺，不是笼统地公开，而是要具体到每个项目。2001年，别说在余姚，就是在整个浙江，这样的承诺对村民来说都是很有吸引力的。

钱建康说到做到。这些年，谢家路村主办了一份《阳光月刊》，赠送到每户村民。月刊不仅登载村里新近发生的大事，也对村务财务进行公开，大到数万元的工程款，小到一支铅笔的开支，都名目清晰。村办公室主任凌新苗说，对任何一笔支出有异议，村民都可提出质询。

接下来，钱建康和其他村干部走家串户。"小板凳"让许多心结和顾虑都慢慢解开了。

农贸市场为谢家路村的集体经济注入了活力，村民看到了希望，而钱建康看到的则是以前工作方法中存在的不足。

走进村民家，同坐小板凳，平等地拉拉家常，说说心里话，这样的工作思路在他心里形成了。

如今，谢家路村独创的"小板凳工作法"引起全国关注：凡重大规划和决策实施前，村干部都要挨家挨户当面向村民解释说明，听听村民的声音，了解村民的想法，然后由村民代表投票表决，达不到80%的赞成票，工作就不启动。

小板凳上破坚冰

今天的谢家路村，马路宽阔，绿树成荫，村里的电子阅览室、便民服务站、体育场等设施一应俱全。很多人惊诧于谢家路村的高速发展，更惊诧于这里村民之和睦、干群之和谐，可他们不知道，10年前，这里同样观念分歧，矛盾重重。

蜕变，正是从小板凳上破解一个个难题开始的。

60多岁的宣达龙见证了谢家路村的蜕变，如今的他住着100多平方米的两层楼房，过着颐养天年的安乐生活。

2012年，泗门镇实施光明公路拓宽改造工程，谢家路村部分村民的房屋需要拆迁，他家就是其中之一。

一开始他很主动，二话没说就签了房屋拆迁协议。第二天，和余姚城区的拆迁户交谈过后，知道人家补偿高出很多，他小算盘一打，后悔了。

钱建康和村干部先后上门做工作，宣达龙很客气，端水倒茶，但心里那个结就是解不开。

钱建康没气馁，一次不行两次，两次不行三次。一天中午，得知老宣从城区回来，钱建康又等在他家门口。

看到大太阳底下的钱书记被晒得汗水直流，老宣受到触动，连忙把书记请进屋，坐到凳子上说出了心里话。疙瘩就此解开。

这很像那个著名的爱因斯坦的小板凳的故事，第一个不行做第二个，第二个不行再做第三个，钱建康就是用这种韧劲，解决了一个又一个难题。

还有很多事，不是绝对的你说服我，或我说服你，而是大家商量着来，拿出一个折中的办法。去年，村里要拆掉一个老垃圾中转站，拟选新址在离村中心更远的一块闲置地。该计划因遭到周边绝大多数村民的反对而搁置。

钱建康和村干部前往村民家中听取意见。最后，村民们提出了新的解决方案：每户村民门前放一个垃圾桶，并发放垃圾袋；村民按时把垃圾打包后放进垃圾桶，由专人统一收集运送到镇里的垃圾填埋场。

这个意见最终被采纳，村民们的保洁意识因此大大增强，环境卫生状况也比以前更好了。

这就是群众的智慧。

"板凳之上没有高低贵贱，只有浓浓的乡情。"村经济合作社主任沈国生说，小板凳，它体现的是平等、亲和与参与，在这种无距离的氛围下，再难的事情也会有解决的办法。

小板凳上育真情

2013年，诗意爱情短片《巴黎小板凳》风靡一时。美女画家为对面长椅上的路人画像，竟发现自己有一支"马良神笔"，于是用自己的方式为人解忧添喜。一时间，巴黎小板凳成为温暖神奇的代名词。

谢家路村的小板凳同样有神奇的作用。在村里走走，很快就能感受到村民的热情和友好。听说记者想上门坐坐，已经踩着三轮车出门的沈渭新又调转车头，正在河里抓鱼的周渭记卷着裤腿就往家赶。

周渭记家的水泥瓦房虽没其他村民的小高楼那么气派，但他已经相当满足。房子是前年刚造好的，花了9万元，村里补贴了3万元。说起这事，这位朴实的农家汉子一脸感激。

谢家路村富了，2013年全村社会总产值41亿元，村级集体经济收入达到1750万元，但还有30多户家庭因身体等各种原因，生活比较困难，周渭记就是这些家庭中的一家。他一家三口，妻子有病不能劳动，儿子尚在读书，家里只有他一个劳力，以种地为生。

以前，他住在破旧的老房子里，砖墙洞开，瓦片破烂，一到下雨天，屋里就到处漏水。屋里没铺水泥，村干部上门议事，小板凳坐的地方，一片泥泞。后来，村里召集村民代表商议，帮他落实了3万元的救助资金，再加上亲戚的资助，一家人终于住进了新房。

在谢家路村，此类事件俯拾皆是。村民谢柏千不幸遭遇车祸，负债数万元，村里的党员牵头对他进行培训，帮其取得电工上岗资质，有了份稳定的工作；村民单杏冬农忙时节摔坏了腰椎，丈夫手有残疾，婆婆又生病在床，家人一筹莫展之际，已退休的支部书记魏安祥带着村里的党员，一天时间把她家的两亩油菜全部收割回家。

钱建康有他自己的理念，发展为民，要让村民享受到发展的成果。在谢家路村，村民结婚有1800元的红包，过世有1001元的悼礼，看病有补助，生病住院有慰问品……

谢家路村村民和干部之间的感情，就在这样一桩桩小事中得以巩固和升华。"与村民感情近了，许多棘手的事情就好办了。"这是钱建康多年的心得。

小板凳上汇众智

"钱袋子鼓起来是远远不够的。"钱建康说，"脑袋不富起来，再多的钱也会败光。"

富起来的谢家路村有着浓厚的尊知重教的氛围：小学、初中的校级

"三好学生"，村里每年都会给予300 ~ 500元的奖励，高中的"三好学生"和考上知名大学的学生，奖金则更高。

村里每年有18堂教育课，分别针对妇女儿童、老年人和村里的种植户、个体工商户等。村民的知识水平在板凳上渐渐提高，文化素质也在板凳上逐渐得到提升。

村民的民主意识和参与意识也在不断增强，钱建康说，这是村民素质提升的必然结果。村里要做的就是顺应村民的诉求，从以前的"为民做主"转变为"让民做主"，把知情权、参与权、决策权、监督权还给村民，这会极大地调动起村民建设乡村的主动性和积极性。

凉风习习的夜晚，是一天中最闲适的时光。晚饭后，党员干部开始串门聊天了。

"那条田间路只有2米宽，两辆农用三轮车会车都很困难，眼看就要到榨菜收割季节，村里能否对这条路进行拓宽？"

2012年3月初，村民小组长封立君走访农户，村民在板凳上提出了这个建议。村党委收到建议，实地查看后认为，这确实是个问题。3月底，在榨菜收割之前，拓宽工程顺利完工，赢得了榨菜种植农户的称赞。

去年夏天的一个晚上7点多钟，村民沈渭新从田里收工回家，看到钱建康正在院子里和他的父母拉家常。

他顾不上洗手，拉了把凳子在书记身边坐下来。村里当时正在实施农村生活污水处理工程，沈渭新认为，污水处理管道的厚度不够，埋到地下一旦破裂，更换起来非常麻烦，浪费资金。"这意见好，这意见好。"书记连连点头。第二天，沈渭新的建议就被采纳，村里更换了存在质量问题的1 000多米塑料管，还聘用专职人员对工程全程监管。

这样的事情，谢家路村每个村民都能说上好几件。如今，谢家路村的村民已真正成为村级事务的"拍板人"，村里的发展规划、建设投资、集体经济的使用等，村民都可以参与表决。不仅如此，村干部的工资也是村民说了算。每年年终的村民代表大会上，群众根据村干部的述职报告进行评议，结合他们一年的工作情况，对该干部应得的工资进行评定。

如今的村民，莫不以自己是谢家路村人而感到自豪。去年菲特台风时，村里要组织几十名村民支援余姚城区。通知发出半个小时后，100多名党员、群众冒着风雨齐聚村委会。他们还相互提醒，出去后代表的就是谢家路村，可不能砸了这个牌子。这让钱建康很感动。践行10多年的"小板凳工作法"，让谢家路村有了振臂一呼应者云集的凝聚力。

"这是我们谢家路村的财富。"钱建康说，明代贤相谢迁是谢家路村有记载的最早的先贤，他给后人留下了宝贵的精神遗产，传承到他们这一代，不能只有物质的富足，也要有精神上的富有。而这种财富，不是某一个人的，是村里每一个人的。

第二批党的群众路线教育实践活动正全面开展，为着力解决好教育实践活动中需要解决的重点问题，谢家路村党委紧紧围绕"党建引领，幸福群众"的工作目标，在实践中摸索总结出"小板凳工作法"，并得到了各级领导的重要批示。5月19日《中国青年报》在头版头条的醒目位置，详细报道了"小板凳工作法"。新华网、网易、新浪等诸多门户网站进行了转载。同时，新华通讯社、《浙江日报》《光明日报》《中国组织人事报》《宁波日报》《余姚日报》等各大报刊进行了大篇幅报道，浙江卫视、余姚电视台等新闻媒体也先后派出记者专题来村实地采访。时任浙江省委常委、宁波市委书记刘奇两次作出批示。最近，中组部办公厅、宁波市党的群众路线教育实践活动领导小组办公室发文，充分肯定了谢家路村"小板凳工作法"。

余姚市谢家路村"小板凳工作法"

余姚市泗门镇谢家路村地处杭州湾南岸，有农户1 638户，村干部10人。村党委下设12个党支部，党员214名。2003年以来，特别是在党的群众路线教育实践活动中，谢家路村党委大力推行以"'三明举措'走亲连心、'三事机制'自主决策、'三大课堂'分类教育、'四式服务'帮难解困"为主要内容的"小板凳工作法"，干部群众坐在一条板凳上增感情、商村事、提素质、见温暖，真正打通了联系服务群众"最后一公里"，拉近了党群干群距离，激发了干部群众建设美好家园的精神动力，把一个基础设施差、管理难度大的村庄打造成和谐融洽的幸福家园，先后获得全国先进基层党组织、全国文明村、全国民主法治示范村等数十项国家级荣誉和100多项省、市级荣誉。

一、推行"三明举措"走亲连心，小板凳上增感情

（一）**明责任**。采取党建进组、干部进片、党员进户的"三进"方法，确保走访农户全覆盖。党建进组，就是创新组织设置，把支部建在村民小组上，按照现有10个村民小组分别建立10个党支部，发挥村民小组与群众贴得近、融得进的优势，全天候、全方位进行走访。干部进片，就是根据村民居住情况，以160户左右为标准划分若干片区，10名村干部每人包干一个片区，每季度走遍片区所有农户。党员进户，就是每名党员就近联系8～9户农户，每月走访不少于1次，确保所有农户都有党员联系、所有问题都能及时倾诉。

（二）**明内容**。实行"五听两卡一记"，党员干部与群众肩并肩坐在板凳上嘘寒问暖、谈心交心。五听，即在家访中向村民宣传党的路线方针政策的同时，重点听群众生产生活情况、存在困难、思想困惑、烦心事、对村庄建设等方面的意见建议，聊聊家长里短，理顺思想情绪。两卡，即向农户发放印有党员姓名、工作单位、电话号码等信息的党群连心卡和村民诉求卡，方便双向及时沟通联系、反映问题。一记，即党员干部人手一本"民情日记"，及时记录家访情况和群众需求，做到农户情况清、重点户头清、急难问题清。

（三）**明制度**。建立配套走访制度，促使党员干部增加压力、激发动力，增强自觉性和实效性。建立"三不准、五必访"制度，即不准以开会召集方式代替走访，不准以问卷调查形式代替走访，不准委托村组工作人员代为走访；孤寡独居老人每日必访，家庭有突发情况必访，新转入党员必访，关爱对象定期必访，重点人群必访。建立情况报告制度，每月党员家访情况上报党支部，村干部家访情况上报村党委。建立民事交办制度，对群众反映需要村里出面帮办或解决的事情，按照管理权限，及时向专职村干部或归口单位提交办理，做到事事有回应、件件有落实。

二、完善"三事机制"民主决策，小板凳上商事情

（一）村民听事机制。村干部每月定期到党员家庭教育活动点通报上级有关文件精神、本村重大活动和当前各项重点工作进展情况，使党员群众及时了解情况。对拟决策部署的村级重大事项，由村党委组织召开村务听证会，召集村组干部、党员群众代表、有关单位和专业人员等，对决策事项的必要性、可行性进行讨论分析。听证会重点抓好事前、事中、事后三个环节。听证会前，村党委认真审定听证事项内容和时间地点，充分估计可能出现的问题，做到心中有数；听证会上，有不同意见的，当场给予解答，一时不能明确答复的做好记录，明确10～20日给予答复；听证会后，村党委主持召开全体村干部会议，认真梳理听证会上征集的意见建议，研究落实解决措施，并将听证结果及时公开。

（二）村民议事机制。倡导村里的事情村民管，村里的事务村民议，形成村民议事机制，明确议事内容、程序和落实举措，村民围坐在一起商量村务。议事内容主要包括村级规划编制、实事工程安排、土地流转征用、基建项目发包、村财务预算安排和决算情况等。议事程序主要分四个步骤，第一步，由村党委在广泛征求党员群众意见的基础上提出议事内容，做到一事一议；第二步，召开村"两委"会进行研究讨论，拟定初步实施方案；第三步，召开党员代表大会或全体党员会议，广泛征求党员意见，当场进行投票表决；第四步，根据议事内容或职责权限，提交村民代表会议作出决定或决议。对于商定的事项，包干到人，规定完成期限，抓好落实。

（三）村民评事机制。推行村务阳光监督，完善村民评事机制，村务运作好坏、村干部个人业绩由村民说了算。村民评事主要采用现场监督、网络公开、民主测评三种方式。现场监督，即建立民主监督小组，邀请10名左右党员代表和村民代表，全程监督村级重大决策事项实施情况，全面检查评估项目竣工质量。网络公开，即在数字电视平台开辟专栏，每月公开村级财务明细账和"三资"使用情况，让每位群众心里都有一个明白账。民主测评，即每季度一次，以组为单位，由联片干部召集全体党员、村民代表等集中召开"板凳评议会"，评议村务运作情况，听取相关意见建议，并对村干部业绩进行民主测评，测评结果与村干部评优评先、考核定档、薪酬待遇等挂钩。

三、建立"三大课堂"分类施教，小板凳上提素质

（一）开办农民讲堂。利用村级社区活动中心、村落文化宫、露天远教广场等阵地资源，开办农民讲堂，主要分设技术、礼仪、道德等小课堂，推动村民围坐在板凳上自我教育、自我提高。开办技术课堂，让群众走上讲台，讲发展困难、讲民生难题、讲技术经验等，通过群众自己当老师，激发学习热情。开办礼仪课堂，邀请有关教师，向群众讲授中华礼仪知识，推动群众做崇文崇德谢家路人。开办道德课堂，以群众身边的道德模范、道德故事为题材，邀请本人现身说法，以实实在在的人和事教育引导身边人。农民讲堂原则上每月举办1期，年初制订初步讲课计划，具体时间和内容由村党委结合村工作开展情况和群众忙闲程度确定，每位党员干部都参与听讲，村干部每人撰写学习心得。

（二）设置党员家庭教育点。以组为单位，按照"便于集中、易于活动、利于实效"的原则，选择素质较强、公认度较高、学习环境较好的党员家庭户设置党员教育活动点，加强对附近党员的教育管理。每个活动点坚持做到"八有"，即有专人管理、有党员名册、有学习实施、有学习计划、有学习教材、有制度上墙、有活动记录、有经费保障。每月固定时间由活动点负责人召集联点干部、党员群众，依托远教电教平台，开展政策文件、实用技术、市场动态、医疗卫生、科普知识等学习活动。针对部分年老体弱、行动不便的党员，定期组织"送学上门"活动，把学习教育覆盖到每个党员。

（三）创立村干部论坛。建立可容纳300多人的多媒体教室，创办村干部论坛，村班子成员每周五开展一次"板凳教育"，就上级政策文件、市场前沿信息、新农村建设、法律法规等方面内容进行集中讨论交流。围绕发挥村班子领导核心作用，村党委书记每月上一堂党课，其他班子成员每季度上一堂党课，激发党员干部学理论、学政策热情。不定期邀请有关学者、市委理论讲师团成员举办政策理论、党务知识讲座，每年定期组织到上级院校开展集中轮训，不断提升村干部服务群众能力。

四、开展"四式服务"帮难解困，小板凳上见温暖

（一）一站式服务。建立村级综合便民服务中心，综合村级服务和基层

站所职能，提供医保、社保、水电、家政、计生、外口、金融、税务八类与群众日常生活相关的一站式服务。中心配备以大学生村官、社保协理员、文化宣传员为核心的专职工作队伍，岗位职责、服务承诺、业务流程等公示上墙，并编印涵盖服务内容、服务流程、工作人员联系号码的小册子，发放到群众手中，方便群众日常咨询联系。除正常工作日外，每周二、周五实行"白+黑"工作制，为村民提供全天候服务。

（二）亮牌式服务。推行党员家庭亮牌、党员经营户亮牌、党员个人亮身份。制作统一标牌，挂在有党员的农户门口，亮明党员家庭身份，促使党员在居住地更好地发挥先锋模范作用。号召从事商业活动的党员在经营场所统一悬挂党员牌子，促使诚信经营。村党委给每位党员发放一张入党纪念日贺卡、一枚党徽、一本党章，要求时刻佩戴党员徽章，亮明党员身份，方便群众寻求党员帮助。

（三）结对式服务。建立村级社会帮困互助会，推出"百户帮一户""支部结一户""骨干企业扶一户""共建单位助一户""班子成员联一户"五项结对帮扶机制，及时帮助困难家庭。"百户帮一户"，即在困难家庭户周边选择一批条件相对较好的家庭，帮助照顾日常生活。"支部结一户"，即每个党支部与辖区内最困难的一户家庭结成对子，随时帮助解决实际困难。"骨干企业扶一户"，即鼓励村内骨干企业积极开展公益事业，为有创业意向的农户提供技术和信息支持。"共建单位助一户"，即将村共建单位力量直接作用于个体家庭，集中资源帮助贫困家庭走出困境。"班子成员联一户"，即村"两委"班子成员每人联系一户困难家庭，努力帮助其解决生产生活实际困难。

（四）温馨式服务。建立村级志愿服务团队，每逢重大节日，在群众活动场所免费提供理发、修鞋、裁剪、维修家电以及医疗、法律等方面咨询服务。建立"爱心超市"，推行"读书送学礼800元、结婚送贺礼1 800元、生病送慰礼500元、丧事送悼礼1 001元"，并为村里60岁以上老年人建立健康档案，每年免费提供两次健康体检，让村民共享发展红利。着眼推进和谐村庄建设，建立"党员老娘舅""邻里和事佬"等调解队伍，每个片区确定2～3名威望高、群众信服的老党员、老干部，经常走街串巷、走家串户，一旦发现邻里纠葛、婆媳不和、夫妻不睦、妯娌不顺等农村易发频发的矛盾纠纷，就找来矛盾双方，心平气和地坐下来，做好劝解说服工作。

2012年7月22日，谢家路村党委书记钱建康向各地村官介绍该村党建情况（黄国中/摄）

2012年7月22日，"党建引领·幸福群众"新时期加强农村基层党组织建设研讨会现场

2012年7月22日，全国"村长"论坛现场（丁继敏/摄）

2012年7月22日，全国著名村官：余姚谢家路村党委书记钱建康（左一）、奉化滕头村党委书记傅企平（中）和寿光市三元村党支部书记王乐义（右一）交流（丁继敏/摄）

足迹四：>>>>>>>
千锤百炼注重自身树好形象

　　没有规矩不成方圆。钱建康从担任村干部的第一天起，一方面严于律己，自觉强化"廉"字；另一方面把"公开、民主"这四个字体现在各项工作的全过程中，改过去"为民作主"为"由民作主"，规范制度、规范行为、规范决策、规范监督，并在多年实践的基础上，逐步形成了"阳光村务八步法"，让村务在阳光下操作，既避免了各项决策的失误，又使村级重大事项的决策更为科学合理，有力推动了民主政治建设。他的这一做法被全市推广。钱建康始终严守廉政防线，自觉抓好自身生活圈的反腐保廉，真正做到了清清白白做人、认认真真办事，每年村民民主测评中钱建康个人满意度都高达98%以上。

钱建康严于律己，勇于奉献，又注重班子成员的"廉洁"工程。在原则性问题上，他坚持用制度管人、用制度说话，严以律己，不以权谋私，带头执行廉洁从政各项制度，不搞一言堂、家长制，不搞暗箱操作，一切由民作主，把有限的财力用于村庄建设上，受到了广大群众的一致赞誉。

钱建康从20岁起就开始做榨菜生意，还办了一家加工厂。后来，又投资组建了一家建筑工程队，效益很好，但自从忙活起村里的发展，他没时间和精力去打理，自家的企业竟倒闭了。在他工程队打工的人，已有不少成了百万富翁。聊起这些，钱建康坦然一笑："看到更多的村民富起来了，我感到很欣慰。"

有一年夏天，钱建康因疲劳过度突然晕倒在地，医生要他立即住院。他却在办公室一边输液，一边处理手头工作。村民们知道后无不心疼地说："你可是村里的主心骨，要爱惜自己的身体……"

为集体、为村民，钱建康可谓呕心沥血，但对家庭、对妻子，却欠下了一份份亲情。2001年8月，妻子患阑尾炎在医院动手术，钱建康看着瘦弱的妻子躺在病床上，心里就像打翻了五味瓶。他妻子至今清楚地记得丈夫说的那番话："自己也有血有肉，有情有义，但一个人的时间、精力就那么多，顾了大家，就顾不上小家了。"

历年来，每年村民对村集体的民主测评满意率都达到95%，对钱建康个人的满意率均达到98%以上，还被广大群众誉为"富民书记""为民好书记"。

图片展示 ▶▶▶

2011年7月，浙江省委领导会见全省获得全国先进基层党组织代表、优秀共产党员、优秀党务工作者合影

2014年，浙江省余姚市纪念建党93周年座谈会基层先进典型代表合影留念

钱建康学习时情景

2015年10月22日，钱建康参加宁波市首届功勋书记颁奖典礼现场

2011年6月25日，钱建康组织观看谢家路村广场活动时情景

2012年6月7日，钱建康参加省党代会时作为代表典型发言

2012年6月27日，钱建康参加浙江省创先争优群英会代表会议会场留影

媒体相关系列报道 ▶▶▶

从一个经济薄弱村发展到宁波市级创建农业、农村现代化示范村，泗门镇谢家路村这几年里所发生的巨大变化有目共睹。谈及变化，村党委书记钱建康认为要加快发展，应该——

以群众满意为最大追求

《余姚日报》2002年10月24日　谢东海

当年钱建康当选村党支部书记时就有这样的承诺：要以群众的意愿为工作目标，踏踏实实工作，认认真真办事，争取为谢家路村脱贫致富奔小康作出自己的贡献。这几年来，钱建康始终践行着诺言，带领全村群众扎实开展两个文明建设，使谢家路村一跃成为远近闻名的"明星村"。

1998年，钱建康出任村党支部书记。当时，谢家路村农业基础设施差，农副产品品种单一，农业经济效益低，村级集体经济薄弱。群众虽然对致富奔小康怀有强烈的愿望，但苦于找不到合适的路子。钱建康上任后，摸准群众的思想脉搏，进行耐心细致的工作，使大家统一了"只有发展才能壮大集体经济、才能提高群众生活水平"这一发展思路。

通过召开村民代表大会，集思广益，谢家路村确定了创办村农贸市场、带动第三产业，兴办工业园区、解决富余劳动力，加强基础设施建设，确保农业增效等几项发展目标，但在实施过程中，仍有群众对干部的公正、公平、干净办事等心存疑虑。钱建康和班子成员十分重视群众的这种想法，认为既然是为群众办事，就要让群众完全放心。于是，谢家路村在余姚市率先推出了村民议事制度，村里的一些重大决策事项必须提交村民代表大会讨论，并对实施情况进行全程跟踪，提高了村民自我管理、自我服务和自我教育的意识，推动了全村各项工作有序开展。

村级可用资金从当初不足9万元增加到去年的607万元，农民人均年收入从2 000多元提高到8 000多元。只用了短短四五年时间，谢家路村便完成了从贫困到小康的质的飞跃。在大力发展经济的同时，谢家路村还十分注重精神文明建设，先后获得了省级人民调解先进集体，宁波、余姚两级先进党组织，首批民主示范村、卫生村、文明村等一大批荣誉，真正做到了"两个文明"的同步发展。钱建康本人也获得了浙江省优秀共产党员、宁波市社会治安综合治理先进个人等荣誉。

村民富起来了，对村委会的工作要求也"水涨船高"。"如果我们还是停留在原来的工作水平上，就会落后于群众的愿望和要求；只有做到与时俱进，才能真正代表人民群众的根本利益。"钱建康和班子成员及时调整了工作目标和要求。一个以建设高品位示范中心村为目标的规划思路就是在这一前提下形成的。新规划按照高标准、高起点的要求，合理规划了农业示范区、工业示范区、新村住宅区等五大主要功能区块，为谢家路村下一步发展提供了依据，一个占地10余亩的农民公园就是根据群众的休闲需求新建的。近两年来，类似上述的实事工程，村委会共兴办了40多件。

钱建康在接受记者采访时满怀信心地表示："群众的意愿将始终是我们工作的'指挥棒'，群众满意是我们工作的最大动力，我们会一如既往地抓好各项工作，争取以更加优异的成绩迎接党的十六大召开。"

谢家路村"两务"公开取信于民

《余姚日报》2003年9月5日　陈振如

日前，谢家路村以11.57万元的价格将村级集体资产中的一辆桑塔纳2000型小轿车公开拍卖。这是该村在处理村级集体资产过程中，加强村务财务公开所采取的一项措施。

为切实实行"两务"公开，该村坚持村务财务真公开、常公开，接受村民的监督，防止形式主义和走过场事件的发生。在村务公开上，该村通过党员活动点、宣传窗等多种形式，将村级事务的办结情况和下一阶段的工作打算如实告知村民；在财务公开上，该村狠抓财务公开的内容、程序、时间、方式和地点五大环节，在村理财小组和镇有关部门审核的基础上，坚持每季度公开一次本村财务，并对重大收支项目每月逐笔予以公布。

在处理村民关注的热点难点问题、制定重大决策和实施工程项目时，该村首先将之提交村民代表大会讨论，实行民主议事，由村民代表决定，进一步增强了村务财务的公开性、透明度，真正做到还权于民、取信于民。村民杜小标在党员活动点座谈会上提出，该村光明公路三角站后段没有路灯，给村民夜里出行带来不便和不安全因素，要求安装路灯。会后，该村立即组织有关工作人员进行了实地考察，并经村民代表决定，于6月初开始在该路段实施路灯安装工程，于8月底顺利完成了93盏路灯安装工作。村民们拍手称快。

村务决策从"为民做主"向"由民做主"

余姚"阳光村务"得民心

《人民日报》2005年3月21日　孙晓青　龚　宁　叶初江

"绿化用地作物补偿款1 354.50元""村水工员交入农户卫生费402元"……每个月初，浙江余姚泗门镇谢家路村的农户，都会收到一本小册子。这本被称为《阳光月刊》的小册子，记载着上月村中大事记、上月村务完成情况、本月村务安排，而群众看得特别仔细的是上月的财务收支明细表。表上公开了村里的每笔收入、支出的小项和金额，接受每位村民的监督。

让村民感受到"阳光村务"透明度的，远不止这本《阳光月刊》。去年以来，余姚着力探索村党组织领导下的村民自治运行机制，通过10个村的试点，总结出了"阳光村务八步法"，即党员在群众中收集村务建议，通过党员活动点讨论并提交村"两委"，村"两委"论证并形成可行性方案，征求党员群众意见，党员代表大会讨论修改并形成决议，召开村民代表会议或村民大会作出决定，村民代表小组监督下实施，村民民主理财小组监督下竣工结算并公开。今年初，余姚市将这一村务管理办法向全市268个村进行推广，规定凡涉及村级经济发展规划、村级财务预决算、村内兴办公益事业和重点项目等与村民切身利益相关的大事时，都要通过这8个程序。

　　有关专家指出，与以往的村务处理办法相比，"阳光村务八步法"有两个新的突破：一是把村务决策权从干部手中移交到了党员和群众手中，村干部的作用是组织好各个环节的实施，从而真正实现从"为民作主"向"由民作主"的转变；二是充分发挥了农村党组织和党员的作用，让党员"先知道、先讨论、先行动"，激发了党员参与村级事务的积极性和主动性，扩大了基层党内民主。

　　"阳光村务八步法"的实施，大大减少了村级干群矛盾，促进了农村社会的和谐发展。谢家路村党员和群众提交提案，要求实行村庄整治。村"两委"会严格按照"阳光村务八步法"通过规划并付诸实施，受到党员和群众的好评。谢家路村的一名干部说："以前我们办的事往往和群众的想法不合拍，结果是花了钱、出了力、办了事，却得不到群众的理解和支持。'阳光村务八步法'尊重群众意愿，也使干部的工作方法有了规范的程序。"谢家路村在配合镇里建造公路拆迁房屋时，因几名党员带头，整个拆迁过程中没有出现一个"钉子户"。村民们说："村里的事就像我们自己的家事一样，不能因为我一户不肯拆迁而耽误全村的事。"

足迹五：>>>>>>>
千山万水成就"头雁"领航之路

在人的一生中，不管你走多远，无论你失去了什么、得到了什么，永远不会让你舍弃的就是记忆。钱建康坦言，他在农村最基层的村干部岗位上工作了38年，始终离不开村民的理解支持，更离不开上级组织和各级领导的关心厚爱。作为一名普通的农村基层党组织书记，钱建康光荣地出席了在中南海怀仁堂举行的纪念建党85周年庆祝表彰大会，受到了中央领导的亲切接见，2004年被评为省为民好书记。

有一种难忘叫关怀，有一种真情叫感谢。各级领导的关心关怀，对钱建康来说是他不断奋进的源动力。过去的38年，钱建康在农村最基层的平凡岗位上，为集体和村民做了很多工作，组织和人民也给了他很多荣誉。

荣誉是一份沉甸甸的果实，更是一个个新的起点。荣誉既给钱建康带来了鲜花和掌声，也给他带来了责任和义务，带来了压力和动力。

金杯银杯不如群众的口碑，金奖银奖不如群众的夸奖。是的，所有的荣誉，不仅是谢家路村的一张张金名片，更是钱建康在人生之路上留下的一串串脚印和记忆。

图片展示 >>>

2006年9月7日，时任浙江省委常委、宁波市委书记巴音朝鲁（现任第十四届全国人大常委会委员、民族委员会主任委员）到谢家路村考察，钱建康陪同

2009年1月8日，时任浙江省委副书记、政法委书记夏宝龙（现任国务院港澳事务办公室主任、党组书记）给钱建康颁发浙江省新农村建设带头人"金牛奖"

2012年2月，时任宁波市政协主席唐一军（现任江西省政协党组书记、主席）到谢家路村考察，钱建康与有关领导陪同

2012年7月12日，山西省昔阳县大寨村党总支书记郭凤莲与钱建康合影，并题词

2012年4月6日，时任浙江省委常委、政法委书记、宁波市委书记王辉忠（现任第十三届全国人民代表大会华侨委员会委员）到谢家路村考察，与钱建康亲切交谈

2006年5月17日，时任浙江省政协主席周国富（现任全国政协文化文史和学习委员会副主任委员）到谢家路村考察，时任余姚市委书记王永康和钱建康等陪同

2012年5月10日，时任浙江省委常委、宣传部长茅临生到谢家路村考察调研，并与钱建康亲切交谈

2009年10月27日，时任余姚市委书记陈伟俊到谢家路村调研指导工作，钱建康等陪同

2009年2月28日，时任宁波市委副书记陈新到谢家路村考察，钱建康等陪同

2007年6月15日，钱建康出席浙江省党代会时与时任浙江省副省长毛光烈合影留念

2013年11月28日，时任浙江省委常委、组织部部长胡和平（现任中央宣传部副部长，文化和旅游部党组书记、部长）与钱建康亲切交谈

2009年11月2日，时任浙江省副省长陈加元到谢家路村考察调研，钱建康等陪同

2009年1月28日，时任宁波市委常委、组织部部长朱伟专程看望在农村基层一线工作的钱建康

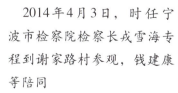

2014年4月3日，时任宁波市检察院检察长戎雪海专程到谢家路村参观，钱建康等陪同

2009年12月8日，时任余姚市委副书记、市长毛溪浩（现任浙江省杭州市政协党组成员、副主席）到谢家路村检查指导工作，钱建康等陪同

2014年3月24日，省委党的群众路线教育实践活动赴宁波督导组组长王培民到谢家路村专题调研督导活动开展情况，钱建康等陪同

2012年7月22日，全国知名村官集聚谢家路村出席全国"村长"论坛会议，钱建康与参会代表一起参观

2014年3月24日，浙江省妇联党组书记、巡视员金敏到谢家路村指导工作，钱建康介绍工作情况

2012年3月27日，时任余姚市委书记毛宏芳检查指导工作，钱建康等陪同

2015年1月23日，宁波市委组织部副部长贺威平看望农村一线基层干部钱建康

2012年5月10日，时任宁波市委常委、宣传部长余红艺，时任余姚市委常委、宣传部长潘银浩（现任浙江省宁波市委常委、北仑区委书记）一同到谢家路村调研考察，钱建康陪同

2012年5月11日，全国宣传干部学院副院长陈骏在谢家路村与钱建康亲切交谈

2013年11月23日，浙江日报社副总编周咏南、时任浙江日报社党工委书记许佳文到谢家路村专题采访，钱建康陪同

2012年3月14日，时任宁波市计生委副主任、市计生协专职副会长陈月芳到谢家路村检查指导工作，钱建康陪同

2013年2月16日，时任宁波市委常委、组织部长杨立平（现任浙江传媒学院党委委员、书记）到谢家路村考察调研，钱建康陪同

2012年6月30日，时任余姚市委副书记方文军（现任浙江省湖州市委常委、市纪委书记、市监委主任）到谢家路村检查指导工作，与钱建康亲切交谈

2014年3月3日，中央党的群众路线教育实践活动第七巡回督导组副组长、时任湖南省委常委、省纪委书记许云昭到谢家路村调研活动开展情况，钱建康等陪同

2012年3月14日，浙江省计划生育委员会副主任宋贤能到谢家路村指导检查工作，钱建康陪同

2011年8月8日，谢家路村荣获全国先进基层党组织荣誉，时任余姚市委常委、组织部部长丁晓芳（现任浙江省宁波市江北区委书记）为钱建康颁奖

2014年10月23日，时任奉化市常务副市长、组织部部长陈红伟（现任宁波市奉化区政协主席）到谢家路村检查指导工作，钱建康陪同

2018年3月，钱建康参加宁波市人大常委会时作为代表发言

2006年，钱建康在嘉兴参加庆祝建党85周年表彰大会，并合影留念

钱建康书记 第二排起从左往右第22个 2010年4月28日于浙江省人民大会堂

2010年，钱建康参加劳模先进表彰大会，并合影留念

◆注：因版面原因，除以上图片外，还有许多领导没有列入展示，不当之处，敬请谅解。

媒体相关系列报道 ▶▶▶

勇赶潮头的领路人

——记省优秀共产党员钱建康

《余姚日报》2002年9月2日　苗　瑜

在泗门镇谢家路村，一提起村党委书记钱建康，村民们都会说钱书记有"使不完的劲，想不完的事，着不完的急"。

1998年，钱建康挑起了村党支部书记的担子。当时的谢家路是一个企业无龙头、经济效益低、基础设施差、村级经济弱、农民增收慢的薄弱村。对此，群众怨、干部急。经过思虑再三，钱建康拿出了一个分三步走的改革方案。

第一步改革是平坟还耕和零星村整治。平坟还耕工作刚开始，群众便议论纷纷。上了年纪的村民说，在祖坟头上动土，是对长辈的不孝；更有的说，要动我们的祖坟，拿钱来。但钱建康没有被困难所吓倒，就这一问题及时召开了老党员、老干部会议和村民代表会议，把平坟还耕是功在当代、利在千秋的实事工程的道理，讲了一遍又一遍，晚上又挨家串户做工作。村委委员任加昌率先把自家的祖坟拆除并及时复耕。村看村、户看户，群众看党员、党员看干部，党员干部的自觉行动影响了村民的实际行动，通过10多天辛勤工作，全村127穴祖坟平坟还耕，净增土地8亩。

一炮打响之后，极大地增强了谢家路人的信心。钱建康和村干部们的干劲也就更足了。1999年，村里又着手开始零星居住点的整治工作，时任村党总支书记的钱建康又马不停蹄地忙开了。他白天和村干部丈量整治宅基地面积，晚上又讨论赔偿的有关政策，晚上只要有一户农家的灯还亮着，他就去做工作。通过钱建康和村干部们20多天的辛勤奔波，全村41户零星户顺利进行了搬迁。当拆迁户搬进宽敞明亮的公寓住宅楼时，高兴地说，钱书记又为村民办了一件好事。

第二步改革是商贸兴村。谢家路村早在1992年就办起了小型商贸市场，由于管理得法，生意红火。但钱建康并不满足于这样的小打小闹，在党（总）支部、村委会一班人的支持下，村里陆续投入400多万元，扩大了市场面积，除交易农副产品外，还经营建筑装潢、五金家电、布料服装、餐饮服务等业务，如今，市场经营面积达到20多亩，年成交额达5 000多万元，村里的三成农民洗脚上田，吃上了市场饭。商贸兴村使谢家路村经济驶上了快车道。

第三步改革是用人制度。去年行政村合并后，村党总支改建为党委，全村共有28个村民小组。村里要想开个村民组长会议，需要派两名村干部花一天时间发通知，有的村民组长年龄大、文化低、工作能力弱，给村里工作带来了被动局面。钱建康大胆地提出了兼并村民小组的想法。经过民主讨论，新编了10个村民小组。一些原先平时工作成绩平平的组长多次找领导反映：我当了10多年的村民小组长，没有功劳也有苦劳，现在村级经济发展了，不让我当组长了，实在有点想不通。对此，钱建康亮出了自己的用人观点：这次小组合并是根据村里现有经济发展的需要，谁有本事都可以亮出来，经过考核后，该谁当村民组长由村民来决定。就这样，通过群众联名推荐、民主选举，起用了一批素质高、事业心强的村民组长。现在谢家路村25名男女正副组长个个响当当，没有拉松套的。同时村里对村民防巡逻队的6名队员也进行了公开招聘。

钱建康及党委一班人在努力为村民创造物质条件的同时，从不忽视村里的精神文明建设，并提出了"思想教育工作一年一个样"的目标，要在全村形成良好的精神风貌。

今年上半年，谢家路村又出新招，在全村党员中开展星级达标活动。村党委按照实际情况，制定出了致富星、模范星、法纪星等8星，还设立了奖励星和处置星。一个星就是一项任务，完成全部任务的就是优秀党员。这一办法还真灵，活动开展后，党员干部们主动带头缴纳农业税，自觉参加义务劳动，精神面貌焕然一新。通过党员互评、群众联评，全村28%的党员成为优秀党员。对此，钱建康深有感触地说："星级制形成的激励作用，出乎我们的意料。这说明没有思想落后的党员，只有滞后的思想政治工作。"

"不是自己身上的肉，决不往自己身上贴。"这是钱建康常跟干部讲的一句话，也是给自己立的准则。

今年春天，村里大搞绿化建设，需要价值20多万元的苗木，不少花卉专业户得知这一消息后，有的带着礼品，有的托亲戚挽朋友，要求钱建康"帮帮忙"，但钱建康却斩钉截铁地对他们说，村里买苗木是根据质量来选择的，如果靠关系，白给都不要。

为集体、为群众，他顾了大家却顾不了小家。自从当了村干部后，对自家的榨菜加工企业他无暇顾及，由原来年收入10万元变得一年不如一年。

随着集体经济的壮大，村里为村民们办了一件又一件实事。今年以来，村里先后投入资金150多万元，建起了农民公园、文化广场、村落文化宫、农民铜管乐队等。村里成立了卫生清洁队，对主要道路都进行了硬化，安装了路灯。村里还年年评选"十佳村民"，大家看在眼里，喜在心里。难怪邻村村民羡慕地说："谢家路村村民最幸福。"

钱建康及村领导班子以实际行动赢得了广大村民的信赖和支持。去年，在村干部民主测评中，村民们给村干部都打了满分。

一分耕耘，一分收获。这些年来谢家路村在钱建康等村干部的带动下，取得了瞩目成绩。2001年，村民人均收入达到8 200多元，村级可支配资金607万元，成为远近闻名的文明村、富裕村。钱建康本人也多次被评为省、市级优秀共产党员。

他的心里装着群众

——记省级优秀共产党员钱建康

《余姚日报》2003年2月12日　沈华坤　徐渭明

不久前，泗门镇谢家路村领导班子向村民代表进行述职，村民代表对班子成员进行了民主测评。结果，群众满意率达到百分之百。20多位村民还联名给镇里写信，要求给村干部加薪。

一个村级领导班子，何以在群众中有这么高的威信？村民代表王木根道出了村民们的心里话："这几年，在建康书记和村班子的带领下，我们村从一个相对薄弱村发展成为省级文明村，村干部的成绩我们有目共睹。"

谢家路村位于杭州湾南岸，前不靠山，后不着海，又远离集镇，缺乏经济发展的优势，因此前些年经济一直处于全镇中下水平。1992年，30岁的钱建康担任了村民委员会主任，他结合谢家路村地处周边村中心的实际，提出了以市场兴村的发展思路。但这一良好的愿望并未得到广大群众的理解和支持，一时间村民议论纷纷，部分不明真相的村民还联名上书、上访。面对困难，钱建康和班子一班人统一了思想：只要出于公心，看准了的事一定要坚决办好，等到党支部的思路变成了群众眼里的"实货"，群众就一定会理解、支持我们。于是，钱建康以个人名义，从银行贷款5万元，建起了一个小型商贸市场。由于地理位置优越，经营管理得法，生意十分红火。这更坚定了钱建康和班子一班人的决心。1995年和2001年，村里采用集体投一点、个人筹一点和摊位招租的办法，陆续投入400多万元，建起了光明综合性市场、农产品集散市场和商贸一条街。2002年成交额达7000多万元，全村三分之二的劳动力长期或临时从事二三产业，开辟了农民增收渠道。

紧接着，钱建康又着手进行土地整理，为发展工业经济打基础。他和党支部、村委会一班人经过研究，决定把零星村整治、土地整理作为启动壮村富民工程的基础。在党员干部的带动下，全村40户零星村民很快搬迁到新村，平毁土窑4座，127穴坟墓也全部平坟还耕，一期土地整理总面积达到500多亩，净增耕地150亩。2003年，村里又利用行政村扩大的机遇，进行二期土地整理，使全村95%的土地面积达到市级标准农田标准。

为了引进规模企业，村三套班子成员都落实了责任。2001年9月，钱建康听说附近有一家企业想投资2000万元扩产的消息后，当即兴冲冲地去联系，结果却吃了"闭门羹"。钱建康没有灰心，当他晚上9点多钟第六次冒着大雨来到该公司总经理办公室时，总经理终于被感动了：在有你们这样有事业心的干部的村里办企业，我还有什么不放心的呢？当即表示把该项目放到谢家路村工业园区。在钱建康和班子一班人的努力下，村里300亩工业园区先后引进企业30余家，2002年实现工业总产值7.2亿元，出口创汇3 400万元。

钱建康和村干部的努力，赢得了群众的尊重和领导的赞赏。谢家路村先后被列为宁波、余姚两级农业农村现代化建设示范村，最近又被评为省级文明村。钱建康也连续几年被评为浙江省、宁波市和余姚市优秀共产党员。

"百姓的事比天大"

——记"省为民好书记"钱建康

《浙江日报》2004年7月2日　龚　宁

走进余姚市泗门镇谢家路村，只见道路整洁、花木扶疏。几年来，该村先后投资1 200多万元，为村民办了42件实事，村里还建有农民公园、农民铜管乐队和村容管理大队……

谢家路村之所以有这样的变化，关键是有一个能发挥核心作用的好班子，班子有一个好的"带头人"，他就是该村党委书记钱建康。最近，钱建康荣获"省为民好书记"称号。

"不能带领群众致富，就不是一个称职的书记。"1998年当选村党委书记的钱建康，一上任就下决心要带领村民共同致富。

那时的谢家路村是个农业村，村级集体可支配收入不足9万元。经过反复调研，村里提出了以市场兴村、以工业强村的发展思路。

万事开头难。一些村民认为钱建康是以办市场为名给自己捞钱，纷纷反对，集体资金筹措不足。钱建康以个人名义贷款5万元建起了小型农贸市场。由于位置优越、经营得法，农贸市场迅速发展。村民看到实惠后，也纷纷参与，陆续投入400多万元，建起了综合性市场、农产品集散市场和商贸一条街。

集体经济稍有积累后，村班子又制定了工业强村的规划。2001年9月，钱建康听说宁波一家锁具公司想投资2000万元扩产，当即前去联系，却吃了"闭门羹"。当钱建康冒着大雨第六次赶到这家公司时，总经理被感动了："有你们这样认真负责的村干部，我还有什么不放心的？"当即表示把项目放到谢家路村。

如今，全村有企业80多家，其中年销售500万元以上的规模企业32家，700多名村民走出田头成了工人。去年，谢家路村人均年收入提高到10058元，村级集体可支配收入增至853.58万元。

近年来，谢家路村建立党员首议制、党员提案制、党务公开制等一系列制度，较好地落实了党员的民主权利。"党员家庭活动点"负责人之一宣光潮说："现在村里的工作和决策可以通过活动点的党员及时传递给村民，村民的意见也能及时反馈到村里。"

带领群众致富，又发扬民主、尊重民意，村干部赢得了村民们的信赖和支持。在2000年1月的村民代表大会上，一张张空白纸条发到了65个村民代表手上，由他们来决定村干部应该拿多少工资。让所有村干部意外的是，65位村民代表一致提议给村干部加薪。村民们说："村干部为村里做了这么多事，现在大家富裕了，村干部的工资也应该提高！"

担任村党委书记6年，钱建康付出了很多：2002年5月，谢家路村完成4村合并，土地整理、道路硬化等一系列工作亟须落实，钱建康忙得血压升高晕倒在田头，却坚持把"病房"安在办公室里，边打吊针边坚持工作；2003年6月，钱建康的母亲去杭州住院20多天，他把母亲送到医院后就再也没去探望过；儿子中考要请个家教，钱建康却把这事忘到了九霄云外，儿子没能考上高中，只能去职校就读。为这事，夫妻俩第一次红了脸。"我怪他不顾家，他说'百姓的事比天大'。"钱建康的妻子说。

钱建康是村里的能人，20岁就办起了榨菜加工厂，1997年又组建了一支建筑工程队，效益可观。担任村党委书记后，钱建康再也没有时间和精力经营企业。2001年，他亲手创建的榨菜加工厂息业了，建筑工程队也解散了。而当年在工程队里打工的年轻人，如今已有不少人成了百万富翁。对此，钱建康淡然一笑。

一心为民的好书记

——记省级优秀共产党员钱建康

《余姚日报》2005年5月7日 沈华坤

　　这几天，泗门镇谢家路村村民格外高兴，因为村里规划建设的农民别墅区已经竣工，许多符合条件的村民即将乔迁新居。看着漂亮气派的新居，村民姚水初抑制不住内心的兴奋，激动地说，谢家路村村民真有福气，短短几年时间，从平房搬进楼房，又将从楼房搬进别墅，这全靠建康书记和村干部们的苦干实干。姚水初的话，说出了谢家路村广大群众的心声。

　　谢家路村前不靠山、后不着海，又远离集镇，在一般人眼里没有什么发展优势，长期以来经济情况在全镇处于中下水平。钱建康担任村干部后，结合本村地处周边村中心的实际，因地制宜提出了市场兴村的发展思路，并力排众议，以个人名义从银行贷款建起了一个小型农贸市场。由于经营管理得法，市场生意十分红火。后来村集体又陆续投入400多万元，建起了综合性市场和商贸一条街，挖到了壮村富民的"第一桶金"。现在，全村有三分之二的农户从事二三产业。

　　接着，钱建康和村班子又提出通过土地整理、零星村整治等途径来增强村级经济发展后劲，率先成为全市第一个市级标准农田建设村，并为设立工业安置点打下了基础。目前，全村已有企业80多家，通过发展工业使700多名农民变成了工人，还带出了一批"小老板"，1998—2004年，全村总产值从1.2亿元增加到13.16亿元，村级集体可支配收入由不足9万元猛增到900多万元，农民人均收入从6 000元提高到11 006元。

　　钱建康说，想当好一名村干部，一要干事，二要干净。在谢家路村，所有的大事都由村民代表大会集体表决，工程实施过程实行全程监督。几年来，村里共投入1 200多万元资金实施了46个工程项目，都实行了严格的招投标和审计制度。充分依靠群众、相信群众，使谢家路村领导班子在群众中享有崇高的威信，这几年，村班子成员每年的群众评议满意率都在95%以上。

作为一名共产党员，奋发进取是一种精神，有时乐于放弃也是一种境界。泗门镇是全国榨菜主产区，钱建康从20岁起做起了榨菜生意，还办了一家加工厂，后来他又投资组建了一家建筑工程队，效益都很好。自从走上村书记岗位后，他没有时间和精力去经营，自家的企业一年不如一年，最后倒闭了。以前在他工程队打工的人，如今已有不少成了百万富翁。钱建康坦言，有时候他也觉得挺亏的，但看到更多的群众富起来了，又感到非常欣慰。

钱建康用自己的实际行动，实践了"三个代表"重要思想，赢得了广大群众的真心拥护，多次被评为省、市级优秀共产党员，去年还被评为"省为民好书记"，受到省委的隆重表彰。

全国优秀党务工作者钱建康载誉归来

《余姚日报》2006年7月4日　胡瑾中

昨日上午，在庆祝中国共产党成立85周年暨总结保持共产党员先进性教育活动大会上受到表彰的全国优秀党务工作者、泗门镇谢家路村党委书记钱建康载誉归来，市委副书记杨雄跃，市委常委、组织部部长李浙闽代表市委向他表示热烈祝贺。

杨雄跃在接见钱建康时说，这个荣誉不光是个人的，也是余姚4万多名党员的。这些年来，泗门镇谢家路村在各级党委的领导下，各方面工作都取得了较大成绩，钱建康作为农村奔小康的带头人，严格要求自己，开拓创新，为谢家路村的发展作出了巨大贡献。他希望钱建康珍惜荣誉，戒骄戒躁，为基层党员干部作出表率，以实际行动报答党的关怀。

钱建康向市领导简要汇报了进京参加庆祝大会的经过和感受，并表示要牢记宗旨，不辱使命，一心为民，勤奋工作，在平凡的工作岗位上不断为党和人民的事业作出新的更大的贡献。

百尺竿头　更进一步

——访全国优秀党务工作者钱建康

《余姚日报》2006年7月4日　金素莲　金　秋

　　"6月30日，对我来说是终生难忘的一天，早上，党和国家领导人亲切接见了我们，还和我们合影留念。"昨天下午，在泗门镇谢家路村村委会办公室，记者见到刚刚从北京载誉归来的该村党委书记钱建康时，他依然沉浸在幸福和激动中。6月29日至7月2日，作为宁波市唯一的"全国优秀党务工作者"荣誉称号获得者，钱建康荣幸地前往北京出席了庆祝中国共产党成立85周年暨总结保持共产党员先进性教育活动大会，并受到了党和国家领导人的亲切接见。

　　"省优秀共产党员""省为民好书记""省优秀党务工作者"，尽管此前钱建康获得的奖章和荣誉证书已装满办公室的抽屉，但这次能成为全国优秀党务工作者，钱建康说是他做梦也想不到的。面对荣誉，他谦逊地告诉记者："没有上级党组织的培养和全村老百姓的支持，就没有我的今天。"

　　心中时刻装着党、装着全村老百姓，为党恪尽职守，为老百姓竭诚奉献，这就是钱建康作为一个优秀基层党务工作者的本色。钱建康表示，荣誉只代表过去，他要把荣誉化成今后工作的压力和动力，争取百尺竿头更进一步。身为全国优秀小康村的领头人，钱建康始终不忘肩头那份沉甸甸的责任。他认为，尽管这几年谢家路村的党建工作和三个文明建设已取得了一定成绩，但党建工作和三个文明建设只有更好，没有最好。钱建康表示，下一步，他将组织全体党员认真学习胡锦涛总书记在庆祝中国共产党成立85周年暨总结保持共产党员先进性教育活动大会上的重要讲话精神，继续抓好村党建工作，巩固先进性教育成果，充分发挥好全村党员在村经济社会发展中的表率作用；带领全村干部群众加快新农村建设，使村各项工作走在全市前列，进入全省先进行列，力争到2010年使谢家路村成为全国文明村、使村党委成为全国先进党组织。

点石成金的"领头雁"

——记余姚市泗门镇谢家路村党委书记钱建康

《宁波日报》2007年5月8日　王丽旻

劳模风采

今年45岁的市劳动模范钱建康经过商、办过厂。担任余姚市泗门镇谢家路村"一把手"后，他在不到10年的时间内，把一个村级集体经济弱、农民增收慢的落后村，一跃变成了远近闻名的富裕村、文明村。

富民强村，挨骂也要让村民过上好日子

钱建康当村干部是从挨骂开始的。10年前，谢家路村是一个远离集镇的村子，在一般人的眼里没有什么发展优势。钱建康以其在长期经商中练就的敏锐目光，做出了以市场兴村的决策。但他的这一建议并未得到村民的理解和支持。

"那时候内心确实很矛盾，但群众的不理解是暂时的，只要等到思路变成了'实货'，村民自然就会支持。"钱建康回忆起当年情景时感慨地说。在集体资金筹措不足的情况下，他毅然以个人名义从银行贷款5万元，建起了一个小型商贸市场。

后来，这个市场生意十分红火。谢家路村以此为基础，又陆续投入了400多万元，逐步建起了综合性市场和商贸一条街。与此同时，该村又通过土地整理等途径，率先成为全市第一个市级标准农田建设村。土地资源的充分利用，为该村形成目前塑料模具、五金制品等六大支柱产业奠定了坚实的基础。如今，谢家路村的第三产业年收入突破亿元。

千方百计，图的就是能为大伙多办实事

随着村级集体经济的不断壮大，谢家路村的面貌已发生了翻天覆地的变化。村民们说，这一件件实事工程的背后，凝聚了钱建康的心血和智慧。

我们在采访中发现，谢家路村还有一张"村民联系卡"，上面书有"你需要村里做点什么"等内容。由于村里每年都把联系卡发到村民手中，因而哪家缺少劳力，哪户生活困难，钱建康都了解得一清二楚。"村富不能忘了困难户！"为此，钱建康专门牵头实施村干部结对帮扶制度，建立了村"帮困扶贫基金"。据统计，该村"帮困扶贫基金"历年来已筹资50万元，受益村民达400多人次。

无怨无悔，要"大家"就要甘心舍"小家"

2002年5月夏天，由于过度劳累，老钱突然晕倒在地，医生要他立即住院，但当时一摊子工作一个接着一个。于是，钱建康就在办公室一边输液，一边处理手头工作。村民们知道这事后无不心疼地说："你可是村里的主心骨呀，就是为了我们，也要爱惜自己的身体啊！"

为集体、为村民，钱建康可谓呕心沥血，但对家庭、对妻子，却欠下了一份份亲情。2001年8月的一天，他的妻子因患阑尾炎到医院动手术。因工作实在脱不了身，钱建康在妻子住院期间只去医院探望过一次。那一次，钱建康看着瘦弱的妻子躺在病床上，心里就像打翻了五味瓶。他至今仍清楚地记得告诉妻子的那一番话："自己也有血有肉，有情有义，但一个人的时间精力就那么多，顾了大家，就顾不上小家了。"

让村民分享经济成果

《浙江晚报》2007年6月11日　戎国强

代表简介：钱建康，男，1962年7月出生，大专文化程度，1986年8月加入中国共产党，现任余姚市泗门镇党委委员、谢家路村党委书记。

在采访钱建康之前，看了很多关于他的报道，其中印象最深的是：以

前，钱建康自己办了一家加工厂和一个建筑工程队，效益很好。但自从当了村书记，他把精力都用在村工作上，集体经济发展了，群众致富了，他无心照管自己的企业，企业最后倒闭了。

昨天，钱建康来杭州参加省党代会。记者在之江饭店见到这位"富民书记"，自然想知道谢家路村有多富。钱建康说，去年谢家路村的社会总产值是18.16亿元，今年争取突破20亿元；去年的人均收入是1.226万元，今年争取达到1.3万元。谢家路村有人口4500多人，人均收入增加700多元，意味着全村村民总收入要增加300多万元。能办到吗？钱建康说："这个目标还是保守的。"

谢家路村的集体经济是从办农贸市场起步的，后来又自办和引进了企业，现在有企业16家。去年谢家路村18.16亿元的社会总产值中，工业产值就占了16亿元。办市场、建工厂都要用地，但是，谢家路村没有占用一分一厘耕地。

他们的办法是把经济发展和村容村貌整治、土地整治结合起来，通过村庄规划建设，把分散居住的村民迁入新村，并开发利用杂地、塘坡地，增加可用土地。如果村里要新建或引进工厂，不愁没有地。

钱建康说了一句意味深长的话：这一代人致富，不能以下一代人的利益为代价。这就是这位"富民书记"对"可持续发展"的理解吧。

除了实现收入增长，谢家路村今年还要创国家级卫生村、国家级文明村、国家级电气化示范村、计划生育示范协会。钱建康说，到明年，谢家路村将看不到电线杆，各种线路都要从地下走，农村常见的电线私拉乱建现象，将在谢家路村绝迹。

钱建康告诉记者，树立这些目标，目的是要让谢家路村更文明、更和谐。他说，为了帮助村里一些因病、因为缺乏劳动力而没有富起来的村民，村里设立了"帮困扶贫基金"，村里的企业和村民个人的捐款已达50万元，有400人次受益，目前还结余20万元。村党委每个委员、7个党支部都要结对帮助一户困难家庭。另外，丧失劳动力的村民每月可领取一定标准的补助。钱建康说，我们要让每一个村民都享受到经济发展的成果。

不辱使命履职责

——访省党代会代表、余姚市谢家路村党委书记钱建康

《宁波日报》2007年6月12日　唐慧卿

昨天下午，在省第十二次党代会预备会议上，宁波市代表团有7位代表当选为大会主席团成员。其中，余姚市泗门镇谢家路村党委书记钱建康是唯一一位来自基层的代表。

昨天下午，钱建康一身西装，神采奕奕地走进省人民大会堂。当预备会议通过他当选主席团成员后，钱建康显得非常激动。他告诉记者："我没想到第一次参加省党代会，就被选为主席团成员，确实感到很高兴。"

这位45岁的全国优秀党务工作者担任谢家路村"一把手"后，在不到10年的时间里，把一个村级集体经济弱、农民增收慢的落后村，一跃变成了远近闻名的富裕村、文明村。

钱建康自豪地说："这5年，我们农村真是发生了翻天覆地的变化，农民生活水平也有了明显提高。谢家路村的变化就是我省农村建设的一个缩影。这几年，我们谢家路村先后获得了全国文明村镇创建工作先进村、全国民主法治示范村、全国优秀小康村等6项国家级荣誉。"

听说钱建康要来参加省党代会，村里的党员格外开心，他们找钱建康捎话给省党代会：农民兄弟对社会主义新农村建设有信心。钱建康表示一定要把农民兄弟的话带到省党代会上来。他说："作为基层代表，我要就基层群众、基层党员特别关注的问题在会上发言，让大家更加重视我们农村的工作。"

钱建康说，省党代会将对新农村建设提出更加明确的目标和要求。他表示，回去以后要贯彻落实好省党代会精神，把各项工作落到实处，使谢家路村各项工作都走在全省前列，在全省新农村建设中起好带头示范作用。

当好村民的"领头雁"

——记全国优秀党务工作者、余姚泗门镇
谢家路村党委书记钱建康

《浙江日报》2007 年 9 月 8 日　　周松华　张　伟

"共产党员，不仅要给大家带好头、领好路，心里更要时刻装着老百姓。"
这是余姚泗门镇谢家路村党委书记钱建康的心得。在他和其他村干部的带领下，谢家路村短短 10 年间从一个经济薄弱的落后村，一跃成为远近闻名的富裕村、文明村。

最近，钱建康和村干部们正忙着召集村民代表，听取他们对谢家路村新一轮五年规划的看法。"这两年，我们村发展很快，预计今年底就可完成原定于 2010 年达到的发展目标，所以村'两委'决定制订新的发展规划。"钱建康高兴地说。

"村里发展得这么好，多亏了钱书记。"村民们清楚地记得，钱建康上任时，谢家路村底子很薄，又没有任何优势产业，怎么办？经过周密调查，钱建康提出：在村里办市场，以市场兴业、富民。可这一建议并未得到村民支持。亲戚们劝他多一事不如少一事。可钱建康说："我是共产党员，即使挨骂也要让村民过上好日子。"在集体资金筹措不足的情况下，他毅然以个人名义从银行贷款 5 万元，建起了一个小型商贸市场。

事实证明，钱建康的选择是对的。商贸市场的生意很快火了起来。此后，谢家路村又陆续投入 400 多万元，先后建起了综合性市场和商贸一条街。现在，全村第三产业年收入已突破亿元，三分之二的村民吃上了"市场饭"。

"村干部只要真心为百姓办事，就一定能得到大家的拥护。"2007 年 8月，钱建康组织了党员清洁队，开展为期半个月的义务劳动，集中清理村里的道路、河道等。许多村民主动报名加入清洁队，有的还特地放下手头生意，领着全家人一起来劳动。大家都说："钱书记替大家办好事，我们哪

能不出力呢！"

村里富裕了，钱建康把更多的目光投向了困难群众。村民家里有何困难、需要村里帮什么忙，都可以写在村民联系卡上。村"两委"凭这张联系卡能及时了解情况，加以解决。在他的建议下，村里成立了党员"帮困扶贫基金"，至今已累计筹资50万元，受益村民达400多人次。

钱建康用实际行动赢得了广大群众的真心拥护。去年，谢家路村曾随机让300名群众对钱建康进行民主测评，结果他的满意度达99%。

致富路上的领头雁

——记"全国五一劳动奖章"获得者钱建康

《宁波日报》2008年5月1日　江浩波

人物名片：钱建康，1962年出生，现任余姚市泗门镇谢家路村党委书记、村联合工会主席。2004年被评为浙江省为民好书记，2006年被评为全国优秀党务工作者，2007年被评为宁波市劳动模范，2008年获"全国五一劳动奖章"。

见到钱建康时，他正穿着高筒雨鞋走在湿漉漉的田塍上了解榨菜的收割情况。在村民沈渭新的菜地里，钱建康捧着一大把刚收上来的榨菜疙瘩高兴地对笔者说，今年是菜农最开心的一年，收入会比去年增加一倍多。榨菜大丰收呀！

在旁的村民纷纷插嘴，不光菜农高兴，谢家路村的村民都很高兴。去年村民人均年收入达到1.51万元，比10年前增长了1.5倍。村民过上了好日子，钱建康一班人功不可没。

从贫困村到富裕村

10年前，钱建康当上了村党支部书记；10年前，他带着全村人开始了从贫困村到富裕村的起跳。

谢家路村前不靠山，后不着海，似乎没什么发展优势。但钱建康发现，谢家路村处于周边村的中心，适合办市场。一开始，"以市场兴村"的发展思路并未得到群众的支持。有的村民认为村干部想借机为自己捞好处，有的甚至还联名上访。

是原地踏步还是奋发向前？钱建康最后还是拿定了主意：只要出于公心，老百姓得到实惠后总会理解。在集体资金筹措不足的情况下，钱建康以个人名义向银行贷款5万元，建起了一个小型商贸市场。

没想到旗开得胜，市场生意十分红火。这就更加坚定了钱建康一班人的决心，也得到了群众的理解和支持。后来，村里又投入400多万元，建起了综合性市场和商贸一条街，让村民尝到了甜头。现在，全村有三分之二的农户从事第二、三产业。

一名当初极力反对办市场的村民深有体会地对他说："建康书记，要是没有这个市场，我到现在也盖不起楼房。"

接着，钱建康带领一班人走出第二步：通过土地整理、零星村整治等途径，增强村级经济发展后劲。这招还真灵，3 300多亩土地经过整治改造后，净增有效耕地面积400多亩，率先成为全市首个市级标准农田建设村。

钱建康走出的第三步是积极招商引资。他紧紧抓住滨海产业带和杭州湾跨海大桥建设的优势，建立了谢家路村工业安置点，一家家规模企业像金凤凰飞进了谢家路村这棵"梧桐树"。

目前，全村已有企业94家，其中年销售额500万元以上的规模企业32家，亿元企业3家。去年，全村总产值达22亿元，村级集体可支配收入1 330多万元，贫困村一跃成为全国优秀小康村，省、市新农村建设样板村。

随着村级集体经济的不断壮大，钱建康和他的一班人底气也更足了。经济增长了，就可以办更多的实事，让村民过得更舒心。

谢家路村已先后投入5 000多万元，为村民办了62件实事：建起了余姚市首个村级农民文化公园，成立了首支村容村貌管理大队，打造了全市第一个数字电视村，盖起了2 000平方米的老年公寓，建起了2 000平方米的社区服务中心，实施了路灯延伸、道路硬化、绿化配套、户厕改造、自来水管道铺设、河道砌石等一系列环境美化工程……

透过一件件实事工程，我们不难看出钱建康为之付出的大量心血。

谢家路村有个"村民联系卡"制度，这张小卡年年都会发到村民手中。"你需要村里做点什么？"卡上的话语暖到了村民的心坎上，也拉近了"钱建康们"与群众的距离。

有村民提出，村富不能忘了困难户。钱建康采纳民意，牵头实施村干部结对帮扶制度。村民蒋来潮因病生活困难，钱建康主动与他结对，为他垫付医药费。待他健康状况有了好转，钱建康又帮他引进适宜的农产品品种，发展效益农业，并为他牵线找到销售渠道。如今，蒋来潮已经丢掉拐杖，干起了农活，生活有了很大改善。

在钱建康的倡导下，谢家路村还建起了"帮困扶贫基金"，开设"爱心超市"，为特困户和外来务工人员雪中送炭，至今，受益村民已超过400人次。村民奕佳敖因病致贫，村"帮困扶贫基金"每年定期对他实施帮扶。他因动过手术不会说话，就一笔一画地用笔写下了"谢谢共产党"五个大字。

钱建康带着一班人为民办实事，群众看在眼里，记在心上，20多位村民代表联名要求给村干部加薪。这件新鲜事被评为余姚市精神文明建设"十件新事"之一。

"要干事更要干净"

这些年，钱建康为集体事业付出了许多，放弃了不少个人利益，但他无怨无悔。

他身体不好，但由于工作忙常顾不上看病。有一年夏天，因过度劳累，他突然晕倒在地头。医生让他立即住院，但村里的事情一件接着一件，在这节骨眼上他怎能躺得住？于是，他就在办公室里吃药、输液。村民们看到后心疼地说："建康书记是我们的主心骨，就是为了我们，您也得爱惜自己的身体呀！"

泗门镇是全国榨菜主产区，钱建康从20岁起就做起了榨菜生意，还办了一家加工厂。后来，他又组建了一家建筑工程队，效益不错。但自从走上了村支书的岗位后，他就抽不出时间去经营了。企业一年不如一年，以致后来公司倒闭。以前在他工程队打工的人，如今有不少都比他富多了。钱建康坦言：有时候我也觉得自己挺亏的，但看到更多的群众富起来了，又感到非常欣慰。

"想当好一名村干部，要干事，但更要干净。"这是钱建康常说的一句话。事实也是如此，在谢家路村，所有的大事都由村民代表大会集体表决。

"让村务在阳光下操作。"钱建康提出了响亮的口号，从工程建设项目，到村民建房安排，直至宅基地审批等，无一例外全部公开运作，并在村里编印的《阳光月刊》上公布，自觉接受村民监督。

"这样的领导班子我们信得过。"每年的民主测评中，群众的满意率都在98％以上。

采访结束时，谢家路村当天正在选举的村委会和经济合作社有了结果，其中村委会班子成员平均以94.3％的高票当选，经济合作社班子成员以98.12％的高票当选。作为再次当选为经济合作社社长的钱建康感到十分欣慰。

钱建康感言：新农村建设带头人并不好当，吃尽千辛万苦，有时还会受人误解，但只要真心实意为百姓办事，带着村民一心一意奔小康，再苦也是甜的。

党建引领　幸福群众
十五年打造全国党建先进村

——余姚市泗门镇谢家路村十五年基层党建工作综述

谢家路村，地处余姚市泗门镇北部滨海，如一颗璀璨的明珠镶嵌在海天一色的杭州湾南岸，因旧时有路自泗门镇明代状元谢迁的"谢氏宗祠"直通海滨，故称谢家路。境域总面积5平方公里，全村有1 641户家庭，常住在册人口4 734人，非常住人口1 740人。村设立党委建制12个党支部，11个党员教育活动点，219名党员，17名培养对象，59名村民代表，村三套班子由10人组成。2015年实现社会经济总产值44.5亿元，村级经济可支配收入1 950万元，村民人均年收入37 600元。先后获得了全国先进基层党组织、全国文明村、全国民主法治示范村、全国优秀小康村、全国农村基层党组织创先争优先进典型村、全国美德在农家活动示范点、全国农村集体财务规范化管理示范村、全国计生协会工作先进单位、全国巾帼示范村、全国城乡妇女岗位建功先进集体、全国妇联基层组织建设示范村、中国名村影响力排行榜（300佳）第59位、中国幸福村、中国特色村；省首批全面小康建设示范村、省先进基层党组织、省村务公开民主管理示范村、省远程教育双示范点；宁波市首批全面小康建设示范村标兵等等；村党委书记钱建康荣获全国优秀党务工作者、全国劳动模范、全国十大杰出村官等许多荣誉称号；王敏荣获全国优秀农民工荣誉称号。

　　然而，地处姚北平原的谢家路村，十五年前却是一个各方面相对困难的边远小村，前不靠山，后不着海，没有什么明显的发展优势。那么，它是如何在短短十几年间从一个村容村貌落后、集体经济薄弱、社会矛盾突出的后进村华丽蜕变为一个经济发达、文化繁荣、村庄美丽、百姓富裕、民主团结、和谐幸福的全国先进村？下面，就让我们一起来回顾十五年来的发展历程，共同来见证它"自强不息创奇迹、化茧成蝶展翅飞"的辉煌成就。

一、十五年前谢家路村的基本情况

　　十五年前，谢家路村在姚北地区是一个名不见经传的穷村、小村、边远村。当时谢家路村的基本情况是：

　　物质基础薄弱。村里没有一家像样的企业，村里的基础设施极度落后，村干部办公条件极其简陋，无办公楼、无办公设施，村里只有唯一的一台手摇电话机，而且因为办公经费紧张，只能接听不能外打，连开个工作会议都需要提前借好地方。村级集体无固定收入，部分百姓群众生活无保障。

　　村容村貌破旧。原四个行政村，普遍存在道路无硬化、路边无绿化、建设无规划、卫生无保洁、河边无砌石、人畜无分离的现象，整个村庄存在脏、乱、差的情况，是当时姚北地区落后乡村的一个缩影。

　　社会矛盾突出。当时，谢家路村是一个基础差、班子弱、人心散的落后村，导致上访信访多、邻里纠纷多、家庭矛盾多、治安案件多、突发事件多、历史遗留问题多，是一个干部不愿当、党员不想干、群众无信心的落后村。

　　干群关系紧张。当时百姓不愿上门找干部，干部也不会下去看百姓。干部不相信群众，群众不信任干部，干部不愿也无能为群众办实事、做好事、解难事，群众与干部之间存在相互信任少、互相责怪多，相互理解少、互相猜疑多，相互帮助少、互相推诿多，相互尊重少、互相指责多，相互谅解少、互相要挟多的现象，是一个干群矛盾容易激化的村庄。

　　村庄发展落后。当时全村没有一项创建活动，没有一项民生工程建设项目，没有一项先进荣誉奖励，没有一项基层试点活动，没有在全镇做过经验介绍等，是一个默默无名的小村庄。

　　综上所述，十五年前，谢家路村确实是一个发展无方向、前景无梦想，开会无会场、活动无广场，办事无制度、干部无报酬，学做无榜样、精神无营养，评比无奖牌、竞争无地位的沿海小村庄。

二、十五年来谢家路村的发展历程

十五年来，谢家路村在上级党委、政府及有关部门的大力支持和关心下，发扬"富而思进求发展，永不满足创新业"的谢家路精神，依靠自身积极努力，经济和社会各项事业取得飞速发展，呈现村级经济有新增长、村庄面貌有新气象、村民素质有新提高、社会各项事业达到新水平、党组织建设得到新加强的可喜局面。十五年来，谢家路村的主要做法是：

（一）在党的建设上——高举旗帜、先锋引领

"一个党员一面旗，一个支部一盏灯"，这是村党委书记钱建康经常挂在嘴边的话。谢家路村快速发展的实践证明，只有高举旗帜，听党话、跟党走，只有依靠群众、服务群众，充分发挥党员的先锋模范作用、充分发挥党委的领导核心作用、充分发挥支部的战斗堡垒作用，党组织的凝聚力、感召力、战斗力才会进一步增强，村级各项工作才有扎实的政治保障、组织保障、制度保障。十五年来，谢家路村始终坚持从实际出发，积极创新基层党建模式，不断提升党员队伍素质，以党建促发展，以党建创新促进社会管理创新，走出了一条具有谢家路特色的高举旗帜、先锋引领的发展之路。

1. 永远高举党建引领的旗帜

听党话、跟党走是谢家路村干部群众永远不变的信条。高举旗帜，听党话、跟党走最根本的是坚持学习科学理论不间断、不松劲、不动摇。实践每前进一步，理论武装就跟进一步。十五年来，谢家路村坚持以科学理论武装人。通过开展"三个代表"重要思想、党的先进性建设、践行科学发展观、固本强基、解放思想大讨论、社会主义新农村建设、创先争优、群众路线教育、"三严三实""两学一做"等主题突出的学习实践活动，形成了一套农村基层党员干部理论学习、理论教育、理论培训、理论实践的体系和机制，全村上下呈现出"自加压力、负重奋进、敢作敢为、领头领跑"的精神风貌。在谢家路村，只要聊起科学理论、党建心得、发展动力，无论是班子成员，还是党员，个个都能如数家珍。村党委书记钱建康说，科学理论、党的建设指引了我们当前及今后农村建设的方向，指导了谢家

路村农业发展的实践，凝聚了农民创新创业的力量。

2. 不断创新基层组织的建设

基层组织建设的活力靠创新。十五年来，谢家路村坚持从实际出发，不断创新基层组织建设。

(1) **支部建在村民小组上。**为充分发挥党支部在村民小组中的领导核心作用，从而更好地实现村党委对村级各项事务的领导，进一步加强农村党员的教育、管理、服务、监督和发展工作，根据《中国共产党章程》和党内有关规定，按照"两公推一直选"的方式，谢家路村于2009年12月顺利完成了支部建在村民小组上。具体做法是：撤销原有按片组建的老丘、戚家路、隆昌、谢家路4个党支部，按现有10个村民小组分别建第一至第十个党支部。党员以村民小组分属情况为基础，按照"便于管理、便于组织、便于活动"的原则编入相应党支部，隶属村党委领导。原有企业党组织组建情况保持不变。同时，为鼓励村民小组党支部书记积极开展工作，保证村民小组党支部充分发挥作用，村党委在四个方面提供保障。一是有活动场所。整合党建活动资源，按照"党总支有党员活动室、党支部有党员活动点"的要求，确保每个村民小组党支部都有相应的活动场地。二是有经费保障。建立村民小组党支部党建工作经费保障制度，每年给予一定的党员活动经费补助。三是有工作待遇。经济上给予支部书记每人每年适当的经济补助，成绩突出的给予重点奖励。政治上组级支部书记可列席村党委有关会议。四是有发展空间。符合条件的组级支部书记，因工作需要，可优先聘用为村工作人员或村班子人员。

(2) **党员教育活动点建在户上。**为改变过去单一、枯燥的学习方法，扩大教育面和教育效果，推进现代化新农村建设，增强党组织凝聚力、战斗力和创造力，充分发挥无职党员的作用，针对行政村区域扩大、党员居住分散、活动不便、集体讨论难、年老病弱的党员多等实际情况，创新了党员活动载体，于2002年8月着手建立了"家庭式"党员教育活动点，扎扎实实开展教育活动，收到了较好效果，受到广大党员一致欢迎。谢家路村始终注重基础性、实用性、规范性学习活动，一直坚持这种做法，确保了点内党员的教育活动保持了持续性和有效性。这一做法也在全省范围内得到推广。

(3) **党员主体作用发挥在户上。**建立党员联户制度，每位党员按照

"就近、便利"的原则联系8～9户农户,向联系群众发放"四百"(进百家门、知百家事、解百家忧、暖百家心)党员村民联系卡,实现了党员联系群众全覆盖,每位村民都能得到党员干部的帮助。在实际走访过程中,重点做好"六包",即包收集反馈群众意见、包矛盾纠纷化解、包重大事项传达、包违规事项劝阻、包结对帮扶共建、包惠农政策宣传。充分发挥党员主体作用,积极探索发挥党员作用的体制机制,广泛开展"我是党员"七大系列活动,充分发挥广大党员的先锋模范作用,涌现出了一大批爱岗敬业、奉献社会、创新创业、服务群众的先进典型。

3.切实打造党建引领的品牌

党建引领的品牌是谢家路村组织建设的一张名片。该村在巩固现有党建成果的同时,不断扩大党建品牌的影响力与认可度。

(1)"小板凳"品牌。2014年该村创设的"小板凳工作法",对开展教育、破解难题、凝心聚力、推动发展起到了十分重要的作用,成为省、市第二批党的群众路线教育实践活动的样板。"小板凳工作法",就是村干部与群众同坐一条板凳,开展手把手地"教"、面对面地"听"、心贴心地"解"、实打实地"做"的"学习在一线、工作在一线、问题解决在一线"的方法。主要内容包括板凳家访、板凳决策、板凳教育、板凳关爱,涵盖党群互融聚民心、民主管理强民权、文化共享增民智、多方联动解民忧4个方面。运用"小板凳工作法",谢家路村多年来社会矛盾"零上交"和零集体上访事件及民转刑案件,深受村民的欢迎,得到中组部和省、市领导的批示肯定,党建专家称其是基层党建工作的一大创新,值得总结推广。

(2)"阳光治理"品牌。谢家路村认真按照"为民、务实、清廉"的要求,不断巩固和提升党风廉政建设成果,创造了"阳光治理"品牌。一是阳光决策。"让村民说了算"成为一种常态。该村对做出的每一项决策、实施的每一项工程,都以群众满意不满意、高兴不高兴、答应不答应作为出发点和落脚点。每年组织召开村民代表大会不少于10次,对村级重大事项或村民关注的难点、热点问题必须经村民代表大会讨论决定。二是阳光管理。提高村民知情权是村党委的工作目标。在谢家路村,通过阳光村务自治,广大村民成为重大决策的参与者、基层自治的主导者、美丽乡村的建设者和社会管理的创造者。通过依法建章立制提高管理,坚持村干部五项工作制度实施,积极发挥组级支部书记、支部委员、村民小组长、中心户长当好服务员、宣传员、调解员和协管员的作用,真正营造出"小组织维护大稳定,小干部发挥大作用"的良好局面。三是阳光服务。让村民满意是村干部的最大心愿。为确保勤政为民服务发挥出最大效应,谢家路村注重便民服务惠民,在设置服务项目时,充分考虑了农村实际情况和村民的需求;注重村监会作用发挥,充分发挥村监会"公开窗、减震器、助推器、监督台"作用,营造出风清气正的良好氛围;注重解决廉政建设中突出问题,深入进行自我剖析,始终严把关口,避免了村干部不廉洁、不作为现象。

(3)"廉政监督"品牌。激发村民参与热情是乡村治理的努力方向。把知情权、参与权、决策权还给村民,进一步调动了村民自治的主动性和积极性,确保村干部办事公正,接受监督。具体做法是:以制度规范监督,特别规定村干部近亲和直系亲属不得参与工程招投标,对有效遏制工程项目建设的不正之风起到了良好作用;以组织强化监督,依法选举产生村务监督委员会,下设村民主理财、工程招投标、工程监督和工程验收4个小组并有效运行;以民主推进监督,始终坚持实行党员、村民代表民主评议村干部制度,坚持村干部每年一次要向党员、村民代表大会述职述廉。2012年7月成功举办了"党建引领·幸福群众"全国新时期加强农村基层党组织建设研讨会,受到省、市及全国知名村官的好评。2015年6月5日圆满完成了全国农村党建工作座谈会来谢家路村考察点的接待任务,得到了参会领导的一致好评;10月11日,村党委书记钱建康出席了第十五届全国"村长"论坛,并在基层组织建设交流会上作了专题发言,使谢家路村的党建品牌得到进一步宣传。

(二)在经济建设上——转变观念、真抓实干

发展是谢家路村不断前行的第一要务。该村始终坚持"穷则思变、富而思进"的发展理念,坚持党组织引领发展,党员争先示范,全民积极参与。通过转变观念、真抓实干,用足用活用好各级政策,把集镇优势沾不着、靠山靠不着、靠海靠不着,无区域优势的贫穷落后村,建设成了富裕的全国文明村。在经济总量上有突破,2001年全村社会总产值为6.0亿元,2015年达到44.5亿元,年均增长率为15.4%;在集体经济增长上有突破,十五年来集体收入累计达到近2亿元,2001年村级集体经济收入为607万元,2015年村级集体经济收入达到1 950万元,年均增长率为8.7%;在百姓群众生活上有突破,2001年村民人均收入8 203元,2015年达到37 600元,年

均增长率为11.5%。十五年来，村级经济发展主要跨好了"三大步"。

1. 实现了从无到有的转变

改革开放前，这个村一直以种棉花为生，由于农业经济单一，农民收入不高，部分村民世代住的是草屋，生活长期徘徊在温饱线上。以钱建康为书记的谢家路村党支部"一班人"，解放思想，与时俱进，根据本村实际，因地制宜，提出了以市场兴村的新路子。20世纪90年代末，钱建康以个人的名义，从银行贷款5万元建起一个小型农贸市场，由于经营有方，管理规范，商贸市场逐渐红火起来，到如今已发展形成能容纳200多个摊位的综合性市场和商贸一条街，让村里挖到了壮大村级集体经济的"第一桶金"。

2. 实现了由少到多的转变

有了村级集体经济的"第一桶金"打基础，钱建康和村班子马上提出了新的目标：通过土地整理、零星村整治等途径，增强村级发展后劲。在村民的支持下，短短半年时间，全村40多户村民很快搬迁到新村，一期土地整理总面积达到500多亩，净增耕地150亩；紧接着抓住机遇，在余姚市和泗门镇有关部门的支持下，通过立项，对3 300亩低洼盐碱地开展了大规模整治改造，填埋低洼地块，使土地平整，路、沟、渠配套，既建成了标准农地，为推进现代高效农业奠定了基础，又净增了400余亩土地。同时，依托姚北工业园区设立谢家路安置点，积极开展招商引资，改变村级工业基础薄弱现状。2001年9月，钱建康听说附近一家企业想投资2 000万元扩产，马上兴冲冲赶去联系，一连吃了几次"闭门羹"。记不清是第几次了，一天夜里，当他冒着大雨再次来到这家公司时，老总终于被感动了："就冲你这股韧劲，我也要把厂子放到你们村里！"在村班子的共同努力下，一家家规模企业像一只只金凤凰飞进了谢家路村。目前，全村已有企业100多家，其中年销售1 000万元规模企业24家，亿元企业3家。工业的发展，为村民提供了众多的就业机会，至今全村有三分之二的农户从事二三产业，使1 500多名农民变成了工人，还带出了一批办厂经商的能人。村民的腰包鼓了，村级集体经济的实力强了。

3. 实现了由多到强的转变

2009年，启动实施了总投资2.85亿元、占地5 100余亩的浙江省重点工程A类项目——新大陆农业科技园区。该项目的实施为进一步提升村庄影响力，壮大实体经济，用足用好政策资源、资本运作，走持续发展之路，壮大集体经济，打下了坚实基础，也为村民就业增收创造了条件。村里已连续11年实现可用资金超过1 000多万元。村里专门组织班子成员到省外学习考察先进村发展实体经济的成功做法，特别是到宁波市的先进村取经学习，并多次赴奉化滕头村请教学习，借鉴经验，为村庄发展实体经济组织拓宽思路。目前，谢家路村已与滕头村实施强强联合，成立了宁波滕头谢家路置业有限公司，为可持续发展奠定了基础，为之后每年固定性收入达到800万元迈出了坚实一步。

值得一提的是，在村级经济发展上，谢家路村坚持解放思想、更新观念、开拓进取、开源节流、多轮驱动、稳健发展，尽管办了超亿元的民生实事工程，但仍有结余，为下一步新农村建设奠定了深厚的物质基础。

（三）在民主建设上——村民至上、让民作主

十五年前，谢家路村是一个管理不民主、社会矛盾突出的村。村里的事务由几个村干部说了算，村民参与权利被忽略。随着村民民主意识和权利意识的增强，这种控制型管理模式开始暴露出问题，村民与村委会集体所做出的决定唱反调，与村干部闹矛盾等。1998年，新上任的村委班子本着为村里做点实事的考虑，提出在村里建一个农贸市场，不料却遭到许多村民的反对，一些不明真相的村民还联名上访。群众的反应让村干部们感到委屈和不解，经过走访调查，村干部了解到，村民之所以反对，是因为村民对村里拍拍脑袋想出来的方案很反对，总以为里面一定有猫腻。这次事件对新上任的村委班子成员触动很大。当时的村党支部书记钱建康提出，村干部再也不能守着老套路、老框框去干工作了。原先的村级社会管理模式已经行不通，必须进行创新。于是，从2001年起，借助村庄合并的契机，开始探索民主协商治理新路径。

1. 实施"党内民主示范工程"

2001年四村合并成立后，谢家路村党委率先在全市探索开展了以保障党员权利为基础、健全党内民主制度为重点的"党内民主示范工程"，进一步转变了村干部的工作作风，密切了党群干群关系，真正促进了以党内民主带动村民民主、以党内和谐带动村民和谐、以党内稳定带动社会稳定。

（1）建立村级重大事务党员首议制，落实党员的优先知情权。针对村域面积大、党员人数多、居住比较分散、作息时间不一，党内活动难开展，

党员教育难组织，参与管理难保证等问题，村党委组建并依托10个党员教育活动点，探索建立以"四先"为主要内容的村级重大事务党员首议制，一是重要文件点内党员先传达，让党员先行领会党的路线、方针、政策，带头做好贯彻落实；二是重要工作点内党员先通报，规定村党内的重大事务，由活动点联系村干部及时向党员做到事前、事中、事后"三通报"；三是重要问题点内党员先讨论，对村级重大事项以及党员、村民关注的热点问题，提交各活动点党员讨论，征求意见和建议，对决策进行完善修改；四是重要决策点内党员先行动，要求党员带头执行决策，并积极配合村干部做好周边群众的引导、说服工作。党员首议制的实施，拓宽了党员的参与渠道，落实了党员的优先知情权，增强了党员的主人翁意识，促进了村级重大工作任务的顺利开展。如2006年村里修建一条公路，共涉及70余户村民的拆迁，村党委及时向4个相关活动点的党员进行通报，并先后3次组织党员就拆迁安置等群众关心的问题开展讨论，统一大家的思想，在党员的支持、宣传和带动下，仅用半个多月的时间就全面完成了拆迁任务。

（2）**建立村级事务党员提案制，落实党员的合理建议权**。村规模扩大后，给村干部及时了解掌握党员群众的思想带来一定困难，一度出现了村级组织工作与党员群众期望错位的情况。为此，村党委依托党员教育活动点，探索建立了村级事务党员提案制。充分发挥党员分布广、平时与群众联系紧密的特点，及时收集群众的意见、建议，通过活动点以书面形式提交给村党委提案工作小组，提案工作小组在一定的期限内对党员提案进行专题研究，并做出处理决定，同时答复反馈给提案人。在具体实施中，坚持做到"三个明确"：一是明确提案范围，内容包括村党组织工作、党员干部建设、村级集体经济和社会发展事项、基础设施建设、社会治安、精神文明建设及其他事关党员群众切身利益的事项；二是明确提案形式，分个人提案和集体提案两种，其中个人提案须由提案人填写《党员提案表》后提出；党员集体联名提案一般以活动点为单位，由一名党员领衔提出，5人以上党员附议，填写《党员提案表》并分别签名后提出；三是明确提案程序，分为提出提案、立案立办、办理答复三个环节，每个环节都规定具体操作办法、办结时限和工作要求。党员提案制的实施，畅通了基层党员群众向村级党组织表达意见、提出建议的渠道，充分调动了党员广泛收集民意、主动为村党委出谋划策的积极性。同时，也进一步增强了村级工作的针对性和实效性，夯实了群众基础。如有的党员提出，村富不能忘了困难户，村党委及时采纳意见，实施了村干部结对帮扶制度，建立村"帮困扶贫基金"，并开设了"爱心超市"，为特困户和外来务工人员雪中送炭。

（3）**建立村级重大事务党员票决制，落实党员的决策参与权**。随着村民自治制度的不断推进，村民代表大会讨论决定村级重大事务有了明确规定，村民代表的民主权利得到了充分保障，党员参与村级重大事务的决策却没有明确的依据和程序规定，不少党员感到在村级重大事务决策过程中被边缘化了。针对这一情况，村党员建立了村级重大事务党员票决制，在落实党员的决策参与权上作了积极探索。在具体实施中做到：①明确票决范围，内容主要包括应由全体党员决定的党内事务和应提交村民代表大会讨论决定的重要村务两类。②坚持三条原则，即坚持到会率原则（实到会有表决权的正式党员人数超过应到会有表决权的正式党员的1/2以上方可召开会议）、坚持成功率原则（在做好思想工作，基本形成一致意见的基础上，再组织票决）、坚持得票率原则（票决事项赞成的人数必须超过实到会有表决权党员的半数，方为有效）。③规范票决程序，第一步是调查研究，通过召开论证会就拟票决的事项征求党员意见后进行修改完善；第二步是会议讨论，对票决事项进行说明后，由与会党员进行充分讨论；第三步是投票表决，采用无记名投票方式进行表决。党员票决制的实施，提高了村级重大事务决策的科学性，巩固和强化了村党委的领导核心地位，也使党员真正享有了村级重大事务决策中的发言权和表决权，进一步增强了党员执行村级重大事务决议的主动性和自觉性。

（4）**建立村级党务公开制度，落实党员的民主监督权**。随着村务、财务公开工作的日益规范，广大党员对村级党务的运行情况也越来越关注，对党务公开的诉求也日趋强烈。为此，村党委顺应民意，2002年探索建立了村级党务公开制度，以进一步增强党务工作的透明度，拓宽党内民主监督渠道。村级党务公开的主要内容为村级党组织思想、组织、作风、制度和党员队伍建设等情况，具体包括村党组织任期目标及年度创业承诺目标、阶段性重点工作、党员发展、党员民主评议、村级后备干部培养使用、党员提案办理、党费收缴、党内组织生活、党员"双带"开展情况及为民办实事等与群众密切相关的事项。村级党务公开的形式主要有三种：①在村民中心广场设立党务、村务、财务公开栏，定期公开相关内容；②依托每月一期的内部刊物，将村党委一月来开展的主要工作和可以向群众公开的相关党务通报到每家每户；③依托党员教育活动点，由联点党员村干部定期向全体党员通报相关工作，并及时收集党员群众的意见和建议，及时对疑问和问题做出解释与答复。推行村级党务公开，使全村出现了"三少三多"的可喜变化，即党组织工作神秘感少了，党员协作次数多了；群众背后议论少了，群众对党委和党员信任多了；村里工作难题少了，党员群众团结多了。

2. 实施"阳光村务八步法"

"阳关村务八步法"，是全面推进村级民主选举、民主决策、民主管理、民主监督和密切党群、干群关系的重要落脚点，也是促进村民热情参与新农村建设的"焦点"。2004 年以来，村党委结合本村实际，对村务运作进行"流程再造"，将村里的重大事项及涉及村民切身利益的热点难点问题都纳入民主决策范围，并逐步规范村民协商议事的程序，从最初的"议事五步法"，逐步发展和完善为"阳光村务八步法"。所谓的"阳光村务八步法"：第一步，即村民群众提出意见和建议；第二步，即由党员和村民代表讨论形成提案；第三步，即村两委会论证修订并形成可行性方案；第四步，即反馈给党员和村民群众进一步征求意见；第五步，即党员大会讨论修改并形成决议；第六步，即召开村民代表会议或村民大会做出实施决定；第七步，即在村民代表监督小组监督下实施；第八步，即在村民代表监督小组和民主理财小组监督下竣工结算并公开。"阳光村务"的实施，大大减少了村级干群之间的矛盾，促进了农村社会的和谐发展。一名村干部说："以前我们办的事往往和群众的想法不合拍，结果是花了钱、出了力、办了事，却得不到群众的理解和支持。'阳光村务'尊重了群众意愿，也使干部的工作方法有了规范的程序，得到了极大的改进。""阳光村务"也使党员群众的积极性得到极大发挥。谢家路村在配合镇里建造公路时，遇到了房屋拆迁问题。在几名党员的带头下，整个拆迁没有出现一户"钉子户"。村民们理解地说："这些事都是以民主方式决定的，所以村里的事就像我们自己的家事一样，不能因为我一户不肯拆迁而耽误全村的事。"有关专家指出，与以往的村务处理办法相比，"阳光村务八步法"实现了两个突破：一是把村务决策从干部手中移交到了党员和群众手中，村干部的作用是组织好各个环节的实施，从而真正实现为民作主向由民作主的转变。二是充分发挥了党组织和党员的作用，让党员"先知道、先讨论、先行动"，激发了党员参与村级事务的积极性和主动性，扩大了党内的基层民主。

3.实施"小板凳工作法"

在谢家路村，家家户户都有小板凳，村干部通过"板凳会"，亲密地与村民坐在一起，长年坚持"访农户听心声、解难题办实事"制度，开展共谈、共解、共做，确保村民呼声及时听取，村民要求及时解决，村民误解及时解答，村里决议决策及时宣传，村民疑惑问题及时引导，拉近了干部和群众的大感情。

（1）**走进农户家庭，面对面地"谈"**。一方面，由村干部当好辅导员、联络员、协调员，"一对一"地向村民解读法律法规、政策文件，提供种养殖技术等；另一方面，坚决落实日常走访制度，零距离地听村民对村庄规划、环境整治、征地拆迁、道路建设、治安维稳、文明创建等方面的意见建议。如村民在"板凳会"上提出农田排水、土地流转、社会保障、环境噪声等具体问题50多条，村干部当场进行一对一解释说明，较好赢得了村民的认可和理解。

（2）**关注农村动态，心贴心地"解"**。村干部们始终以村民最关心、最直接、最现实的问题为出发点，以维护村民正当权益为落脚点。在"板凳会"上，村干部们议出了村里的四项民主制度、村民联系卡和《阳光月刊》等，这些制度载体较好地维护了村民的权益。正因为干部与群众心贴心，消除了许多误解、隔阂，还出现了两次村民要求为村干部加薪的新鲜事。

（3）**注重农村实际，实打实地"做"**。为确保"板凳会"取得实实在在的成效，我们紧密联系本村实际，紧密联系群众的实际，紧密联系开展创建全国文明村、打造全国有影响力的名村目标的实际，坚持虚实结合、虚功实做。据统计，2015年村班子成员共计走访群众1 200多户，收集群众意见60余条，为群众解决了生活生产上的各种困难。

经过十多年的摸索发展，谢家路村实现了村治方式从"管制型"向"协商民主型"的转变，村治主体从"为民做主"向"让民做主"的转变，村治理念从"管理"向"服务"的转变，形成了自己的实践特色。

（四）在文明建设上——凝心聚力、以文引人

精神文明建设是我们谢家路村最大的优势，全国文明村是该村最高的荣誉和品牌，文明礼貌、和谐团结是该村最大的软实力，凝心聚力、同心同德是该村最强大的力量。十五年来，谢家路村始终按照全国文明村的标准要求来推进创建工作，注重物质文明、政治文明、精神文明、生态文明、党的建设整体推进，打造了"经济发展较快、环境整洁优美、管理民主科学、社会文明和谐"的文明村庄形象。精神文明创建带来的喜人环境，使群众的气更顺，心更齐，劲更足，发展的信心更大。

1.以高尚道德引导人

十五年来，谢家路村牢牢坚持身边典型、榜样引领，持续开展"有好心、说好话、办好事、做好人、建好村"和"诚、善、美"等教育活动，组织开展"十星级文明户""五好文明家庭""十佳村民""最美丽谢家路人""最美丽党员""最美丽小公民""最美丽夕阳红""最美丽老总""最美丽好心人""最美丽家庭""最美丽婆婆""最美丽妻子""最美丽丈夫"等的评选，极大地营造了提供正能量的良好社会氛围。十五年来，先后产生出全国劳动模范、全国优秀党务工作者、全国优秀农民工、省级为民好书记、宁波劳动模范等典型代表，全村共评出各类先进典型600人次。颂先进、学先进、赶先进、比先进、超先进的热潮在谢家路村已经形成。

2.以优美环境改造人

以整洁的环境影响人，以淳朴的民风感染人。作为一个获得全国先进基层党组织、全国文明村、全国民主法治示范村、省全面小康建设示范村等诸多荣誉的先进村，谢家路村始终把村庄环境和文明创建作为密切党群关系的重要载体和美丽乡村建设的重中之重来抓。十多年来，该村坚持物质文明和精神文明一起抓，着力打造硬化、净化、亮化、绿化、美化的居住环境，共投入村庄建设、环境整治经费上亿元，为民办实事超百件，拆除各类违章建筑6 910.33平方米，其中拆除一户二宅的2 096.92平方米，影响村容村貌的1 584.25平方米，其他违法建筑3 229.16平方米，基本达到市、镇"无违建村"的创建标准要求。通过长期的环境整治活动，使村庄变得更加整洁有序，环境整治长效机制不断得到完善，广大党员、村民参与环境整治的积极性不断提高。

3.以科学理论教育人

队伍是关键，素质是根本，教育是基础。谢家路村党委认为，当前农村发展最重要的是人的素质，最薄弱的也是人的素质。只要素质提高了，密切党群关系就有了思想保证，建设美丽乡村就有了组织保证。十多年来，村党委下最大的决心、用最硬的措施、聚最强的合力来提升村民素质，坚持实施全民素质工程。一是建立教育活动点。于2002年8月创办了以"八有"为基本要求的"家庭式"教育活动点，即有专人管理、有学习名册、有学习设施、有学习计划、有学习教材、有制度上墙、有活动记录、有经费保障等。二是坚持创办特色课堂。在村露天广场建立了广场远程教育课堂、村干部论坛、微型党课等，历年来受教育党员群众达4万余人次，党员群众参与率达到92%。特别是小板凳课堂，依托"小载体"讲"大道理"，党员干部在板凳上与村民进行一对一的交流，做到了教育的全覆盖。三是坚持实施高密度培训。对村民开展每年一次18堂教育课大轮训，至今已连续坚持十余年，每年有3 000多名村民接受不同程度的素质教育。同时，连续8年组织党员代表、村民代表100多人赴浙江省社会主义学院专题培训，组织三套班子开展理论学习培训。

（五）在文化建设上—— 求美求乐、幸福百姓

文化是农村的血脉和灵魂，是经济社会发展的重要标志，也是密切党群关系的重要途径和手段。先进文化有利于凝聚民心、鼓舞斗志、陶冶情操、繁荣生活。为此，谢家路村党委认为抓文化就是抓民生、抓发展、抓未来、抓合力，把文化繁荣工作具体落实到满足群众需求、活跃村民生活，提升村民素质、展示文明形象，凝聚发展合力、密切党群关系，推进管理创新、促进社会和谐等工作上，并切实做到组织到位、经费到位、人才到位、措施到位、机制到位，真正把村庄建设成文化的乐园。

1. 建好文化阵地，满足百姓需求

随着社会主义新农村建设的不断推进和物质生活水平的提高，农民群众追求文明健康、丰富多彩的精神文化生活的愿望也日趋强烈。如何巩固农村文化阵地，坚守文化责任，扩大惠民成效，充分发挥农村文化阵地的作用，提供更多更好的文化产品和服务，满足农民群众多层次、多样性的精神文化需求，进一步提高农民群众的思想道德和科学文化素质，成为摆在我们面前的一个重大课题。谢家路村十分重视农村文化建设，2001年在资金十分紧张的情况下，建成了全市首个农民公园和村落文化宫，先后投入资金3 000余万元，建成了露天远教广场、文化礼堂、文化长廊、农民课堂、门球场、健身路径、老年活动室等基础设施，全村设有10个妇女计生点、11个妇女家庭教育活动点、11个党员教育活动点、10个普法教育活动

点和4个团员教育活动点。

2.建好文化团队，活跃文化生活

谢家路村组建了村绷龙队、文艺小分队、农民铜管乐队等有100余人参加的7支文体骨干队伍，广泛开展群众性文体活动，活跃了村民群众的业余文化生活，陶冶了农民情操，提高了生活质量。这些文体队伍中有被列为余姚市非物质文化遗产保护项目的绷龙队，有投入十余万元的青年农民组成的农民铜管乐队，有党员骨干组成的、以自编自演、小型多样为创作手段的文艺小分队，有以唱村歌为主的合唱队，有25个女性组成的腰鼓队，有多次获得优秀名次的老年门球队，有农村很少见的柔力球队。十五年来，各种团队表演场次达到500场，观众达到上万人次，极大地丰富了村民业余文化体育生活。

3.建好文化礼堂，共筑精神家园

开展农村文化礼堂建设，有利于夯实农村文化建设基础，有利于培育和践行社会主义核心价值观、提升农民群众综合素质，有利于打造农民群众共有精神家园。为进一步传承优秀文化、弘扬文明之风、培育农民素养，谢家路村投入100余万元，建设了文化礼堂。在文化礼堂的建设中，注重传统民俗文化和现代文明的融合创新，着力在文化礼堂的建筑风格、展示内容、活动样式、模式机制等方面形成特色，形成品牌。文化礼堂展示厅共分7个部分（第一部分：党史；第二部分：村史；第三部分：家乡骄傲；第四部分：领导关怀；第五部分：各类荣誉；第六部分：美好愿景；第七部分：阵列品展示），形成了一个对外宣传展示谢家路村形象的窗口，进一步提升了该村的影响力和知名度。同时，文化礼堂被作为一个爱国主义教育基地来实施，每天敞门吸引广大党员群众、妇女儿童以及各级领导、兄弟单位来参观学习。到目前为止，参观人数达到3 500人次。

（六）在社会建设上——依法治理、普惠民生

党的十八届四中全会《决定》指出，全面推进依法治国，基础在基层，工作重点在基层。乡村，是社会的细胞，也是党在农村基层一切工作的出发点和落脚点。但是，受市场化冲击，当前乡村治理中存在着不少薄弱环节和问题，如精神文化单调化、民间纠纷复杂化、邻里感情金钱化、干群关系紧张化等。针对上述问题，谢家路村结合实际，始终坚持法治为民，一切为了群众、一切依靠群众和从群众中来、到群众中去，积极探索新时

期乡村社会治理创新模式，利用"小板凳"做出了大文章。有专家指出，谢家路村的乡村治理模式是新时期乡村治理法治化的一个样本，值得在全省推广。

1. 德治法治双管齐下

党的十八届四中全会《决定》指出，必须坚持一手抓法治、一手抓德治，实现法律和道德相辅相成、法治和德治相得益彰。在谢家路村，这一论述得到了印证。近年来，该村坚持"一手抓发展，一手抓稳定"的工作思路，把维护村庄和谐稳定摆上全局工作的重要位置。谢家路人形象地把村级领导班子称为"小板凳"的"大梁"，总管全村；把村民小组长称为"小板凳"的"档"，协调上下；把民情联络员称为"小板凳"的"脚"，扎根民间。通过建立健全村、组、户"小三级维稳网络"，把平安村建设的任务落实到全村每个角落，实现了"小事不出组、大事不出村"，获浙江省首届"群众最满意的平安村"荣誉。通过"板凳"家访。该村建立"一卡一记一报告"制度，要求相关人员上门家访时，挨家挨户发放一份"民情联系卡"，记好"民情日记"，采集发现重要信息及时报所在村民小组长（网格长），发现重大矛盾和不稳定因素直接报村党委、村委会，争取在第一时间协调解决；还实施了"板凳"帮扶法，创新生活困难的弱势人群、一时误入歧途的特殊人群和外来务工流动人群"三群"管理模式，让他们感受到社会大家庭的温暖。在谢家路村，对青少年的关爱帮扶成为全体党员、村民小组长和户长的共同责任。村里不但经常对他们进行爱国主义、集体主义和孝亲敬老等教育，还出资为他们提供就业技能培训。近年来，光明公路拓宽工程、新大陆现代农业科技园区建设等一大批民生实事工程相继建成，没有出现一起越级上访、群体上访等事件。

2. 新老村民同是一家

随着经济建设的快速发展给社会建设带来的新问题，谢家路村党委敏锐地意识到，在新的发展阶段要再上新台阶、开拓新局面，就要分析新情况、解决新问题，大力创新和推进社会化管理。为此，村党委于2008年1月12日建立了和谐联谊会，始终把加强社会管理创新摆在十分重要的位置，并把对外来务工人员的服务和管理作为工作的重点。

(1)加强服务，提供帮助，用真心为新村民解决困难。一是凭着新村民和谐联谊会的理事遍及辖区各个角落，对新村民的生活状况及需求信息能够做到及时了解并反馈。如新村民刘巨良一家四口，靠一个人打工为生，家境十分困难，村党委了解情况后，主动为他申请困难扶助金800元。又如一个新村民，嫁到这里才三个月就被确诊患上了白血病，村党委以最快速度为她申请了临时扶助和爱心捐助4万多元，从得知情况到把钱送到她手里，前后仅仅一天半时间。二是为缺乏一技之长的新村民提供技能、法规培训，增强新村民的就业能力，解决就业问题。安徽农民工王敏说，当初她来到谢家路村时，人生地不熟，是村干部帮她找到工作，又帮忙联系了住房。她在勤劳致富后，为数百位外来务工人员提供了找工作、租房等服务，她本人还获得了"全国优秀农民工"的称号。三是为外来人员解决子女教育管理问题。外来子女教育管理是众多外来人员放心不下的一块"心病"。为此，村里开办了"假日学校"，并根据学生的爱好开展各种兴趣课，丰富了他们的暑期生活。同时，还注重对孩子的思想道德教育，经常组织外地和本地小朋友开展"同心杯"系列活动，如互赠书籍、同台演出等，加强他们之间的沟通和交流。

（2）**加强共建，共创和谐，用真意构筑平安村庄**。周到、热情的服务在给新村民带来帮助、信心的同时，也激发了他们为村做贡献的热情。新村民纷纷加入到村里的各项活动中来，他们把谢家路村当做自己的家，把老村民当成自己的亲人，热情地服务着。有帮助老年房东灌煤气、扛重活的，有帮助村民疏通管道的。而老人们则将家中的多余日用品送给那些刚入住的新村民，互惠互助，和睦相处。联谊会的成立，拉近了新村民与当地村民间的关系，使外来人员跟村里由过去的被动管理关系变成主动融入农村新社区建设中。新村民在改变自身形象的同时，也提升了自己的荣誉感和责任感，并实现了由"局外人"向"一家人"的转变。

3. 关爱工程普惠民生

村里富了，如何让村民更幸福、村庄更和谐，成为村党委思考的重点。谢家路村非常注重改革成果让全民共享，十几年来，始终将让群众得实惠作为一切工作的出发点和落脚点，坚持小发展小惠群众、大发展大普惠群众的理念，大幅提高村民幸福指数，激发了党员群众参与新农村建设的热情。"看病可以报销，生活困难有人帮扶，年轻人足不出村就能找到工作，我们还愁什么？"已经79岁的陈顺炎正在服务中心悠闲地打牌。谢家路村真正做到了让广大农民"学有所教、劳有所得、病有所医、老有所养、住有所居"。根据村集体经济承受能力，每年拿出400万元，推出了"读书送学礼、结婚送贺礼、生病送慰礼，丧事送悼礼"制度，还对村民给予门诊、住院费用报销，低保户、困难危房户补助，残疾人、居家养老及空巢老人生活补助，将退职老干部、村民小组长、60岁以上无职党员等对象纳入补助政策范围，对弱势群体进行分类帮扶，在党内实施六项关爱制度，对困难户，采用支部、党员和爱心志愿者"百户帮一户"的五项帮扶制度。还建立了全市首个爱心帮扶基金、爱心超市，已累计收到捐款近200万元、衣服近万件，有1 000多人受到捐助，让村民享受到发展成果，深受村民欢迎和好评。

（七）在生态建设上——宜居宜业、共建共享

历年来，谢家路村认真按照"经济繁荣，生态优先，环境优美，社会进步"的工作思路，以改善农村生态环境质量和绿化面貌为目标，以村庄绿化规划为基础，以增加绿化量为重点，以长效管理为保障，不断优化村庄绿化布局，逐步推进村庄绿色生态环境建设的良性循环。

1.积极推进"三改一拆"

谢家路村把"三改一拆"专项行动看做是推动美丽乡村精品村建设和提高村民幸福指数的一次重要机遇，主动谋划，积极实施，做到"拆、改"并举，超额完成拆迁工作，而且无发生一起安全事故，无一件拆迁户上访事件，真正做到了和谐拆迁。号称"天下第一难"的拆迁工作是一块难啃的骨头，怎样做到快速推进、和谐拆迁呢？谢家路村的经验是认真围绕"六步工作法"，环环相扣，强势推进。第一步，思想高度统一。多次组织召开专题工作会议，真正做到思想动员、调查摸底、工作责任"三到位"，成立了"三支队伍"，还明确了"六先拆"原则（党员、干部、代表先拆；存在安全隐患的先拆；造成恶劣影响的先拆；群众反映强烈的先拆；有举报信的先拆；影响美丽乡村精品村建设的先拆；违法面积、影响特别大的先拆），充分发挥出党组织和党员骨干的先锋模范作用。第二步，目标任务明确。对全村所有违章建筑进行了重新排摸分类，确定拆违范围、对象，召开村民代表会议表决确定，将任务分解到每个村民小组，责任落实到联组干部和村民小组长，每组依靠党员、村民代表配合，并排出月进度表，实行倒计时，将"三改一拆"工作成效与每位党员、组级干部和村民代表年度创先争优挂钩。同时，提出了"三项规定"：凡确定范围内的党

员及亲属的违章建筑，一律要求在第一时间先行拆除，为群众带好头；对党员干部及亲属的违章建筑，由该党员包干限期完成；对新出现的违章建筑发现一起，必须立即拆除一起。第三步，拆迁签订承诺。为确保拆迁工作顺利，谢家路村要求村组干部上门对涉及拆迁的农户在统一思想、做好过细工作的基础上，在拆迁前向村委会签订自愿拆迁承诺书，由农户代表签字后方可进行拆迁；在未取得农户签订自愿拆迁承诺书前，不准进行拆迁，努力确保全村群众满意、和谐拆迁。第四步，拆迁确保安全。谢家路村为做到安全拆迁，由村委组织专业队伍统一提供拆迁服务，并要求村组干部在拆前、拆中、拆后做到"三到场""三服务"。"三到场"，即对建筑原貌丈量到场并拍照存档，拆迁过程确保安全指导到场，拆迁后验收到场；"三服务"，即拆迁过程中由党员志愿者义务服务（包括帮助其搬东西、安置等），拆迁完成后由村组干部回访温馨服务，土地复耕后提供生产指导服务。第五步，严格组织验收。拆迁后，谢家路村及时组织"三改一拆"监督验收领导小组对每一拆迁户的建筑原貌、拆除质量、复耕情况全程进行跟踪监督，做到拆一户，严格组织验收一户。同时还委托群众代表实行全过程监督，确保了拆迁质量、拆迁进度、拆迁效果"三落实"。验收后，该村将对复耕面积4 200平方米采取三方面措施：一是实施植绿布绿，进一步改善美化村容村貌；二是对复耕的土地种植经济作物，进一步提高村民的增收增效；三是宅基地置换，由村回收宅基地调剂给缺房户，营造一个平安村庄、和谐村庄、清爽村庄环境。第六步，结果公开公示。为做到政策面前"一碗水端平"，公开公正，取信于民。该村充分利用《阳光》月刊，开辟专栏，一方面将上级的精神、政策、任务宣传做到"三个一致"；另一方面将每一户拆迁结果公于与民，把《阳光》月刊发放到每家每户，家喻户晓，自觉接受监督，使村民对全村"三改一拆"的进度、结果了如指掌。

2.积极推进"五水共治"

谢家路村认真按照省、市"五水共治"的总体部署要求，坚持党建引领强核心，幸福群众展美丽，党员率先行动作示范，群众参与狠抓落实，成立了全省首个村级"五水共治"十家企业冠名基金，280万元，落实了治理经费保障，达到了水清、岸绿、流畅、景美的"三洁九无"标准，确保了"五水共治"工作取得了实实在在成效。其主要事迹表现在四方面：

（1）注重河岸一体化治理，效果好。谢家路村区域水系比较发达，纵横交错，区域内有3条镇级河道、11条村级河道，全长累计有6 000米左右。该村自加压力找短板，高标准治理抓创新。例如，第五村民小组积极开展创新探索实践，借用鱼塘水草养殖的经验，发动党员骨干自掏腰包5 000余元，对东段350米的砌石河道探索实施了先清淤后养鱼，并在水面上圈养水草，然后再安装增氧设备，实现了既经济又实惠一举两得的效果。目前全村的河道实现了改善水质好、管护成本少、村民共同参与治水机制好的"三好"成效，真正为"五水共治"从"政府主导"到"社会参与"提供了一个创新和实践的样本。该村的"五水共治"河岸一体化治理效果得到了浙江省、宁波市的水利专家和领导的高度肯定和一致好评，5组的河岸一体化水环境治理被宁波市列为创新奖。

（2）**注重生活污水处理工程，管理好**。谢家路村按照"一次规划、分步实施、全面推进"的工作要求，紧紧围绕改善农村水环境，突出水环境的保护。一年来，该村克服多种困难，攻坚破难，切实抓好第一期投资950万元、涉及900户家庭的生活污水治理项目工程完工扫尾。第二期生活污水治理工程投入近1 000万元，全面启动，有序推进，可望今年6月全部完成治污项目，真正为谢家路村高质量治水打下扎实基础。

（3）**注重"民间河长"作用，发挥好**。为使谢家路村"水环境"得到长效保护以及"五水共治"水岸一体化治理项目有序推进，该村聘请10名民间河长监督员，规范实施"六公开"河道整治标准，并接受全民监督。河道管理员坚持每天一次进行河道清理，"民间河长"每月一次对各河道治理的监督考核打分，并公开考核结果，取得了较好效果。

（4）**注重基础设施建设，支持好**。一方面谢家路村按照上级要求以及改善水环境的需要，针对两家畜牧场饲养规模小，每天产生大量动物排泄物和污水，对周围的土地、水源、空气以及生物等自然环境和生态环境造成严重污染的问题，提前完成了两家畜牧场的整治搬迁任务，使村里水环境质量得到大幅度提高。另一方面，该村强化基础设施建设，对村中心江两边实施规范整治，扩大绿化面积和绿化种类。一年来，该村在治水方面已投入资金200多万元，实现了村庄内无黑河、臭河、垃圾河的目标，达到了"三洁九无"要求。

3.积极推进"美丽家园"

谢家路村积极响应市委和镇党委的号召，扎扎实实开展全民共建"美丽家园"创建活动，提出了"争创一流，提供经验"的自我加压目标，始终突出"农户庭院美、道路河道美、绿化亮化美、服务村民美、村风民风美"的五大目标任务，精心部署，大力实施，着力营造出村组干部示范、党员率先带头、村民踊跃参与的良好氛围，扎实把"美丽村庄""美丽庭院"创建作为实实在在幸福村民的一项民生工作来抓，取得了明显成效，得到了泗门镇党委、镇政府的肯定和鼓励。

（1）**自我加压，拉高标杆，组织实施好**。认真对照市、镇全民共建"美丽家园"的要求和测评标准，突出主题，迅速行动，及时成立了全民共建"美丽家园"工作领导（监督）小组和实干（整治）小组，精心制定方案，全面组织实施。主要突出抓好"三个明确"：一是明确任务，促进创建工作有序推进。二是明确举措，促进创建工作责任落实。三是明确要求，促进创建工作效率提升。谢家路村始终坚持高标准严要求，拉高标杆，整体协调推进，将重点放在庭院整治上，村组干部经得起骂、受得住气。在刚开始整治垃圾、整治庭院的时候，有些村民不理解、不支持，过程痛苦，但结果令人高兴。目前，村里已由过去的扫扫清爽、堆堆好、码码齐的整治做法，改变为彻底清理家家户户乱石、破砖、石子、沙子、杂物的"清洁庭院"行动，彻底清除房屋前后乱堆放、乱杂物现象，确保庭院内外与周边环境协调一致，真正把"美丽村庄""美丽庭院"创建提高到一个新水平。

（2）**干群合力，共建家园，作用发挥好**。好风气是管出来的，也是带出来的。谢家路村把"美丽庭院"整治作为一切工作的头等大事，抓进度、促质量，埋头苦干，形成了组与组之间你追我赶、奋勇争先的可喜局面。坚持典型示范，以点带面。面对压力大、任务重、时间紧，特别是处于高温时期的情况，村组干部每天上午5—9点领着党员群众干，付出了艰辛的努力，真正体现出吃苦在先、冲锋在前的模范带头作用，抓出了成效。坚持严格考核，认真督查。一方面该村认真按照整治要求，加大督查力度，对整治不到位的及时提出合理化建议；另一方面严格标准考核，全村10个村民小组分三次到实地进行验收，测评打分，公开公平通过了考核，并在《阳光月刊》上进行公布。

（3）**成效显现，成果共享，提升形象好**。花小钱能办大事，要少花钱也能办成事，也能幸福村民。通过集中整治，村里的每一条道路都整洁干净，每一户农家庭院都整洁有序。据统计，在这次"美丽庭院"创建中，全村共出动2 000余人次，清理垃圾、各类杂物4 200多车，党员参与率达到99%，村民参与率75%左右，全村有35%的农户达到了余姚市"美丽庭院"创建标准。2015年10月9日，谢家路村隆重举行了以"提升村庄品质，共享美好生活"为主题的美丽家园总结表彰活动，表彰了第九村民小组以及倪秋梅等一大批先进集体和先进个人。《余姚日报》等媒体多次详细报道了该村"美丽家园"创建做法。

（八）在队伍建设上—— 敢于担当、领跑领先

基础不牢，地动山摇。基层是党执政的基础，是科学发展的根基，是依靠群众的基石，是解决问题的基点，是党做好一切工作之根本。固本强基夯实基层基础这件大事，任何时候都放松不得、动摇不得。十五年来，村党委以抓基础、活细胞、强堡垒为主线，扎实推进党员干部队伍建设。

1. 强网络发挥骨干作用，抓基础

村民小组长和村民代表在村级经济发展中发挥着很重要的作用，是一支不可忽视的中坚力量，是基础中的基础。为此，根据实际，谢家路村突出重点，抓好队伍的调整和作用的发挥，每年对村民小组长的工作能力、身体条件和群众评论等进行综合考评，配齐配强了10名村民小组长队伍。支部书记和委员采用户长推荐、党委考察、党员选举的方法，支部书记坚持"三个优先"的原则，即党员村民小组长优先，党员教育活动点负责人优先，村级以上先进模范党员优先。同时，该村一直来也非常重视村民代表队伍的建设，将村民代表上墙公开在风采栏里，增强代表们的责任感、荣誉感和使命感。56名村民代表肩负起了管理村级事务和村级重大事项决策、管理和监督责任，队伍整体素质有了明显提高。

2. 强队伍发挥党员作用，活细胞

党员是党肌体的细胞，细胞健康，党的肌体就健康；党员是社会的先进分子，党的先进性是靠每一位党员来体现的。为发挥出每名党员的先锋模范作用，扎实开展党员"三亮一强"（亮出党员身份、亮出党员岗位、亮出党员思想，增强党员素质）活动。"亮身份"，即由村统一制作"共产党员户"红色牌子安装在每户党员家门口，统一制作"共产党员"胸卡，增强党员的自豪感和责任感。"亮岗位"，即开展科学设岗、自愿认岗、民主荐岗活动，让每一位无职党员都有发挥作用的岗位，推出了扶贫帮困岗、卫生区域岗、工作协助岗、计生信息岗、治安巡逻岗5个岗位，定责任、

定区域、定人员，100%的党员明岗上牌。"亮思想"，即每位党员在党性分析中都深刻谈出了自己的思想，对照不足抓整改。"强素质"，即通过学党章、上党课、听事迹报告、看教育影片、谈心得体会等一系列强化教育，真正提高党员素质，树好党员形象。同时，开展"三争一树"比贡献活动（争当优秀党员、争当党员标兵、争当优秀我来帮志愿者，树立一批先进典型）。连续七年组织开展"十佳党员标兵"评选活动，表彰了一批表现突出的党员标兵和优秀党员。通过评比，形成"先进带后进、党员带群众"的互动帮带机制，极大地调动了每名党员立足岗位比贡献的热情。另外，把强组织、强引领、强担当与严要求紧密结合，对220名党员实施了强担当、守规矩签订了承诺书，并签订了谢家路村党员自觉履行日常行为规范十条承诺，真正用理想信念的定力、改革创新的动力、实际工作的能力将履职尽责、爱岗奉献落到实处。

3.强班子发挥组织作用，优堡垒

打铁必须自身硬。谢家路村的迅速崛起，关键是有一个过硬的村党组织领导班子，充分发挥了党组织坚强有力的战斗堡垒作用。作为"班长"的党委书记钱建康认为，共产党员尤其是党员领导干部的先锋模范带头作用，不仅要体现在"干在实处当先锋"，还要体现在"干在前列促发展"。干部好坏，群众心里最有数，群众最有发言权。十多年来，谢家路村始终以群众的观点、群众的要求、群众的感情为出发点，坚持抓制度促规范，狠抓队伍自身建设，发挥党组织战斗堡垒作用。

（1）"九条守则"立规矩。从村干部的"四项规定"、"五个不准"到"九条守则"，从值夜制度、加班制度、签到制度、节假日上班制度、碰头会制度到突发事件应急处置制度，领导班子坚持时时处处讲规矩、立规矩、守规矩，形成了严格管理的常态。特别是2015年4月21日出台的村干部自觉履行服务为民"九条守则"，更具有全面性、约束性、操作性和实效性，对发挥党组织战斗堡垒作用提供了制度保障。在谢家路村，干部不参与工程建设、不参与不正当议论，急难险重干部必到、群众有需求必到、节假日值班必到都成为干部们自觉遵守的规矩。

（2）"6白+2黑"勤为民。十五年来，坚持每周6天的上班时间，坚持每天晚上都有党员干部值夜班制度，坚持节假日村主要干部带头值班制度，这些实实在在的值班制度和"6白+2黑"的服务为民，有力地保障了谢家路村"大事不出户、小事不出村、矛盾不上交、村级无上访"的良好局面。这些举措既受到了村民的广泛欢迎,又保障了村庄平安、稳定、和谐发展。

(3)"两评五定"常态化。"两评五定"是加强农村基层组织工作的导航仪和稳定器。十五年来村班子和村干部每年都会接受党员、村民代表民主评议,每月定期开展政治理论学习,每周定期进行工作交流,根据农时变化定期开展工作调研,定期走访党员群众,定期向党员和村民代表通报党务、村务、财务情况。这些工作都让百姓群众称心放心,对班子集体的满意率始终保持在98%以上,对村级主要干部的满意率始终保持在95%以上,对全体干部的满意率始终保持在93%以上,对全体党员的民主评议优秀率、合格率始终保持在95%以上。每年村里还会组织1 600多户村民对村党委和村干部进行更加广泛的评议,满意率达到90%以上。

在谢家路村,党员干部有冲在前、赶在前,领跑领先、争创一流的精、气、神,有敢担当、能担当、会担当的好氛围。谢家路村有过得硬、靠得住、有本事、会办事、威信高、魄力大的一批好干部、好党员,有听党话、跟党走、政治觉悟高、遵守村规民约、尊重党员干部、热爱村庄建设的好百姓、好群众。在谢家路村,党员干部的名言是:有老百姓的支持和拥护,天下无难事。百姓群众的评价是:村干部办事,我们一百个放心。

三、谢家路村十五年发展的经验和启示

那么,谢家路村快速发展的秘诀到底何在?谢家路村党委书记钱建康说,就是要始终坚持党建引领、幸福群众,充分发挥党员的先锋模范作用,切实增强党组织的凝聚力、战斗力和创造力,带领村民致富,促进社会和谐。

(一)十五年坚持党建引领幸福群众的可喜成就

十五年来,谢家路村党委持之以恒地推进基层党的建设,走出了一条适合本地实际,以党的建设推动新农村建设、以党内民主带动社会民主的新路子,取得了可喜的成效。

1.党的建设极大地推动了经济社会的快速发展

党的建设要为经济建设服务,这是一条基本原则。谢家路村坚持这一原则,以党的建设的实践来积极推动社会主义新农村建设。2015年全村实现社会经济总产值44.5亿元,村级集体经济可用资金1 950万元,农民人均收入37 600元;先后获得全国创建文明村工作先进村、全国优秀小康村、

全国民主法治示范村、全国村级财务规范化管理示范村、中国名村影响力排行榜（300佳）第78位、全国巾帼示范村、全国城乡妇女岗位建功先进集体、全国计生协工作先进集体、全国"美德在农家"活动示范点等10多项国家级荣誉和浙江省全面小康建设示范村等70多项省、市级荣誉。

2.党的建设极大地推动了基层民主的深入发展

党内民主建设是基层党的建设的重要组成部分，是促进基层党建工作的重要抓手和突破口。村党委顺应世情、国情、党情的新变化，以极大的勇气和胆量狠抓基层党的建设，紧扣党内民主建设的主题，极大地调动了基层党员群众的积极性和创造性，极大地激发了基层党组织的活力，极大地发挥了党的政治优势，走出了一条党建强村、民主立村的特色之路，得到中组部领导的高度肯定，获得全国先进基层党组织、浙江省先进基层党组织、浙江省农村基层组织"先锋工程"建设"五好"村党组织、浙江省先进基层示范党校、浙江省远程教育双示范点、浙江省推动中国马克思主义大众化案例创新奖、浙江省与四川省青川枣树村重建"先锋工程"接对村等50多项党内省、市级荣誉。

3.党的建设极大地推动了干群关系的健康发展

密切联系群众是我党的宗旨，是我党最大的政治优势，也是建设社会主义新农村的力量源泉和根本保障。在谢家路村，最宝贵的是和谐的干群关系，最令人感动也是亲密的干群关系。村党委书记钱建康挂在嘴上最多的一句话是：只有为百姓服务，群众才会信任你；有老百姓的支持和拥护，天下无难事。2000年底，村民理财小组在对村财务进行监督时，发现村干部每月所领工资只有400元，比镇里建议的还少300元，20多名村民联名写信给镇里，要求给村干部加薪。此事在当地传为美谈，成为当年余姚市精神文明建设"十大新事"之一。到目前为止，村级班子为民办实事28件，投入资金3 240万元，从未出现一起村民上访事件。全国"三农"专家顾益康同志说，在利益格局激烈调整的农村，有如此好的干群关系，不失为一个奇迹。

4.党的建设极大地推动了社会治理的创新发展

基层民主是新时期、新阶段农村社会热点和难点问题，能否推动基层民主顺利健康发展是新农村建设和和谐社会建设的关键所在。谢家路村多年实践走出了一条党内民主建设带动基层民主建设的社会管理新路子。在

"党内民主示范工程"的带动下，开展了创建民主法治示范村活动，强化了以"民主选举、民主决策、民主管理、民主监督"为主要内容，村民参与权、决策权、自治权、监督权的建设，建立健全了以村民代表议事制度为重点的村级民主决策机制，创新并推广了"阳光村务八步法"，顺利通过了光明公路拓宽改造工程、新村住宅区建设、农民公园改造、5 100亩土地轮转等一系列村级重大事项决策70多项。"党内大事党员说了算""村里大事村民说了算"已经成为常态。全村上下呈现出党内民主带动社会民主、党内和谐促进社会和谐、党内团结推动全村大团结的喜人景象。

5.党的建设极大地推动了党员教育的蓬勃发展

为全面加强基层党建工作，充分发挥基层党组织战斗堡垒作用和党员先锋模范作用，谢家路村党委根据形势发展和党员实际，以加强党内民主建设为落脚点和突破口，推动基层党员教育的蓬勃发展。谢家路村党委把党内民主建设与基层党员教育很好地融合在一起，党内民主为党员教育提供契机和条件，党员教育为党内民主搭建平台和载体，党员教育促进党内民主，党内民主推动党员教育。十多年来，根据民主建设和党员教育的要求，谢家路村每年都会开展一次党的主题教育实践活动，为推动经济建设、政治建设、民主建设、文化建设、生态建设和党的建设提供了强大的精神动力。如在先进性教育中，开展了"三亮一强"活动；在创先争优实践中，开展了"三争一树"比贡献活动。《宁波日报》头版以《共产党员户，响当当的牌子》为题连续6篇，全面系列报道了谢家路村的经验和做法。

（二）十五年坚持党建引领幸福群众的宝贵经验

谢家路村以基层党的建设推动新农村建设、以党内民主建设带动社会民主建设的实践，创造了许多有益的做法，积累了不少成功经验。这是基层党建创新、新农村建设试验的一个缩影，也是中国特色社会主义在农村生动实践的一个缩影。其主要经验有以下几方面。

1.好的领导班子，是推动基层党建工作的关键

俗话说，农村富不富，关键在支部，支部强不强，责任在班长，最重要的是要选好一只"领头雁"。富起来的谢家路村村民有一个非常切身的共同感受：是党委班子和班子的"领头雁"作用加速了谢家路新农村建设步伐，让他们甩掉了贫穷的帽子，走进了全国优秀小康村的行列。推动党内民主，建设新农村，关键是要固本强基，切实形成"双强"型的"火车头"，实现民主治村。谢家路村之所以有今天的崭新面貌，与坚强的村级领导班子和党委书记钱建康密不可分。这个"千方百计，让老百姓过上好日子是头等大计"的人，总觉得"千辛万苦，真心为老百姓办实事一点也不苦"。这位一心扑在事业上，带领村民致富奔小康的全国劳模、全国优秀党务工作者，被浙江省委命名为"为民好书记"的钱建康，一生最大的愿望是带领一支倾情于民、想群众之所想、急群众之所急、解群众之所需的特别能吃亏、特别能吃苦、特别能创业的领导班子奔跑在社会主义新农村建设的大道上。

2. 好的党员队伍，是推动基层党建工作的根本

党员是基层党内民主建设的主体。只有充分发挥党员的主体作用，才能把基层党内民主建设落到实处，才能真正推动以党内民主带动基层民主的发展，才能破解当前我国农村基层民主建设的难题。"一个党员一面旗，一个岗位一盏灯"。围绕永葆先进性和创先争优，谢家路村党委开展了以"党在我心中，我在村民中"为主题的系列活动，举行了大型党员承诺书签字仪式，开展了"亮出党员身份、亮出党员思想、亮出党员岗位"活动，对党员的岗位建立设岗、定岗、上岗、用岗的"四岗制"，针对非干部党员设计了干部工作协助岗、环境卫生岗、治安巡逻岗、计生信息岗、爱心帮扶岗，使每一名党员都能按照自己的特长能力选择合适的党员岗位，使每一名党员都成为群众中的一面旗帜，使每一名党员都成为基层民主建设的实践者和创造者。

3. 好的制度机制，是推动基层党建工作的保障

制度建设带有长期性、根本性和权威性。基层党内民主建设不能靠一阵子、一阵风，一定要有一套制度和机制作为支撑，并且要持之以恒地坚持下去。为此，谢家路村党委紧紧围绕"打造坚强堡垒、树立先锋形象、坚持民主立村、建设幸福家园"的目标要求，从群众最关心的问题入手，全面推行以民意收集、民意反映、民情分析、民生回应、民生落实为主要内容的民主工作制度，提升了村党组织服务民意、实践民本的功能：以多渠道拓展"民意收集"，抓好党组织服务民意的基础点；以多形式规范"民意反映"，抓好党组织服务民意的连接点；以多平台支撑"民情分析"，抓好党组织服务民意的关键点；以多制度保障"民生回应"，抓好党组织服务民意的落脚点；以多途径实践"民生落实"，抓好党组织服务民意的归宿点。

4. 好的发展路子，是推动基层党建工作的基础

思想决定思路，思路决定出路。一条好的路子能够开辟农村光明的前景。谢家路村地处杭州湾畔，前不靠山，后不着海，又远离集镇，在一般人看来，明显缺乏发展优势。确实，10年前，这里村容村貌落后，集体经济薄弱，是一个远近闻名的贫困村。当时的集体家当是9万元的债款。然而，今天，这个村昂首迈进了中国名村（300佳中名列第78位）行列，获得了全国创建文明村工作先进村、全国民主法治示范村、全国优秀小康村等11项国家级"桂冠"和浙江省全面建设示范村、浙江省先进基层党组织等70多项省、市级荣誉。是什么让谢家路从一个经济薄弱村一跃成为富裕村、文明村？这一切都因其以党建促发展、以党建促改革、以党建促和谐，探索出了一条以党内民主推动村民民主、以党内和谐促进社会和谐、以党的团结带动村民团结，一心一意建设社会主义新农村的新路子。

5. 好的创新载体，是推动基层党建工作的途径

基层党内民主建设是一个系统工程，必须借助好的创新载体才能取得实实在在的成效。谢家路村党委因地制宜、因人制宜、因时制宜、因事制宜，创设出许多行之有效的基层党内民主建设的载体。在教育阵地建设上，设立村级基层总校1所、村级党校分校3所、11个党员教育活动点、6个远程教育播放点、1个广场远程教育课堂、2个党员学用实践基地、3个党员爱国主义教育基地，形成了以村党校为龙头、以党员教育活动点为基础、以远程教育点及实践基地为辅助的党员教育网络体系；在教育方法上，以"小载体讲大道理"为抓手，率先创设了"小板凳宣讲课堂"，通过教、听、联，进一步拓展了基层民主的渠道，成为密切干群关系、党群关系的"连心桥""加油站""减压阀"；在宣传阵地上，创办"阳光黑板报""阳光民主墙"和村级刊物《阳光月刊》，每月一期，并将月刊发到每一户家庭，及时刊登党员、干部民主评议的情况，接受全村百姓的监督。

（三）十五年坚持党建引领幸福群众的深刻启示

基础不牢，地动山摇。我党95年的历史证明，重视基层党建工作和民主建设，党的事业就会发展，农村建设就会发展。谢家路村基层党内民主建设的成功做法和宝贵经验给了我们的许多的启示，主要是：

1. 党建引领是科学发展的"助推器"

党内民主建设是基层党建工作的重要内容，也是推动社会主义新农村建设的强大动力。只有重视党内民主建设，才能推动新农村建设。从谢家路村的实践来看，通过强基层基础、抓党员队伍、讲民主作风，能及时了解到村民的最大呼声，做到农村工作情况明、底子清，工作开展起来有针对性。在谢家路村，凡涉及土地征用、拆迁等难事，只要村民组长上门就能够解决。整个农村风正气顺，营造了一个非常好的发展环境。近年来，无论是集体经济还是村民收入，谢家路村一年一大步地向前发展。基层民主的发展，使群众的气顺了、心齐了、风正了、劲足了，发展的信心更大了，发展的环境更好了。

2. 党建引领是干群关系的"连心桥"

党群关系、干群关系是新农村建设最重要的课题。我们党的最大危险是脱离群众，最大的优势是联系群众。只有重视党内民主建设，才能密切党群关系。谢家路村党内民主建设最成功的实践成果和理论成果，就是形成了一个非常好的党群关系和干群关系。在谢家路村，干部关爱村民、村民尊重干部已经成为常态。村民的事是小事，也是大事。当地干部有一句名言：有老百姓的支持和拥护，天下无难事；当地群众有一句名言：村干部办事，我们一百个放心。新的时期，如何做好农村基层群众工作？谢家路村党委用实际行动给了我们一个正确的答案。以人为本、执政为民，与群众血肉相连，这是我们党的宗旨所系。经济要繁荣、社会要和谐，都要求有好的党群干群关系。如何使党群干群关系更加密切，靠的就是党内民主建设这个纽带和桥梁。

3. 党建引领是执政为民的"加油站"

合乎民情，各项政策措施才能赢得人心；顺乎民意，各种蓝图目标才能如期实现。只有重视党内民主建设，才能合乎民情民意。谢家路村党委发动党员干部深入村组、农户，广泛召开"板凳会""座谈会""诸葛亮会"全面了解群众意愿，广泛收集群众意见，实施"阳光村务八步法"。党的作风体现党的宗旨，关系党的形象，关系人心向背，关系党和国家的生死存亡。列宁强调：哪里有群众，就一定要到哪里去工作。谢家路村党委与时俱进，继承发扬党的优良传统和作风。民主建设极大地调动了村干部的积极性，2001年以来村干部实行夜间工作制，10名干部除了白天正常上班外，夜里分成两组，轮流上班，接待群众雷打不同，十年来从未间断，而且取得了非常好的成效。

4. 党建引领是化解矛盾的"润滑剂"

基层民主的发展，消解了基层农村中的各种阻力和矛盾。只有重视党内民主建设，才能促进社会和谐。在全国各地征地拆迁千难万难的情况下，谢家路村征用土地无数、产业结构调整、住房小区建设等，从未发生过一起信访事件。通过党内民主建设，全村出现了"三多三少"的喜人景象：党组织工作神秘感少了，党员成就感、荣誉感多了；群众对党组织、党员背后议论的少了，对党组织和党员放心、信任的多了；村里难事、烦事少了，党员群众互帮团结的多了。全村形成了"小事不出组、大事不出村、矛盾不上交"的和谐局面。

5. 党建引领是社会治理的"金钥匙"

基层是社会管理创新的源头。基层民主建设使广大党员群众真正成为重大决策的参与者、基层自治的主导者、美好家园的建设者、社会管理的创造者。只有重视党内民主建设，才能推动管理创新。谢家路村基层党内民主的最大特色，就是百姓事百姓管，公开公正透明，包括在探索农村"三资"管理公开的全裸实验，不仅公开支出，还公开收入；不仅公开资金明细，还公开资产资源等。事实证明：在农村，公开是信任的基础；在基层民主建设中要勇气更大一些、步子更大一些，迎来的就是百姓的嘉许和拥戴。阳光是最好的防腐剂，基层党内民主是促进村民民主政治建设的"金钥匙"。

中共谢家路村党委

2016年5月

钱建康其人其事

（长篇报告文学节选）

沈华坤

引　子

我们的村庄，祥和温馨。一行行脚印，踩出聚宝的金盆。

那是我左邻右舍的乡亲，棉花地里种黄金。

创业一年年唷，发展一春春唷，富而思进的闯劲唷，文明的乡村。

谢家路，杭州湾之星，唱出家园，缕缕小康情。

（念白）：谢家路，三个好！富而思进发展好！

永不满足创业跑，奔向小康有目标。

宽阔的村路，海风轻轻。一双双巧手，编织幸福的憧憬。

那是我勤劳厚道的乡亲，榨菜地里建新村。

播下彩虹雨唷，耕耘天边星唷，永不满足的征程唷，农家的欢歌。

谢家路，杭州湾之星，画出家园，浓浓锦绣春。

（念白）：谢家路，三个好！富而思进发展好！

永不满足创业跑，奔向小康有目标。（杨鹏飞词，朱德孚曲）

这首曾荣获全国十佳村歌荣誉的村歌，名叫《我的谢家路》，演绎了全国文明村、全国优秀小康村、中国名村浙江余姚谢家路村的美丽画面。

沐浴着改革开放的春风，谢家路村从一个贫困落后的浙东农村，华丽转身为全国有较高知名度的社会主义新农村，可以说，是中国乡村振兴的一个缩影，其波澜壮阔的艰苦创业历程，可歌可泣。作为一个蹲点联系谢家路村20多年的地方媒体记者和文学爱好者，笔者亲身见证了谢家路村的巨大变化，也熟知谢家路村干部群众投身社会主义新农村建设的一个个故事。回顾谢家路村的振兴之路，对于带动更多农村以谢家路村为样板推进乡村振兴战略实施，建设富裕文明宜居的美丽乡村，应该是有积极意义的。

而谢家路村翻天覆地的变化，离不开一个人毕生的努力奋斗，他就是荣获"全国劳动模范""全国优秀党务工作者""全国十大杰出村官"称号的钱建康。

展开中国的版图，浙江位于这只雄鸡的肚皮上，放大了细看，饱满的肚皮上还有个小小的缺口，泗门镇谢家路村就在这缺口边，它地属余姚，但紧挨着绍兴上虞，村后就对着茫茫杭州湾。

谢家路村位于浙江省余姚市泗门镇北部，距镇政府驻地4公里，村民委员会驻地谢家路四丘。旧时有路自镇上谢氏宗祠直通海滨，称"谢家路"（即现在的光明路），村庄也因此而得名。谢家路村东邻相公潭村，南连镇北村、泗北村，西连夹塘村，北濒杭州湾，面积4.9平方公里，有谢家路老丘、谢家路二丘、戚家路三丘、谢家路四丘、隆昌等自然村。2001年4月行政村合并时，老丘村、戚家路村、谢家路村、隆昌村合并，仍称谢家路村。原老丘村、戚家路村、谢家路村，新中国成立前为四海乡九保，1950年称夹塘乡一村，1961年称夹塘公社一大队、二大队、三大队，1966年称夹塘公社红专大队、红心大队、红色大队，1983年政社分设，改称夹塘乡老丘村、戚家路村、谢家路村。1992年4月，夹塘乡并入泗门镇，称泗门镇老丘村、戚家路村、谢家路村。原隆昌村，因抗战前有姚长春在此开设隆昌店号而得名，新中国成立前为四海乡十保，1950年称夹塘乡二村，1961年称夹塘公社四大队，1966年称夹塘公社红胜大队，1983年政社分设，改称夹塘乡隆昌村，1992年4月称泗门镇隆昌村。

谢家路村地势平坦，江河纵横，有戚家路江、四塘江、五塘江、谢家路江、七塘江、九塘江、九丘中心江8条主要河流。

近年来，谢家路村坚持"党建引领·幸福群众"的宗旨，充分发扬"富而思进求发展，永不满足创新业"的谢家路精神，走出了一条强村富民的新路子，名列"中国名村"第十三位；村党委还荣获"全国先进基层党组织"称号。党建产生了凝聚力、生产力、创造力，使该村村强民富环境美，2022年全村实现工农业总产值78亿元，村级集体经济收入1 280万元，村民人均可支配收入48 800元。

如果回顾20多年前，人们一定不会想到谢家路村会有今天的辉煌。这是一片由滩涂慢慢演变成的村庄，咸咸的海风吹过，曾经地无出产，鸟不生蛋。谢家路村的先民在宋元之初从绍兴、萧山、上虞等地迁居至此，从打鱼到围海造田，以微薄的收入勉强度日，连番薯也常常不能吃饱。村级集体经济年收入几乎为零。那时候，姚北一带鲜见楼房，老百姓住的大多是用毛竹搭建的草舍，有客人问起谁家住在哪里？村里人总是回答：就在那间草舍。面对如此恶劣的环境，人们长期忍受着贫穷落后带来的苦难，艰难度日。

但仅仅经过20几年的时间，谢家路村就发生了翻天覆地的变化，成为远近闻名的富裕村，先后获得全国文明村、全国先进基层党组织、全国民主法治示范村、全国优秀小康村诸多桂冠。

当被问到为何能发生如此巨变？泗门镇党委原委员、谢家路村党委原书记钱建康的回答只有四个字：艰苦创业。很抽象，很官方，但是，当你跟着他走进村民家，端坐小板凳，听着那些家长里短推心置腹的交流，这个村的振兴、发展的故事，就慢慢地鲜活生动起来……

第一章　不能让乡亲们的日子再像榨菜头一样苦涩

1962年农历六月的一天，在杭州湾畔的浙江余姚市泗门镇谢家路村一户农家草舍内，一个男婴发出一声响亮的啼哭，父母又喜又愁。喜的是，家中有了长子，愁的是，本就穷困的家庭增添了一张吃饭的嘴，日子更加拮据了。为了祈求孩子健康成长，父母给这名婴儿取名建康。

20世纪70年代，"工分一直头，下巴支锄头"，许多人苦干一年，收入还要倒挂。

钱建康不无感慨地说："小时候家里真穷啊！那时穿的一双鞋都是前翘后露，前面露出五个脚趾头，后面露鸭蛋一样冻得黑紫紫的脚后跟，照样要在雪地里跑啊跳啊，帮家里干活。"

谢家路村位于"中国榨菜之乡"的姚北平原，1962年冬，毗邻谢家路村的小曹娥镇全灶村村民姚长灿，偶然从萧山买了125克榨菜种子，回村在自留地上试种，没想到，后来竟一举成就了一个大产业。

榨菜成为大产业是后来的事了。钱建康从小就跟着父母在棉田里种榨菜。榨菜是越冬作物，需要在头年秋天播种，次年春天收割。碰到连续冰雪天气，影响榨菜块茎发育，往往收成不好。而榨菜块茎膨大期若碰到连阴雨和倒春寒，则会使块茎又小又老，加工价值不高。有一年，钱建康父母辛辛苦苦种出来的榨菜鲜头每千克4分钱也无人要，看到父母呆坐田头心痛地流泪，钱建康的心像刀割一样痛。他暗暗发誓，不能让乡亲们的日子再像榨菜头一样苦涩。

1980年，19岁的钱建康开始从事榨菜初加工，实际上只是一个作坊，那时姚北地区榨菜种植面积约2万亩，亩产值不到500元。钱建康开始加工坛装榨菜后，第一年向农民收购了60多吨鲜头，每千克收购价为4分8厘，农民很高兴。

当时加工榨菜的方法还很原始，主要靠双脚踏，直到腌渍的鲜头出水为止，然后加工、装坛。第一次试验，由于盐放得太多了，加工出来的榨菜头又咸又苦，根本无法销售，又舍不得废弃，一家人整整吃了大半年的榨菜头，其中的苦处没有经历过的人难以体会。

但钱建康没有气馁，他通过向别人"偷拳头"，终于掌握了榨菜加工脱苦、脱涩、脱盐的"三脱"工艺。为了打开销路，他独自前往山西、河南、黑龙江、内蒙古等地，免费请人家品尝后再以代销的方式销售，销完后再付货款。货款收不进的事经常发生，但农民的收购款必须结清，常常出现亏损现象。

钱建康回忆说："记得最辛苦的一次是到山西榆次市，5车皮榨菜发货到站后，代销单位的经理却出差去了，别人不认账。那个冬天冷得要命，我在榆次火车站上用稻草当垫被、草包当棉被，吃住在车站，夜里常常刚要睡着又被冻醒。就这样一连等了7天，还要防止有人偷榨菜，日子真是难熬。榆次蔬菜公司的经理就这样被我感动了，后来成了稳定客户。1985年我赚了6 000元钱，当时一下感到所有辛苦都是值得的。"

当时腌制榨菜的方式粗放，配方简单，基本上是采用坛装、甏装，购者寥寥。在经历过整车皮甏头榨菜大量损耗后，钱建康痛定思痛，决心重新包装榨菜。当时东北三省一带的榨菜市场基本上由榨菜业龙头老大四川（现为重庆）涪陵地区所主导，如何把人们的食用口味由川味转向浙味，又是一道难以逾越的障碍。

精明的钱建康想，在消费品质不断提升的时代，人们对小包装榨菜的欢迎程度已超过粗糙的整块榨菜，所以进行榨菜精细加工肯定是必然选择。同时，人们日趋喜好清淡的口味，榨菜已从"佐餐品"向"休闲食品过渡"。

目标明确后，钱建康立即行动。首先就是拼价格，别人卖1角8分钱一包，他卖8分钱，经销商们无法不动心，开始买他的榨菜。其次就是拼质量。涪陵的榨菜质量好，但太咸，钱建康寻思、琢磨着。刚开始时，他用过许多方法试图降低咸度，但屡屡失败。后来他尝试用蒸汽熏蒸、蒸馏水浸泡的方法，居然解决了榨菜咸度难以降低的难题。他的这一"榨菜抽淡"技术成为独门秘诀，在余姚众多榨菜生产企业中脱颖而出。有了这几招，钱建康成功了。余姚榨菜在余姚、宁波及东北三省全面开花。

后来，随着三峡工程建设的推进，涪陵地区榨菜种植面积大量减少，从而为余姚榨菜扩大市场份额提供了机遇，余姚榨菜自此南征北战，所向披靡。

20世纪90年代初期，随着以联产承包责任制为核心的农村改革的不断深入，姚北农村发展步伐加快，农民建房的需求越来越高。审时度势的钱建康，抓住这一机遇，果断关停了榨菜加工厂，办起了建筑队。由于他的建筑队建房质量好，收费便宜，很受当地农民欢迎，而钱建康自己，也成了村里首批老板。

经过商、办过企业、热心帮扶乡亲们脱贫致富的钱健康很快进入了组织视野。1988年7月，钱建康接任谢家路村村民委员会主任。1992年，钱建康开始涉足房地产建筑业。正赶上建筑业的黄金期，经过几年的经营，钱建康已成为一个名副其实的百万富翁。到1997年，钱建康的生意越做越红火，作为当时谢家路村的村民委员会主任，村里大至村级集体经济发展，小至邻里纠纷等大小事情又都要他去处理，有时难免影响生意。钱建康觉得自己更适合做生意。当时，余姚市和泗门镇都出台了相关政策，企业年产值达到100万元的，企业负责人可以将自己或一名直系亲属的户口农转非。俗话说，跳出农门万丈高。钱建康也不想放弃这个机会，于是他把户口迁出了谢家路村。

钱建康没想到，迁出户口的第二天，当时的镇党委书记陶尧土就找他谈话，同为农村基层出身的老陶开门见山地指出，从表面看，你只是迁出了户口，但从思想根源上来看，你实际上是想脱离农村，不想再干村干部，不想再为村民服务。陶书记的话一针见血，让钱建康有点尴尬。接下去，陶尧土又向他透露了一个"秘密"：建康啊，你开拓创新精神强，在群众中威信高。村党支部书记杨晓芳同志多次向镇党委要求，推荐你担任村党支部书记，他甘愿当你的配角，镇党委也正在考虑老杨的请求。说到这里，陶尧土严肃起来：建康啊，谢家路村需要你，村民也需要你带领他们致富，在这个节骨眼上，你怎么能撂挑子呢？面对组织的信任，钱建康留了下来。

不久，泗门镇党委经郑重研究后决定，钱建康转任谢家路村党支部书记，杨晓芳任副书记并主持村民委员会工作。有开拓创新精神的钱建康和办事稳重的杨晓芳组成了好搭档，土地整理、市场建设等事关全村发展大计的重点工作开展得有声有色，当年，钱建康和杨晓芳被评为余姚市首届村干部"十佳好搭档"。

但是，诱惑总是考验着钱建康。一天，当时泗门镇一个很有影响力的大老板找到钱建康，开出了年薪5万元的报酬且承诺一次性支付10年的工资，要钱建康到他的企业工作。要知道，当时谢家路村干部一年的报酬只有2 000多元钱，50万元已经是天文数字了。面对巨大的诱惑，钱建康没有犹豫，他向镇党委作了汇报，并表明了为村民服务的决心。

不久，又一个机会摆在钱建康面前。2004年，由于钱建康出色的工作能力和在村民群众中的崇高威望，余姚市委组织部的同志来到谢家路村进行干部素质考察，钱建康要被破格提拔为乡镇党委委员的消息不胫而走。民主测评工作结束后，杨晓芳急匆匆找到钱建康，开诚布公地说："建康，你不要生气，我在你的考核表上打了个'×'。"钱建康一听就纳闷了：我俩一向处得很好，你在紧要关头不但给我打了"×"还要跑过来专门告诉我，这是什么意思，是挑衅还是使绊子？面对钱建康质疑的目光，杨晓芳坦诚地说："我给你打了'×'，这样组织部就不会把你往上调任了，你就可以一直待在谢家路了，离开了你，谢家路怎么办啊？"听完杨晓芳的话，看着他脸上松树皮一样的皱纹，钱建康先是惊诧、生气，然后是感动。这个朴实憨厚的老杨，竟然会选择用这样的方式把自己留下来，他为的还不是全村的老百姓？

无独有偶，另一个老干部颤巍巍地来找钱建康，担心地问："建康，你真的要离开谢家路了吗？"老人家的语气很是小心翼翼，充满了惋惜，又充满了期待。面对老人家信任和期待的目光，钱建康坚定地说："不是还没定下来吗？我不会离开乡亲们的。"也许，在说这句话之前，钱建康心里就已经有了自己的决定。一次干部考察，让钱建康看到了同事和村民的心，他感慨万千，人人心里有杆秤，那秤砣就是老百姓。一个共产党员，还有什么比老百姓的信任更珍贵的呢？打那以后，钱建康再也没有动过离开谢家路、离开乡亲们的心，而在他的内心，有了一份沉甸甸的感恩乡亲的心。金奖银奖不如老百姓的夸奖，金杯银杯不如老百姓的口碑。有乡亲们作自己的坚强后盾，自己没有任何理由不为乡亲们撸起袖子加油干。

就这样，从1981年踏上村级工作岗位，1998年4月起担任谢家路村党组织书记，钱建康在农村基层工作岗位上已有38个年头。不到20年，他就把一个集体经济弱、农民增收慢的落后村，变成了远近闻名的全国先进基层党组织、全国文明村。作为全国优秀党务工作者和浙江省首届"为民好书记"的代表，钱建康曾经进京、赴杭接受表彰，受到了党和国家领导人的接见；他独创的"小板凳工作法"得到了中央、省、市多位领导的批示肯定。其本人也先后获得全国劳动模范、全国优秀党务工作者、"全国五一劳动奖章"获得者、全国十大杰出村官和改革开放30年"百名优秀村官"、2012年度"中国农村新闻人物"、浙江省首批"为民好书记"，省、市优秀共产党员等多项荣誉，并当选为省第十二、十三次党代会代表、主席团成员、宁波市人大常委会委员、中共余姚市委候补委员。

第二章　让乡亲们富起来，是天大的责任

1988年，钱建康刚担任谢家路村村民委员会主任时，谢家路村在姚北地区还是一个名不见经传的穷村、小村、边远村。当时摆在钱建康面前的是这样一副"家底"：

物质基础薄弱。村里没有一家像样的企业，村里的基础设施极度落后，村干部办公条件极其简陋，无办公楼、无办公设施，只有唯一的一台手摇电话机，而且因为办公经费紧张，只能接听不能外打，连开个工作会议都需要提前借好地方。村级集体不但没有一分钱的收入，还因故负债500元。老百姓的日子也不好过，在银行有存款的屈指可数，有欠款的人家却占大多数，部分村民家庭连基本生活都没有保障。

村容村貌破旧。原四个行政村普遍存在道路无硬化、路边无绿化、建设无规划、卫生无保洁、河边无砌石、人畜无分离的现象，整个村庄存在脏、乱、差的情况，是当时姚北地区落后乡村的一个缩影。

社会矛盾突出。当时的谢家路村是一个基础差、班子弱、人心散的落后村，上访信访多、邻里纠纷多、家庭矛盾多、治安案件多、突发事件多、

历史遗留问题多，是一个干部不愿当、党员不想干、群众无信心的落后村。

干群关系紧张。当时百姓不愿上门找干部，干部也不会下去看百姓。干部不相信群众，群众不信任干部，干部不愿也无力为群众办实事、做好事、解难事，群众与干部之间相互信任少、互相责怪多，相互理解少、互相猜疑多，相互帮助少、互相推诿多，相互尊重少、互相指责多，相互谅解少、互相要挟多，是一个干群矛盾容易激化的村庄。

村庄发展落后。当时全村没有一项创建活动，没有一项民生工程建设项目，没有一项先进荣誉奖励，没有一项基层试点活动，仅仅是一个默默无名的小村庄。

综上所述，20多年前，谢家路村确实是一个发展无方向、前景无梦想，开会无会场、活动无广场，办事无制度、干部无报酬，学做无榜样、精神无营养，评比无奖牌、竞争无地位的沿海小村庄。

这让钱建康感到了肩上担子的分量。

如今，谢家路村有民营企业104家，吸纳了全村75%以上的劳动力。为增强发展后劲，村党委在鼓励企业做大做强的同时，千方百计优化服务、帮助企业破解难题，为企业营造良好的发展环境。

企业发展了，也把履行社会责任、回报社会作为己任。在谢家路村，村企结对共建新农村已渐入佳境。2013年6月的一天，出席宁波市推进村企结对座谈会并做典型发言的泗门谢家路村村企结对首席代表宋长洪，一回来就出现在该村村企结对联席会议上，传达从座谈会上获知的信息，探讨进一步深化村企合作的思路与措施。自2012年积极响应市委、市政府"百企联百村、共建新农村"活动以来，宁波长振铜业有限公司与谢家路村结成了村企共建对子。一年多来，本着村企互动、互惠互利的原则，村企间"亲密接触"，良性互补，有力推动了当地新农村建设步伐。

村公用事业经费开支压力较大的问题一直困扰着谢家路村。在第一次村企联席会议上，长振公司总经理宋长洪当即拍板，出资100万元，"承包"5年的村内路灯照明费；同时，公司先后在河道砌石、农民公园修建等项目中斥资50余万元，改善美化村庄人居环境，还对谢家路村老年公寓建设和一大批民心实事工程提供资金保障。2015年，长振铜业又带头捐款100万元，助推谢家路村建立了宁波市首个村级"五水共治"基金。村企结对后，每逢佳节，企业都会向村贫困家庭、五保户、文化中心户送去各类慰问金15万余元，受益人数达1 000多人次。2016年7月，宁波长振铜业"扶危济困基金会"应运而生，首次募捐得到的43 000元全部用于帮扶救助；同时，企业一次性向村"爱心帮困"基金奉献爱心款15万元。

结合长振铜业公司外来员工较多的实际，谢家路村党委积极吸收企业骨干充实村外来员工党支部，并帮助企业策划党建教育主题，利用多媒体资源开展远程培训，开辟个性化特色教学课堂，邀请专家对员工开办安全、卫生、技能等方面的讲座，培育健康企业文化。

村帮企，企助村，糅合了企业、农村两种资源、两种优势的村企结对模式在谢家路村落地开花，实现了共赢发展。投资200万元、占地2 000平方米的集社区医疗、农资服务、文化休闲等多功能于一体的社区服务站竣工，5条村主干道拓宽、环村道路硬化绿化亮化，400多米河道砌石改造三大工程均已顺利完工，数字电视村、老年公寓等一大批民生实事工程使村里百姓更加幸福。

长期以来，谢家路村农民靠种植榨菜等传统农业谋生，不但人辛苦，收入也十分有限。遇到榨菜丰收年，由于加工能力不足，有时连每千克鲜头0.20元的超低价也无人收购，大量农民辛辛苦苦种出来的榨菜鲜头只能烂在地头。看见这种现象，钱建康和村干部感到很心疼。

谢家路村把优化农业结构、发展效益农业作为主攻方向。2003年，按照宁波市级农业园区标准，村里投入资金500多万元，建成了一个沟、渠、路、绿化配套设施齐全，面积558亩的现代农业园区；还建设了面积32.7亩，集新品种、新技术示范推广于一体的高效农业示范园区。钱建康等村干部带头引进日本锦藏葱、韩国新红奇辣椒等名特优新品种，为农民作示范，全村产业结构调整面积达到2 000余亩，占大田面积的85%以上。

而要使农业增效、农民增收，必须发展农产品加工业。在村里的支持下，谢家路村村民宣志良带头办起了余姚市富贵菜业有限公司。说起宣志良，不少余姚人并不陌生，早在20世纪80年代初，老家在泗门谢家路的他就抓住市场商机，承包了当地一家叫上海叶大昌酱菜厂余姚分厂的企业，开发榨菜、萝卜等系列酱菜产品，产品畅销全国各地，短短几年，叶大昌酱菜分厂就转型为省级农业龙头企业，升格为宁波富贵菜业有限公司。经过与我国台湾地区统一集团等著名企业的合作，富贵菜业的产品不仅打开了国际市场，还成为航空食品，成为当地数千农户增收致富的靠山。

如今，富贵菜业食品有限公司已成为一家具有现代企业制度和全新管理模式的有限责任公司。公司占地面积7 000多平方米，建筑面积3 500多平方米，主要为统一集团提供酸菜风味包、雪菜风味包，同时还从事酸豆角、泡菜、榨菜等食品的生产，具有较强的企业竞争力，是浙江省百强食品企业之一。

同时，在钱建康的牵头下，宁波铜钱桥食品菜业有限公司、余姚市马字菜业有限公司等农业龙头企业均在谢家路村建立了榨菜生产基地，与当地农民建立订单式合作关系，由农业龙头企业提供种子、化肥和种植技术，并负责按市场保护价收购。

以前，农民生产的农产品总是随行就市，市场价格高了，订单也不管用；市场价格低了，硬要企业收购。企业与农户之间往往产生矛盾。谢家路村党委发现这一问题后，及时加强对企业和农民的诚信教育，一方面要求企业强化社会责任意识，另一方面引导农民争做诚信村民。有一年榨菜收割期，谢家路村出现了一个"奇怪"的现象:马字菜业公司设立的收购点榨菜鲜头价格每千克0.98元，农户排起长队投售，而附近社会收购点价格每千克1元却仍应者寥寥。

谢家路村村民沈国寅种了5亩多榨菜，收割的18吨鲜头全部卖给了马字菜业公司。他说，上年榨菜收割前，"马氏菜业"老总马文龙与农户们订立了"口头合同"：不管市场价格高低、数量多少、收割迟早，公司都以每千克0.98元的价格全部收购，后来市场价低至平均每千克0.7元，但他说话算数，不压价，也不借故提高收购等级，仍然以每千克0.98元部收购。企业讲诚信，我们农户也要讲诚信。如今马氏菜业的收购价每千克比市场价低了2分钱，我们还是要卖给他。

订单农业要想实现双赢，合同双方就要共同承担市场风险。有一年，谢家路村村民老周种植了4亩网瓜络，以每千克36元的价格与慈溪一家工艺品出口企业订立了收购合同。到了收购季节，企业因厂房扩建一时无法收购，同意老周自行决定是否出售给其他企业。老周二话没说，腾出半间房把500多千克网瓜络堆在了家里，还几次回绝了其他收购商上门高价收购。有人说他傻，但老周说，签了合同就要讲诚信，眼前利益只能让人高兴一时，失去诚信就会失去长远利益，这样做得不偿失。

农户的诚信成了自身的"致富法宝"。老周说，那家网瓜络加工企业扩建后生产能力大增，不但要求他再扩种2亩，还"点拨"他收购附近种植户的网瓜络，做企业的供应商。

现在，谢家路村与企业签订榨菜、水果、禽畜等收购合同的农户达到90％以上，绝大多数农民都能履行合同。余姚市市场监督管理局负责人分析认为，如此高的订单兑现率充分说明了双方的合同意识和诚信意识。另外，近年来余姚榨菜、速冻蔬菜、禽畜等农产品加工企业发展迅速，对农产品需求较大，企业与农户都是原本熟悉的当地人等，也是促成高合同兑现率不可忽视的重要因素。

在提升传统农业的同时，2010年，在钱建康主持下，谢家路村党委主持制定实施了新农村和现代农业发展规划，其中新大陆农业科技园区开发建设项目被列为浙江省A类重点工程项目，2 000多亩喷滴灌节水灌溉项目获得了中央财政300万元的补助。

新大陆农业科技园区一个新型的农业生态园林，位于谢家路村北2千米处的杭州湾南岸围垦区内，占地总面积约为5 100亩，其中2 000亩为已围垦地，3 100亩为新围垦地，投资金额3.85亿元。余姚市委、市政府对这一项目十分支持，出台了市政府常务会议纪要，专门将3 100亩新围垦土地租赁给新大陆园区开发经营。

新大陆园区作为一种新的农业园区形态，不同于一般意义上的高新农业科技园区和农业（乡村）旅游区。它是一个集农业现代化生产、科研成果转化、农资信息交流，并具有开发经营、博览示范、知性教育、农业观光旅游等多功能的多元化生产基地，同时它又是杭州湾地区滩涂农业新文明的窗口和试验区，以及现代滩涂农林科技博览展示的重要场所。

其功能定位为：以杭州湾滩涂生态农业技术研发和模式化适用技术示范为核心，集种养、餐饮、休闲、娱乐、教育于一体，打造成为杭州湾南岸农民兄弟的科技园、农业科技工作者的实践园、新农村建设示范园、城市居民旅游休闲园、都市白领的心灵家园和青少年学生的科普教育园。目前，由象山昊顺农业投资公司建设的千亩"红美人"柑橘基地已栽下新苗，并于2020年开始产生经济效益。

以新大陆农业科技园区为载体，谢家路村规划大力发展生态农业、创意农业、休闲观光农业，结合新农村风貌，建设游步道，设置灯光秀项目，对接中意的生态园和杭州湾新区，全面打造浙江省3A级景区。

新大陆农业科技园区还成为有志发展现代农业的大学生创业之家。2013年，大学生汪艇艇在此创办了余姚市艇之梦家庭农场，这家农场占地面积300余亩，拥有标准化设施葡萄园86亩、桃园180亩，目前种有葡萄、玉露水蜜桃、草莓、猕猴桃等水果，农场一年四季都能保证有新鲜水果可以供应。农场先后获得"浙江省示范性家庭农场""宁波市标准化建设基地""余姚市青年实践基地""百佳果园"等荣誉称号。

该农场地处泗门镇滩涂盐碱地带，在不断对土地进行改良后，种植了多个品种的桃树和葡萄树。其中，桃树就有蟠桃、水蜜桃、黄桃等多个品种。每逢春暖花开之时，一阵阵沁人心脾的桃花芳香扑面而来，放眼望去，已经有不少桃花绽放在枝头。农场负责人汪艇艇表示："由于我们这个农场处在滨海区，受环境小气候的影响，所以桃花开花期相对于其他地方的要稍晚一星期，开花时间在清明前后，花期一般维持在半个月左右。"为进一步推进生态休闲观光旅游项目建设，该农场还将继续增加投入，以"桃文化"为主题，打造集生态观光、休闲娱乐、水果采摘、农事体验等功能于一体的综合性农家乐项目。

一个个项目顺利实施，使谢家路村经济实力不断增强，村民的"钱袋子"也越来越鼓。谢家路村党委副书记、村委会主任奕建萍说，2017年，全村实现工农业总产值68亿元，农民人均可支配收入45 800元，村级集体可用资金达1 280万元，2018年有望增加到1800万元以上。

2010年，谢家路村被列为宁波市唯一的农村集体非农建设用地使用制度改革试点单位；2015年，又被列为浙江省农村宅基地和住房制度改革试点村，突破了新农村建设的瓶颈，使农村集体土地产生了巨大效益。

第三章　钱建康的治村理念：从"为民作主"到"由民作主"

抱着一腔热情为民办实事、建设市场受挫的经历使钱建康意识到，要办成任何一件好事，首先必须符合老百姓心愿。通过查阅谢家路村历年的台账资料不难看出，谢家路村始终按照《中华人民共和国全国人民代表大会和地方各级人民代表大会选举法》和《中华人民共和国村民委员会组织法》的规定，认真落实民主选举制度，严格按照《选举法》和《村民委员会组织法》所规定的法律程序依法操作办事。特别是2011年第九届和2016年第十届村民委员会、经济合作社换届选举时，通过依法公开公正、规范有序操作，不仅使换届选举获得了一次性成功，参选率达100%，而且村民积极以主人翁的姿态参与民主选举，顺利产生出新一届村委会、社管委班子，当选的班子成员平均得票率达到94.56%，这是谢家路村历届民主选举最好的一次，也是平均得票率最高的一次。选举工作结束后，村委会还着手健全了组织网络体系，修订了各类制度、村民自治章程和村规民约，为推进依法治村进程提供了强有力的基础保障、制度保障和民主保障。同时，谢家路村还一直非常注重抓好59名村民代表的素质，按规定授发《当选证书》。

在谢家路村，无论走进哪个村组，都能听到村民对"板凳家访"的深切感触。村民谢柏祥说，村干部每次"板凳家访"，再难的事总会得到答复。就在上周五的"板凳家访"中，他家的宅基地审批有了明确的日程表。因为妻子闹离婚，两万多元的捕鱼工具又被潮水卷走，村民沈水苗一度自暴自弃，钱建康在"板凳家访"中得知这一情况后，尽力帮他重新振作起来。"钱书记帮我找工作，帮我安了家，连我跟媳妇和好都是他牵的线，有这样的村干部，日子怎么会没奔头？"他激动地说。

在钱建康和村"两委"的努力下，谢家路村的民事纠纷调处率达100%，近10年来，无一起集体上访、越级上访和群体性闹事。村委的依法调整、民主调整、科学调整、合理调整使得矛盾双方愉快地接受调解，彼此的心结得以化解，化干戈为玉帛，雨过天晴，重归于好，使矛盾的解决具有持久的稳定性。他们真正诠释了调解的深层含义，即"调整权益，化解心结"，以"一切为了群众"为根本出发点，为群众提供高效、便捷的纠纷解决途径，降低群众的纠纷解决成本，实现社会安定有序，人民安居乐业。

第四章　钱建康的心愿：建设生态宜居谢家路

清清的河水环绕村庄，家家户户的庭院花木葱绿，村庄附近的田野上也是一片碧绿……不久前的一天，谢家路村村民宋登来徜徉在村庄美景中，越看越觉得漂亮。"我们的村庄真正像花园一样，我们的生活越来越美好了。"宋登来发自内心地说。

要搞好建设必须规划先行。该村早在2012年就开展了"美丽乡村"建设，2012年邀请余姚市规划测绘设计院编制了《泗门镇谢家路村村村庄规划》，规划期限为2012—2020年；2013年邀请上海园林工程有限公司进行精品村建设详细方案设计。在此基础上，认真按照省美丽宜居示范村建设要求，对照《泗门镇谢家路村村庄规划》和美丽乡村精品村《谢家路村道路及河道景观提升方案设计》执行，同时，依托村庄后五年发展和实际现状，在充分论证和听取各方意见的基础上，确定了"整体规划、区块建设、分段实施"的创建工作思路。

2016年，谢家路村被列为省级美丽宜居示范村试点以来，充分发扬"富而思进求发展，永不满足创新业"的谢家路精神，紧紧围绕"党建引领、幸福群众"的总体目标，攻坚克难、负重奋进，积极发挥"小板凳工作法"作用，掀起了一股争创省级美丽宜居示范村的热潮。为更好推进创建工作，干部与群众同坐一条板凳，实行"调研在板凳上、决策在板凳上、宣传在板凳上、落实在板凳上"的工作方法。在提升美丽乡村的建设过程中，利用板凳会议商量创建规划、目标、方案，落实具体操作内容、步骤，解答农户在工作推进中的各种疑虑，充分发挥农家小院宣传阵地的作用，干群团结一心，埋头苦干实干，高质量、严要求完成了创建的目标和任务，把谢家路村打造出了一片新天地，成为一个可看、可学、宜居、宜业的品质新农村样板。

"小板凳"上商定创建方案，心贴心地"议"。自2016年3月确定创建省级美丽宜居示范村试点以来，谢家路村"两委"充分利用党教点、妇教点、团教点、宣教点、村民自治点等平台在"小板凳"上召集党员、中心户长、青年骨干、村民代表等商议争创示范村的建设方案；传达文件精神，部署相关创建工作，明确工作目标，落实工作责任，通过三上三下征求党员、老百姓意见建议，在充分论证的基础上，确定了《谢家路村创建省美丽宜居示范村试点实施方案》和工作计划。在对照村实际情况及2010年修编的《谢家路村村庄规划》和《美丽乡村精品村景观提升方案设计》的基础上，重新确定了"整体规划、区块建设、分段实施"的创建工作思路。通过这种方法，每名党员、群众都能献计献策，积极参与村级事务管理。

"小板凳"上宣传创建意义，面对面地"传"。为了推进创建工作，充分调动党员和老百姓的积极性和主动性，确保在创建工作中充分发挥带头示范作用，使全村干部群众全部行动起来，共同投入到创建工作中来。谢家路村通过召开党员大会、村民代表会议向党员、村民讲清创建的目的和意义，通过"小板凳"随时通报工作进度，及时化解村民的心结，为创建工作营造出浓厚氛围。同时积极利用农家小院并以图文等方式，宣扬争创的目的和意义，使全体村民形成了争创共识。由于"小板凳"不限人数、不限形式、不限场地、不限时间，便于干部与群众在争创过程中随时进行面对面交流。在交谈中，村干部能及时收集村民的意见建议而做出有效反馈。如，有村民提出光明公路改造、水环境河岸一体改造要拆除他们的围墙，使庭院变小了，一下子接受不了，通过"小板凳"走访，村干部进行一对一解释沟通，最后赢得了村民的理解和认可，主动让出庭院空间，让村建围墙、种绿化。

　　"小板凳"上解拆迁难题，心比心地"解"。谢家路村从创省美丽宜居示范村开始就拉高定位，以创国家级乡村振兴样板为标准，结合拆旧、拆危项目、五水共治、三改一拆，提升村庄品质，打造"升级版"美丽家园。拆迁工作号称"天下第一难"，但在谢家路村就不难。运用该村独创的"小板凳工作法"，村干部挨家挨户做拆迁村民的思想工作。通过"小板凳"村民了解了村干部做工作的目的和意义，真切感受到村干部办事是为了村民好。如，在中心江及五组水环境河岸一体化改造中，涉及45户农户5 572平方米附属房拆迁，涉及23座过沟桥拆除，通过党员、村民代表带头率先示范，仅仅一个半月时间，拆迁工作就顺利完成了。正因为干部与百姓将心比心，拆迁工作也就变得顺利了许多。

　　"小板凳"上共享创建成果，实打实地"做"。为确保创建工作取得实实在在的成效，谢家路村开展各项富有成效的"小板凳"行动，围绕整个创建过程，让村庄变得更漂亮、村民生活得更惬意，让老百姓主动参与美丽家园建设，在参与过程中也感受到了幸福感和获得感。一是坚持创建工作与美丽家园建设相结合。扎实开展全民共建"美丽家园"创建活动，提出了"争创一流，提供经验"的自我加压目标。结合村规民约中的"十条规矩"，农户每户每年出2天义务工，参与庭院、田间、绿化、道路环境整治，在参与中提升素质，突出主人翁意识。扎实把美丽宜居家园创建作为实实在在幸福村民的一项民生工作来抓。二是坚持创建与"五水共治"、剿灭类Ⅴ类水相结合。抓细抓实"五水共治"，深化河长负责制，使全村村民主动参与日常管护、监督，保证全年水位、水质及河流清爽；完成对村内所有沟渠淤泥疏浚，保证群众生产生活用水正常。完成农村生活污水处理一期、二期基本建设，1 600多户农户都积极响应，主动配合。三是坚持创建与做优做美迎宾大道相结合。邀请浙江理工大学教授对村进口雕塑、铜雕、牌楼等进行设计，充分体现新时代浙东红村党建氛围。出资130万元完成村进口党旗雕塑、社会主义核心价值观铜雕、牌楼、广告牌、指路牌的建设。投资127万元完成村进口绿化景观提升，让村民充分体现自豪感、光荣感，对自己家乡的热爱油然而生。四是坚持创建与打造可看可学精品线路相结合。完成近2公里的水环境河岸一体绿化、景观改造，结合沿线道路白改黑、围墙一体改造、部分道路建设、路灯建设等，为老百姓提供了一个休闲、娱乐的健身场所，也打造出了一条可看可学可游的精品线路。

此外，村里还投资1600万元，加强农村生活污水处理工程建设；奋战20多天26座违章搭建小桥按期完成拆除。该村还在余姚市交通运输局支持下，投资985万元，对村主要道路——光明公路按城市道路标准化建设实施中期维修，村庄主入口景观、路面、围墙、水渠、挡墙等设施提档改造；投资120余万元，完成村进口雕塑、牌楼等形象提升，打造省内首条党建路；投资60余万元完成村中心区域高夹线至矮塘路道路改造工程；投资260万元，重视村庄绿化建设，对康发路东段、西段、谢家路中心江沿线进行河岸一体化及环境绿化提升改造。基础设施建设得到更加完善，一个更加美丽的谢家路"升级版"，成为全省可看、可学、宜居、宜业的品质新农村。

村庄协调美观的整体风格初步形成。围绕村道硬化、垃圾处理、污水治理、清洁庭院等内容，深入开展农村环境整治。大力推进村庄道路绿化和空地绿化建设，见缝插绿，实施道路边和空休地整体美化。通过创建工程的稳步实施，全村道路得到了全面硬化、绿化和美化，村内沟渠得到全面整治，基本达到"流畅、水净、岸绿、景美"的整体美观效果。

建设生态宜居村庄，既是村干部的职责所在，也是广大群众的共同愿望。在谢家路村，干部群众心往一处想，劲往一处使，共同为建设生态美丽村庄出力，涌现出许多动人事迹。

沈国生：水清流畅岸洁是我们的心愿

沈国生是村里的老干部了，曾担任多年的村党委委员、经济合作社社长，现任谢家路村党委顾问，他这个顾问可不是光"顾问"一下的，许多事都带头干。当我采访他时，他带我来到九塘横江，对我说：你看看眼前的九塘横江，河底干净了，河面变得更宽阔了，两岸的绿化更美了。你很难想到，不久前，这条全长1 250米的江里还满是淤泥，北岸的石坎东倒西歪、河岸上杂草丛生、河两边布满网笼。村里钱书记叫我担任这条河的"河长"时，我心里直犯愁，这副烂摊子可不是好收拾的，但看到钱书记亲自担任了整治难度最大的戚家路江的"河长"，而且很快想出了整治的办法，我硬着头皮也上了。

谢家路村的河道在泗门镇算多的，一共有市、镇、村级河道19条，全长18多公里。本来，我也一直在做河道治理工作，坚持做到三年一疏浚。但2013年10月遭遇特大洪涝灾害后，河道淤泥又变厚了，不少河道的石坎也被冲垮了。我算了算，全村光水毁工程修复，就需要5 000多万元。对一个村来说，这笔钱不是小数目，只能突出重点，分步实施。

搞"五水共治"，要发动全社会的力量，必须党员干部带头、广大群众参与。为使"五水共治"变成精品村建设的新机遇，村党委充分发挥"板凳会"的载体作用，每个班子成员都分片包干，到各村民小组召开"板凳会"，征求全体村民意见建议，引导村民自觉参与，取得良好效果。如禁止厨房污水、洗衣水、卫生间废水"三水"入河，就是村民提出来的好建议。村民们还充分发挥主人翁作用，在调查、排摸污染源过程中相互监督。先后有7处平时很难发现的污染源被发现并及时堵住。

我觉得，作为一名村干部，不但要为群众带好头，还要为领导做好参谋。针对河道普遍淤泥堆积严重的实际，我就向镇党委提出了全面清淤的建议，镇领导很快采纳了这个建议。从2014年3月5日开始，全镇投入200多万元，对主要河道进行了疏浚，仅对谢家路村就投入了30多万元，我担任"河长"的九塘横江清淤达3.2万立方米。清淤完成后，两岸的石坎也被重新修砌一新，岸上的杂草全部由本村党员干部、村民代表和村民义务自发组织清理干净，河道恢复了洁净的面貌。为了彻底恢复水清流畅岸洁的生态，谢家路村还投入950多万元实施了雨污分流工程，已铺设管网15公里，全村村民和餐饮业、市场的生活污水将全部纳管处理，下一步还将拆除河道两岸30户人家1 000余平方米的违章搭建，要将其全部改造成绿地。到时你再来看，村庄的面貌会更美。

钱国伟：让每条河沟都水清流畅

那天上午9时许，火辣辣的太阳当空照，一下车一股热浪就扑面而来。该村村民委员会委员、村经济股份合作社副董事长钱国伟戴着草帽，正仔细地在康发路中心河边巡查。"我的目标就是要让每条河沟都水清流畅。"钱国伟说。

钱国伟说，谢家路村境内共有2条市级河道、4条镇级河道和10条村级河道，村里逐条落实了河长制，村班子成员分别担任河长，钱国伟是谢振路中心江的河长。自担任河长以来，他每天上午和傍晚都会到河沟边检查河道卫生，并向保洁员了解河道情况，一旦发现水体污染，他会及时查清污染源并解决污染问题。

"阿伟，你又来巡河啊。"在岸边散步的马庆裕老伯同他打招呼。"是啊，这么热的天，注意安全啊。"钱国伟一边嘱咐老伯，一边告诉记者，如今水质好了，鱼虾多了，经常有村民来河边散步、锻炼。

钱国伟巡河的关注点很接地气：河岸上有无垃圾、绿化缺损；河面有没有漂浮物、浮萍、落叶；水质是否变差了，有没有人非法电鱼、网鱼等。

在钱国伟的手机相册和微信朋友圈里，许多是跟巡河有关的文字和照片。"我们村干部和民间河长、河道保洁员还建立了微信交流群，哪个河段有什么情况，在群里都能及时了解和处理。"钱国伟介绍说。如康发路、谢振路、谢恩路等中心江原来都是只有1～2米宽的小河沟，为了方便，沿岸每户农家都在河沟上架设了桥板，既影响河水畅通，又影响村容村貌，往年每到夏天河水就会发黑发臭。村里把"三改一拆"与"五水共治"相结合，决定全面拓宽全村河沟，拆除沿岸小桥和部分房屋，这一工作因涉及群众利益，难度很大，但在村、组干部耐心细致的"小板凳"工作下，得到了大部分村民的理解支持。"尽管以前沿岸房屋出租每月有千把元收入，但'五水共治'真正得益的是老百姓，加上党员干部带队，我还是主动把400多平方米的沿岸建筑拆除了。"村民范建良说。

自全村统一围墙、统一绿化、统一河沿"三统一"工作开展以来，已拆除涉河房屋5 000余平方米、小桥60余座，新增绿化面积和水域面积各1万余平方米，谢振路、谢恩路中心河等"断头河"全部拓宽并有了源头活水，不但每条河道都水清流畅，多年不见的鱼虾又重现江河，而且成了村民休闲散步的好去处。

宣爱凤：老板娘改行成为保洁员

一个是年利润百万元的榨菜厂老板娘，一个是每天薪酬20多元的马路保洁员，你会选择做哪个？已59岁的谢家路村村民宣爱凤，曾经就是这样一家榨菜厂的老板娘。然而，当看到当地水质的变化，为了给子孙后代留下个美丽家园，她毅然把榨菜厂关掉，做起了马路保洁员，用实际行动支持"五水共治"。

"我把榨菜厂关了，不为别的，就是希望孙子辈能有一个好的环境。"宣爱凤说，这些年来，环境破坏时有发生，之前清澈见底的小河，到后来变成了连拖把都不能洗的臭河、脏河、垃圾河，看着就让人心疼。

宣爱凤一句句朴实的话语，一个个朴实的举动，不由得让人竖起大拇指为她点赞。

开完村"五水共治"会议，她好几个晚上没睡好觉。2014年3月1日，作为村民代表，宣爱凤参加了谢家路村第十组级党支部召开的"五水共治""小板凳"会议。在那次会议上，她学习了解了"五水共治"的重要性、相关政策和措施。"开完那个会后，再联想到身边的环境变化，感触真的特别深。"宣爱凤说，她这一代已经差不多老了，但总不能让子孙后代连一口干净的水都没得喝吧。

回家后，她好几个晚上都睡不着，总觉得自家的榨菜厂，对村里来讲是"五水共治"工作开展的绊脚石。

其实，她家的榨菜加工厂各种证件齐全，污水也纳入了排污管道，村里、镇里也从来没有要求让她关停。"但即使这样，每次腌好的榨菜进厂时，总会有一些榨菜水滴到马路上，整个马路都会有一股榨菜味。"宣爱凤说，工厂就开在马路边，周围还住着村民，虽然村民们没有说，但她自己得有自知之明，毕竟多多少少对环境还是有一些影响的。

于是，在宣爱凤的心里，一个大胆的想法慢慢萌生——关掉榨菜厂。

"工厂关掉后，对于环境来说，肯定是一件好事。而且，自己作为村民代表，更应该以身作则，不然怎么去说服村民和社员呢。"宣爱凤说。谢家路是全国文明村、优秀小康村，要更加注重环境。毕竟这是关系到老百姓切身利益的大事，环境好了，大家都可以过得更好。

听说要关厂，丈夫坚决反对。宣爱凤家的榨菜厂名字叫金云，在当地早已小有名气。工厂有正规生产线，10多名工人从事规模化生产。"这几年生意都非常好，一年的利润就有近百万元。"宣爱凤说，而且这家厂是她和丈夫一辈子的心血所在。

为了说服丈夫同意自己的想法，宣爱凤足足考虑了好几天，想着用什么方式会比较好。"过了好几天，我终于在他心情比较好的时候，跟他讲了我关厂的想法。"宣爱凤说。但没想到，讲完之后，丈夫当场就发火了。为此，两人还吵了一架。

丈夫王金海听了妻子的想法后，都快疯了。"这家榨菜厂是我们20年的心血，别的不说，建厂房、买设备就投了100多万元，厂里每年的利润还是可观的。光这个榨菜的配方，就花去了我不少精力。"王金海说。一开始，他去其他榨菜厂打工学技术，回家后自己琢磨配方，其中的辛苦真的只有自己知道。

为了办这家厂，夫妻俩到处借钱，拼死拼活地终于把厂子弄到了现在的规模。王金海说："当时，我真的认为她脑子是出问题了，政府又没有要求我们关掉，而且，我们环保措施也是有的。"

为了劝说妻子，王金海叫来儿子做她的思想工作。然而，宣爱凤的一席话，让家人哑口无言："这些年，我们也赚了点钱，现在的环境，你们都看到了，真的是刻不容缓。这个厂我不要开了，我们有双手，吃饭是不存在问题的。"

见宣爱凤铁了心，王金海用起缓兵之计。"现在关掉，镇里、村里也不会补贴我们钱。投资厂房的资金先不算，单单设备什么的就值五六十万元。要不过两年，等生产许可证到期了再说。"王金海说。原以为这个方案她总应该同意了吧。但结果，宣爱凤丝毫不让步。她表示，早关晚关都是要关的，那还不如早关。

此外，她还做通了儿媳的思想工作。"父母年纪大了，也该让他们享受生活了，村里是他们生活的地方，为了他们能生活在一个好的环境里，就尊重妈妈的选择吧！"儿媳的一席话做通了儿子的思想工作。

面对全家"一边倒"的情况，王金海最终无奈地同意关厂。之后，宣爱凤就让儿子把出租厂房的消息挂到了网上。

了解到这个情况后，宣爱凤家的电话都快被打爆了。

"因为设备和厂房都是现成的，如果开榨菜厂的话，他们只要拎个包来就可以了。"宣爱凤说。慈溪、桐乡、海宁等地榨菜加工企业负责人陆续前来协商租用事宜。这其中，有个桐乡的老板愿意出高价租厂房买配方并分给股份，算上租金，一年有近15万元。

但宣爱凤一口回绝了，她说："这件事你们就不要提了，我是怕榨菜废水影响河道水质才主动关厂的，再租给别人开榨菜厂，那我关掉干什么呢！"虽然关闭了工厂，清退了员工，但老两口每每看到厂里整套的榨菜生产设备闲置着，尤其是丈夫，心里的滋味实在是太难受了。

"毕竟这些都是我们一辈子的心血。"宣爱凤说。最终，她和丈夫商量着把设备也给卖了，价值几十万元的设备，最终当废品卖了2万元钱。随后，房子也租出去了，租给人家做灯罩。宣爱凤说："这个没有污染，我都考察过了，才答应的。"可外人不知道，这样一来，光租金收入每年就足足损失了10万元。

"设备卖了，房子也出租了，心里的念想也就断了，虽然亏了钱，但比起环境来说，这个还是值得的。"宣爱凤说。厂子关掉后，她就开始义务扫起了村里的马路。

每天早上4点出门，无论刮风下雨，她都准时从家里出门。花一上午的时间，将近3公里的马路扫得干干净净。"一开始，还怕人说闲话，但现在，一天不去扫，心里就记挂着，毕竟环境好了，大家看着就舒服，住得也安心不是吗！"宣爱凤说。过后，村里看到她每天都在扫马路，就正式聘任她作为村里的保洁员，一天给她20多元钱。

然而，对于她清扫垃圾这件事，家里又一次引起了轩然大波。儿子、儿媳都纷纷反对，觉得年纪大了在家休息就好了，干吗去扫马路，人家看到了要说闲话，而且也太累。对此，宣爱凤说："扫马路，可以让村里更干净，环境更好，而且还可以锻炼身体。人和人都是平等的，扫马路又不是丢人的事情。"

每逢春节，烟花爆竹燃放过后，路面的垃圾特别多。在宣爱凤的感染下，丈夫、儿子、儿媳都加入了扫马路的队伍，帮她一起清扫马路。"现在，万一我身体不舒服，我丈夫也会主动替我去扫。"宣爱凤说。附近村民对她的非议也少了，现在和邻里的关系更和睦了，村里的沟道也干净了。

宣阿四：一个普通村民的心愿

这两天，宣阿四一直在绍兴上虞市五夫村清理河道淤泥。再过一阵子，他就要回到自己的村子——余姚泗门镇谢家路村进行清淤。

宣阿四看上去非常憨厚，双手粗糙开裂，显得比实际年龄60岁要老很多。7年前，宣阿四和村里年龄相仿、志趣相投的7个村民组建了一支工程队，在周边乡镇为河道清淤。

在此之前，和谢家路村的其他村民一样，宣阿四家里种了8亩榨菜。每年的收入也就3万多元。他组建工程队的初衷，就是为了增加家里的收入。但现在，看着一条条河道变得清澈漂亮，宣阿四说他喜欢上了这项工作，打算继续干下去。

相比种榨菜，清淤工作显然更辛苦。一旦接到工程，他们8个老伙计就要每天起早贪黑地干，常常早上6点出门，除了中午吃饭，一直要干到晚上6点才收工。

除了又脏又累外，清淤也是个技术活。宣阿四说，在挖掘机开好河沟后，他们就要把淤泥用高压水枪打散，冲进泵里，抽离河道。"一般来说，河道的淤泥有1米左右深。"

打水枪可不简单。"枪要托平，然后我们先打沟底，沟底打过之后再冲坡。这样效果才好，坡就自动下来了。"说起来简单，可实际操作起来却并不容易。"水枪的压力有18千克。你不能动，一动管子就要像蛇一样滑动。"

2014年6月18日，谢家路村设立了宁波市首个"五水共治"冠名基金。村里的10家企业捐资280万元，党员、群众也自发捐款28.58万元。

"那时候我就想着捐点钱表示一下心意，但因为家里没有什么积蓄，捐少了又不足以表达我的心意，所以就决定下个工程拿到工钱就来捐。"

2014年8月，宣阿四接到一个工程，地点是在泗门镇的一个村。经过2个多月的辛苦工作，10月20日上午，宣阿四和老伙计们领到了8万多元的工钱。当天中午，宣阿四就带着1万元敲开了谢家路村党委书记钱建康的办公室。

听说宣阿四的来意后，钱建康觉得有点突然："谢谢你！但是你家的经济条件也不是很好，这个钱就算了吧。"

宣阿四急了："书记，你这是看不起我。别人能献爱心，我也应该。虽然钱不多，但这是我们全家的一点心意，你一定要收下。"

确实，宣阿四的妻子和儿子都对他表示支持。"我爸本身就是搞'五水共治'的，再说现在家里的条件也慢慢变好了。这是好事，我肯定赞成。"儿子这样说道。

在宣阿四的坚持下，钱建康收下了钱。而这1万元，也成为"五水共治"冠名基金成立以来收到的最大一笔个人捐款。2016年和2017年，宣阿四继续每年从自己的辛苦钱里捐出5 000元给村民小组，用于村里的治水工作。此外，2015年，宣阿四还为泗门镇万圣村的"五水共治"捐款5 000元。

由于宣阿四做的活又快又好，周边来找他清淤的乡镇村庄也越来越多，现在宣阿四带的工人已经有20多个了。

"除了献点爱心，支持我们谢家路村的河道更加美丽整洁外，我捐钱最大的原因还是因为村干部的工作作风非常好，很贴近我们老百姓，我相信他们，所以我愿意捐这个钱。他们肯定能把这些钱用在最需要的地方。"宣阿四说。

谢家路村地势平坦，江河纵横，自"五水共治"专项行动启动以来，始终把此项工作作为争创全国文明村"两连冠"和建设美丽、富裕、清爽、平安、幸福村庄的重要抓手。为此，村里的干部广泛发动全村企业和村民参与"五水共治"。

在谢家路村，村庄里干净宽敞的水泥路延伸到村民家门口，河道洁净，看上去水质也很好。宣阿四表示，谢家路村的河道也曾一度发黑发臭过。最近几年，他们对河道进行了治理，水质改善了不少。

从2014年起，谢家路村每年都会对河道进行清淤，其中一部分就是由宣阿四完成的。

"现在，我们村里的每条河道都可以钓鱼、游泳。"宣阿四说，在空闲的时候，他还会到河里摸螺蛳、抓鱼吃。"这些鱼和螺蛳都已经没有了以前的泥腥味，味道非常鲜美。"

全村同心，全民参与，共建美丽家园

美丽村庄建设，需要全社会共同参与。

"接下来，我们将在村里的每个河道边上竖立标牌，公布该河道是由哪个企业或个人出资治理的。"钱建康说，从募得的资金来看，可以保证村里14条河道5年的治理和维护，因此，冠名权的有效期也为5年。

钱建康说，以长振铜业捐的100万元为例，这笔钱主要负责该村第一、第三和第七村民小组的4条河道。"我们会在河道边竖立牌子，注明河道治理资金的捐赠企业，同时也会标注河道治理的目标和方法，让企业和村民一起来监督。"

为此，该村还专门聘请了宣光潮、章永庆等10名村民为民间"河长"，在接受必要的培训后，他们将对河道水岸一体化项目的治理进行全面监督，同时也要把在巡逻中发现的各类污染问题反映到村里。

"接下来，村里还将出资引水到村里的河道，让河道都流动起来，保持更好的水质。"钱建康说。2016年，谢家路村被评为宁波市唯一的村级"五水共治"立功竞赛先进集体。

在"美丽家园"建设中，谢家路村要求全体党员干部带头，并签订了责任状，要求他们不但要带头建设好自家庭院，而且要当好志愿者，帮助缺乏劳力的困难户清理好庭院。第六村民小组近日开展了环境卫生清洁行动，重点清理了中心江河道，解决了沿河道路影响村庄环境卫生的突出问题。此次活动有20人参加义务劳动，其中党员15名，群众5名。活动中，党员们充分展现了不怕脏、不怕苦、不怕累，敢于冲在前面、敢于抢挑重担的精神风貌。有的用铁锹清理河道两旁的石头砖块，有的用扫帚清扫路面，有的忙着把从绿化带中捡出来的废纸、塑料袋等扔进垃圾箱，大家热情高涨。活动中共清理绿化带两条，清理河道一处，深受村民的好评。

在村党委副书记陈新尧以及第二组级党支部书记阮水土的带领下，该组许多党员代表和骨干组织开展了一次"美丽家园"庭院整治活动。大家有的用铁把清理树枝杂草，有的用垃圾清运车清理垃圾，虽然汗流浃背，但看到清理后整洁的环境，都十分开心。

从7月27日开始，第七村民小组"美丽家园"庭院整治行动正式拉开了帷幕。7～8人为一组，每天早上5—9点，对本组内农户庭院的房前屋后、田间道路进行全面清理。在联组干部和党小组长带领下，骨干积极配合，一处处杂草被清除、一堆堆杂物被清运。群众看到党员、骨干们不计个人得失，不畏天气炎热，为扮靓村庄挥汗如雨，也积极行动起来，利用早晚空闲时间把自家周围环境整治干净。在万圣交界处，第九村民小组80

多岁的郑长秀大伯从大局出发，将自家门口影响环境的5根石条、晒衣杆、洗衣板全部拆除。施丫头大伯更让人感动，拆除了自己家后方不雅观的厕所，并重新进行改造。村民马友庆在积极参与义务劳动的同时，还带头苦干，抢重活、脏活干，一干就是7天。

该村还自加压力，由村干部、党员代表、村民代表等组成巡回检查组，对各村民小组环境整治情况进行对口检查，发现问题，当场不留情面地予以指出，要求在一天内整改完毕。

"谢家路是我家，环境整洁靠大家。"正是在党员干部带头作用和村民的积极配合支持下，谢家路村"美丽家园"建设取得了新成就，受到市考核组的好评。

第五章　钱建康的追求：让老百姓口袋脑袋一起富

开场锣鼓敲起来，乡村社戏演起来。2001年9月7日，是谢家路村文明社区建设委员会成立的日子，为期3天的文明社区共建文艺晚会也拉开了帷幕。余姚、慈溪两地文艺骨干精彩的表演，吸引了谢家路及附近村庄5 000余村民观看。许多村民边看演出边说："像这样高档次的文艺演出近年来还是第一次看到，村干部为我们想得真周到。"

加强农村思想政治工作，一个主要内容就是群众工作。村级党组织担负着直接宣传贯彻党的路线、方针、政策，领导群众、组织群众、宣传和引导群众的任务。谢家路村党委坚持"从群众中来，到群众中去"的工作路线，把人民群众的呼声作为农村思想政治工作的第一信号。于是，一项项联结干部与村民的村民联系卡制度正式出台了。村民们及时把意见、建议向干部反映，干部则以此作为为民办实事的依据。

谢家路村是全国文明村、民主法治示范村，为不断完善村民自我管理、自我服务、自我教育、自我监督机制，全面推进依法治村，该村从2017年3月起，在全村广泛征求村民意见，对村规民约进行修订，共收到村民意见建议1 000多条，经过两个多月的讨论、修改，提炼出"十条规矩"，并经党员代表大会、村民代表大会表决通过。

"十条规矩"具体包括：一是自觉遵守国家法律、法规以及现行政策，拥护村党委、村民委员会的领导，自觉服从村民代表大会通过的决定、决议。二是自觉遵守"三改一拆""五水共治"和村民建房、临时用房实施办法细则规定，不超面积建房、不未批新建房屋、不排污水、不放网斗，自觉拆除一户二宅旧房危房。三是自觉爱护绿化、道路设施等公共财产，推行农户房前屋后"包垃圾清扫、包杂物清除、包墙面清理"的卫生"三包"制度，不乱砍树木，不损坏绿化带花木，损坏按现行价照价赔偿。四是自觉遵守村环境卫生、绿化管护管理等实施方案细则，不乱倒生活、建筑垃圾，并履行好环境卫生、治安守夜义务，每年出1~2天义务工和夜巡义务或以资代劳每天100元、每夜30元等。五是自觉遵守计划生育国策、村计划生育自治章程规定，不早婚、早生、超生。六是自觉加强对企业及其出租私房的自我管理，做到不符合登记备案条件的房屋不出租，不向可疑人员、无正常职业、有违法违规经营、不符合法定条件的流动人员出租房屋。对影响村声誉、村容村貌卫生、不守规矩的出租户，本户愿服从村处理，并承担一切责任，按时缴纳每年每平方米1元的卫生费，由组收取，由组使用。七是自觉开展树家风、讲规矩活动，教育子女遵纪守法、孝敬长辈、尊老爱幼、自力更生、勤俭持家，做有道德、有孝心、有责任的人，做传承好家风、营造好风气的表率。八是自觉遵守社会公德、家庭美德、职业道德、个人品德、邻里友爱，诚实守信，树正气学身边榜样，刹邪气清除不良习惯，维护村庄稳定和谐，做合格的文明人、文明户、好村民。九是自觉爱护农田设施，做到不在农田道路、沟渠乱堆放秸秆、杂草，谁堆放、谁清理。十是自觉做到支持村经济发展的土地征用、美丽村庄的工程建设，对影响村容村貌、交通环境、"五水共治"的出租房、临时用房自觉拆除。

"十条规矩"在全村村民中引起了巨大反响，大家认为，没有规矩难以成方圆，要巩固全国文明村创建成果，必须人人参与依法治村，户户遵守村规民约。村民们踊跃在"十条规矩"承诺书上签字，仅1个月时间，除18户外出经营户外，全村98.9%的村民均在承诺书上签了字。

"我那个大媳妇待我很好，平时的衣裳都是她给洗，吃的用的就更不用说了。人家说我的媳妇有十分好，我认为有十二分好。"81岁的婆婆直夸正在为自己洗脚的媳妇余金娥。

这是在谢家路村大会议室里呈现的动人一幕。当天，该村"百名媳妇尽孝"活动在这里举行，100位好媳妇给婆婆洗脚，为老人送上一份孝道，同时也拉开了"争做文明崇德谢家路人"系列活动的序幕。

下午2时30分，主题为"我爱您妈妈"百名媳妇尽孝活动开始。"妈妈，平时我忙没有多照顾您，以后我会多关心您，我爱您妈妈。"媳妇杨玉华向婆婆道出了自己的心里话。在活动现场，许多媳妇表示，百善孝为先，孝亲敬老是中华民族的优良传统，照顾好长辈，这是义务，也是责任。村里举办这样的活动，倡导文明崇德之风，给我们提供了一次尽孝的好机会，同时也提醒我们今后要更加关爱老人，尊敬长辈。

除了百名媳妇尽孝道、向全体村民发放倡议书等活动外，谢家路村还充分利用各种资源，在党员、村民、妇女、青年等各个层面开展内容丰富、形式多样的活动，进一步引导全体村民争做文明崇德的模范和建设幸福家园的模范，为全国文明村增光添彩。

村民富了，自身素质自然要跟上。这几年来，村级集体经济不断壮大，村民也富起来了，村党委决定对村民每年组织一次轮训，但村民居住分散、行业不同，要组织集体学习难度较大。村党委紧跟形势，运用远程教育解决了这个难题。在村中心区域开设了中心课堂、露天远教广场、远教课堂，还让远程教育走进农家大院，在党员家庭教育活动点和企业中也开办了远教站点；同时辐射到村内村民自治活动点、普法宣讲活动点、妇女教育活动点、团员教育活动点和老少教育活动点，为村民学习提供便利。

在满足教育培训需求的基础上，村里充分利用远教平台资源，大力丰富播出内容，如今红色经典、地方戏曲、流行影视样样俱全，节目丰富多彩，被村民亲切地称为"农家电影院"。

根据群众需求，村里还及时把站点从室内搬到室外，在村露天广场建立了"露天远教影院"，每周开放两次，受到了村民的欢迎。播放方式也从过去的单一形式创新出了集中式、班组式、订单式、自助式教育，达到与村民互动交流的目的。同时还给村民娱乐提供舞台，村民自发组织了铜管乐队、健美操队、腰鼓队、扇子舞队等群众性表演队伍，使得露天远教广场活动成为村民的文化大餐。

要提高村民素质，党员干部素质必须先提高。为充分体现党员先进性，谢家路村首先要求党员干部带头学，钱建康带头参加了中央党校的本科学历学习，在他倡议下，村党委连续17年组织村民小组长以上干部到省社会主义学院集中学习培训，这在全国是头一份。同时，谢家路村利用11个党员家庭教育活动点，利用远教网络资源，开展丰富多彩的学习活动。规定每年每名党员累计学习教育不少于24次。其次，让党员带领群众致富，把远程教育所学到的知识及时运用到生产实践当中。积极开展村民计算机培训、绿色证书培训、劳动力转移培训等，并注重学用成果转化，充分利用农民信箱信息，畅通种植养殖销售渠道，产生出了实实在在的经济效益和社会效益。村里3个千亩无公害绿色示范基地，通过远程教育网上点播学习、专家现场培训等，给农民兄弟带来了实惠。

榜样的力量是无穷的，为了在全村营造文明向上的良好氛围，20年来，谢家路村持续开展"十佳文明"评选活动，树立了一大批先进典型，成为村民们争相学习的身边榜样。

与此同时，该村党委紧紧围绕"打造坚强堡垒、树立先锋形象、坚持依法治村、促进科学发展、建设和谐村庄"的目标要求，从群众最关心的问题入手，全面推行以民意收集、民事反映、民情分析、民声回应为主要内容的"四民"工作制度，大大提升了村党组织法治为民的功能。

多渠道收集"民意"，抓好党组织服务民意基础点。推进农村党建工作重心前移，在10个村民小组建立了10个组级党支部，这一做法为全省首创。组级党支部组织党员通过走访和召开专题民主生活会等形式倾听群众的意见和建议，把群众的"小事"放在心上，较好地实现了民情联系无遗漏。同时，建立党员联户制度，每位党员按照"就近、便利"的原则联系5～7户群众，向联系群众发放"四百"（进百家门、知百家事、解百家忧、暖百家心）党员村民联系卡，做到党员联系群众全覆盖，每位村民都能得到党员干部帮助。还在村委会门口、各组级支部和党员家庭教育活动点设立"民情意见箱"，在村网站上公布网络信箱，群众可以匿名方式把"当面不好意思说""当面不敢说"以及对村党组织更好地发展村集体经济、党员干部发挥更大模范作用的意见建议提出来，便于村党组织收集到群众最真实的想法。

多形式规范"民事反映"，抓好党组织服务民意连接点。建立党员提案制，对党内事务、村内各项建设及经济和社会发展等，通过党员提案（分党员个人提案和联名提案）的形式进行反映，由村提案委员会负责抓好提案的督办。该项制度实施以来，共收到提案219件，办结答复185件，解释说明34件，群众满意率达99.6%；党员对群众反映的一般性事项的意见、建议，在每月一次的党员集中活动时提交讨论，然后以党支部（党小组或党员教育活动点）为单位，梳理出若干工作建议向村党组织反映。对于一些应急事项特别是在台风、暴雪、洪涝等灾害发生时，坚持时间第一，党员干部一旦发现险情，就以最快速度直接向村党组织反映。

多平台支撑"民情分析"，抓好党组织服务民意关键点。一是每月召开一次由全体党组织领导班子成员和党员教育活动点负责人参加的民情分析会，由全体与会人员对党员提案和工作建议充分进行讨论，根据本村实际和反映事项提出相应处理意见。在谢家路江拓宽工程开展期间，村里召开了由村委领导班子成员和相关骨干党员参加的专题分析会，制定出群众满意的征迁补偿政策，短短1天半时间就完成了全部24户农户的土地征用协议签订。二是"一点两户"载体分析。"一点"是指党员教育活动点。精心选择部分党员户和其他活动场所作为农村党员教育活动点，利用教育活动点有固定地点的硬件优势和广大党员长期活动的软件优势，依托活动点的会议交流制度，使党员活动点成为民情分析的经常性机构。"两户"是指远教中心户、文化中心户。进一步调整、优化党员教育活动点的布局，将活动点与远教中心户、文化中心户结合起来，使党员在居住地参加活动、发挥作用。三是"板凳"会交流分析。把会议地点设在群众家中，党员干部坐在板凳上同群众交流、分析、处理事情，不仅免去了群众去会场的麻烦，也营造了轻松和谐的气氛。村民们都说："在自己家里开会，很放松，不拘谨，有啥说啥。"

用纪律和制度保障"民声回应"，抓好党组织服务民意落脚点。该村建立了党务公开制度。除党内机密外，对班子成员分工、年度目标承诺、党员发展公示、民主评议、提案办理情况、党内重大决定等，分长期、定期、及时三种形式，通过村委公告栏、村网站、《阳光月刊》、农村广播等进行公开，进一步完善了公开监督机制。同时根据本村实际，将党组织和党员服务的内容、程序、时限以及服务标准等事项向群众做出公开承诺，采取有效措施保障承诺事项的落实，自觉接受群众监督。如针对村民居住分散、办事不便的特点，采取集中办公、代理代办、上门服务、信息服务、应急服务等灵活多样的方式，全方位为群众提供服务，做到小事不出门、大事不出组、难事不出村，规定时限内事事有答复、件件有落实。

村民谢柏千感慨地说："是钱书记和党委班子的'领头雁'作用加速了谢家路村新农村建设的步伐，让我们甩掉贫穷帽子，走进了全国优秀小康村的行列。"

这也是富裕起来的谢家路村村民的共同感受。村民们普遍反映，村班子凝聚力、战斗力强，村干部办事公开、公正、公平。据了解，从2007年以来，每年村民对班子成员的民主测评满意度均达98%以上，村里还出现了村民代表两次要求为"村干部加薪"的新鲜事。

如今的谢家路村，马路宽阔，农民新居成排，公园里花木扶疏，村道、河道旁节能路灯闪亮。图书室、电子阅览室、便民服务站、社区活动中心、体育场等设施一应俱全，村民在这里可以享受到与城市居民同样的生活服务。不仅如此，村民们老有所养、看病有补助、读书有学礼、结婚有贺礼、生病有慰礼、丧事有悼礼。

钱建康说，法治是最大的"规矩"，民主是最大的"法宝"。"只要干部依法办事、村民学法知法用法，没有理不顺的气，也不会有难办的事。"

谢家路村乡村治理模式的创新实践告诉我们，乡村社会治理能否成功的关键取决于是否真正坚持法治为民，即是否坚持一切为了群众、一切依靠群众和从群众中来、到群众中去。正如习近平总书记所说，全面推进依法治国是一个系统工程，是国家治理领域一场广泛而深刻的革命。而建立重心下移、力量下沉的法治工作机制，推进基层治理法治化，是依法治国的基础。

第六章 党建引领·幸福群众，谢家路发展的"奥秘"

党的十九大闭幕以来，谢家路村通过邀请省十佳基层宣讲员、长兴县委党校副校长施小荣讲"广场党课"，村党委班子成员到各"前哨支部"讲党课，组织各组级党支部书记为群众讲党课和举办党的十九大精神文艺宣传等多种形式，使党的十九大精神家喻户晓、深入人心。

钱建康表示，十九大报告为全村发展指明了方向，我们要高举旗帜，听党话、跟党走，不断提高村庄建设质量，共同创造谢家路的美好明天。

听完党课后，施柏千感觉特别振奋，对今后村子的发展也信心满满。村民诸丽美表示，平时大家就常常坐在一起学习十九大精神，共商村里大事，每次听完党课，都会有新的收获。

钱建康表示，谢家路村以党的十九大精神为统领，继续发扬"富而思进求发展，永不满足创新业"的谢家路精神，认真谋划今后三年发展目标，明确了努力打造浙江乃至全国党建工作样板村、美丽乡村示范村的目标。

按照实施乡村振兴战略的要求，该村计划办好六件事：

一是牢牢抓住加强基层党建这个"牛鼻子"，强化农村基层党组织职能，把农村基层党组织建设成为宣传党的主张、贯彻党的决定、领导基层治理、团结动员群众、推动改革发展的坚强战斗堡垒，全力打造浙江乃至全国党建工作样板村。目前，党建一条路、"前哨"支部规范化建设等工作已初见成效。

二是按照产业兴旺、生活富裕的要求，打造浙江绿色产业发展示范村。该村将依托国家高新技术企业宁波长振铜业有限公司，全面提升工业经济发展质量，带动更多农民依托二三产业致富；充分发挥新大陆农业科技园区龙头作用，已引进象山一家农业龙头企业建设千亩"红美人"柑橘基地，力争打造国家级农业科技基地；进一步提升榨菜等传统产业发展水平，2018年实现农民人均收入48 000元。

三是按照生态宜居的要求，努力打造浙江最美景观村庄。该村将进一步巩固"五水共治""三改一拆"成果，启动新一轮村庄整治行动计划，以实现村庄景观化、庭院盆景化、道路洁净化、河道及河岸保洁一体化、夜晚路灯白昼化，使村容村貌进一步美化。

四是按照治理有效的要求，努力打造和谐平安村庄，充分发挥"党员首议制"、村级大事村民代表大会票决制、阳光村务八步法、新老村民和谐联谊会等制度和组织的作用，健全自治、法治、德治相结合的乡村治理体系，使新老村民成为美丽乡村建设的主体，共同建设宜居宜业宜乐的美丽家园。

五是按照乡风文明的要求，进一步巩固全国文明村"三连冠"成果，通过开展评选"十佳好村民""十佳好婆媳""十佳创业者""十佳敬亲爱老模范"，实施村民素质提升工程，继续组织村级骨干到浙江省社会主义学院轮训；每年上好"十八堂课"，修订完善《村规民约》，使优秀家风、家规、家训成为新老村民自觉遵守的准则，自觉做文明人、守法人，共建文明村。

六是以提升村民幸福感、获得感为目标，进一步强化基础设施建设，扩大村爱心基金规模。2018年，该村为全村70岁以上单身老人提供中、晚餐配送服务，解决独居老人的后顾之忧。

俗话说，村看村，户看户，群众看党员，党员看干部，火车全靠车头带。乡村振兴，是新时代赋予广大党员干部的重大使命，也是党员干部必须答好的时代答卷。谢家路村的振兴之路，最关键的是有一个乃至一群"领头雁"。

"党建强村、民主立村"。在钱建康和班子其他成员的共同努力下，谢家路村党委带领村民走过了20多年洒满汗水的荣誉之路，而它还将带领着自己的村民在这条党建引领、幸福群众的康庄大道上继续前进……

2018年12月

人 物 感 言

村干部不好当，仅仅有热情和觉悟还不够，还要有带着党员群众致富的热情和发展集体经济的本领。

村干部也好当，把组织当靠山，以群众作依靠，只要有一颗装着老百姓的感恩心，就能公正透明、公开公平、实干担当办好每一件事。

一个主题：听党话，跟党走。党建引领，幸福群众，强发展、强服务是乡村振兴共同富裕永恒的主题。

两个红心：初心使命责任心、感恩奉献事业心；做好人、办好事、建好村。

三个牢记：当你见到群众时政策不理解，不主动宣传、沟通，听之任之，你就会失去在群众中的威信；当你见到损害集体利益的行为，不劝告、不制止，你会失去自己的尊严；当你工作不求上进、摆老资格，大事做不了，小事不愿做，工作随便、学习松懈时，你同样会失去自己的前途。

四个信念：把忠心献给党和广阔天地的美丽乡村；把诚心奉献给社会和事业；把爱心献给父老乡亲；把信心留给自己，农村工作大有作为。

五个接轨：政治上同党中央接轨；思想上同时代接轨；经济上同市场接轨；工作上同上级接轨；作风上同群众接轨。

六个教训：没有上级的支持，就没有凝聚力；没有班子的团结，就没有战斗力；没有经济的实力，就没有号召力；没有领导的带头，就没有感召力；没有自身的清廉，就没有说服力；没有管理的民主，就没有公信力。

七个转变：变管理为服务；变索取为给予；变客人为主人；变强堵为疏导；变单一为多元；变集中为民主；变内定为公开。

八个感受：领导重视是关键；班子建设是核心；争创一流是目标；经济发展是根本；以人为本是宗旨；抓好队伍是保障；群众支持是源泉；实现和谐是愿景。

九个带头：带头做党的政策的执行人、精神文明的传播人、与时俱进的表率人、传承创新的实干人、共同富裕的带头人、"三牛"精神的弘扬人、美好家园的建设人、关心百姓的贴心人、廉洁自律的示范人。

荣　誉　榜

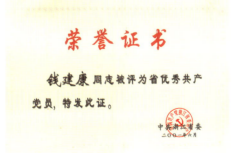

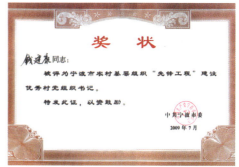

（缺余姚市改革开放风云人物称号证书图）

余姚市代表团

姓名　钱建康

编号　053

座位　主席台

报到时，将本卡置于报到机中央，待屏幕显示代表信息后，即报到完毕。

后记

　　每一个人，都有漫长悠远的人生之路；每一个人，行走在人生之路就会留下一串串脚印。应当说，每一个人的足迹，因为能力大小不一，因为所处环境不同，所以各自的分量与价值都是不对等的。

　　钱建康的38年农村基层干部的人生足迹，真正画出了他的生命轨迹，而每一段轨迹，都蕴含着一个个丰富的故事，其中的意味深长只有他自己回味，其中的喜怒哀乐只有他自己品尝，也许甜蜜，也许苦涩，也许恬淡，也许灿烂，也许单调，也许平坦畅通，也许荆棘满地。

　　钱建康留下的38年农村最基层的人生足迹，这是他记下的一段美好回忆，是他寄托的一片深沉思念，是他道出的一番人生感悟。每一寸心思，每一分记忆都是钱建康美好的遐思梦幻；所有的思念和牵挂，装点在他孤寂的灵魂中；所有的喜怒哀乐、泪痕和忧伤，镶嵌在他心里的最深处。

　　岁月的溪流缓缓流淌，成长的脚印深深留下。一天天，一年年，钱建康在农村最基层的岗位工作了38年，不知不觉中留下了一串串清晰的长长脚印，当他蓦然回首看看自己走过来的足迹，一个脚印就是一页历史，他的人生之路留下了脚印一串串。今后，我们期待钱建康有更多、更清晰的脚印一串串……

图书在版编目（CIP）数据

钱建康的乡村振兴奋斗之路/沈华坤编著 . —北京：
中国农业出版社，2023.5
ISBN 978-7-109-30660-8

Ⅰ.①钱…　Ⅱ.①沈…　Ⅲ.①钱建康 - 先进事迹
Ⅳ.①D263

中国国家版本馆CIP数据核字（2023）第076993号

中国农业出版社出版
地址：北京市朝阳区麦子店街18号楼
邮编：100125
责任编辑：张丽四
版式设计：杨　婧　责任校对：周丽芳　责任印制：王　宏
印刷：中农印务有限公司
版次：2023年5月第1版
印次：2023年5月北京第1次印刷
发行：新华书店北京发行所
开本：787mm×1092mm　1/16
印张：17.25
字数：310千字
定价：120.00元
